Lady Ariana
mit Astrid della Giustina
SchmerzLust

PIPER

Zu diesem Buch

»*Ich werde dir erzählen, wie es ist, eine Sadistin und trotzdem immer eine verletzliche Frau zu sein. Ich werde dir erzählen, was meine Sklaven um den Verstand bringt. Ich werde dir mein Schlüsselerlebnis verraten, als ich endgültig begriff, wozu ich fähig bin und worin meine Erfüllung liegt. Ich werde dir von meiner Familie berichten und zeigen, wie sie mich unterstützt. Ich werde über die Liebe meines Lebens sprechen und erklären, warum es sie nicht mehr gibt. Und irgendwann wirst du verstehen, dass es keinen Schmerz gibt, den ich noch nicht verschenkt habe. Und keine Form der Anbetung, die mir noch nicht zuteil wurde.*«

Lady Ariana ist Domina aus Leidenschaft und gewährt mit »SchmerzLust« Einblicke in eine nicht ganz alltägliche Profession.
Astrid della Giustina führt eine Text- und Werbeagentur in Düsseldorf. Bei Recherchen für einen TV-Spot lernte sie die SM-Szene kennen und begann Lady Arianas Lebensgeschichte aufzuschreiben.

Lady Ariana
mit Astrid della Giustina

SchmerzLust

Mein geheimes Leben als Domina

Piper München Zürich

Mehr über unsere Autoren und Bücher:
www.piper.de

Originalausgabe
August 2011
© Piper Verlag GmbH, München 2011
Umschlag: semper smile, München
Umschlagabbildung: Michael Hein
Papier: Munken Print von Arctic Paper Munkedals AB, Schweden
Druck und Bindung: CPI – Clausen & Bosse, Leck
Printed in Germany ISBN 978-3-492-26467-9

Für »Alexander«

INHALT

PROLOG: LADY ARIANA,
41 JAHRE, SADISTIN

Ich habe beschlossen, dir, meinem interessierten Leser, alles zu erzählen.

Oder jedenfalls das meiste.

Ich werde dir erzählen, wie es ist, eine geborene Sadistin und trotzdem immer das Kind seiner Eltern zu sein. Ich werde dir erzählen, wie meine Familie und meine Freunde mit der Tatsache umgehen, dass ich eine Domina bin, und was meine Sklaven um den Verstand bringt. Ich werde dir mein Schlüsselerlebnis verraten, als ich endgültig begriff, wozu ich fähig bin und worin meine Erfüllung liegt. Ich werde dir von meiner Ehe berichten und warum es sie nicht mehr gibt. Ich werde über die Liebe meines Lebens sprechen und was mit ihr passiert ist. Ich werde dich vielleicht sogar zuschauen lassen, wenn ich als Domina agiere, damit du siehst, wie wundervoll das Ausleben von Macht ist, wenn sie gewollt empfangen wird.

Und irgendwann wirst du verstehen, dass es keine Form der Anbetung gibt, die mir noch nicht zuteilwurde. Keinen Schmerz, den ich noch nicht verschenkt habe.

Und weißt du, warum ich dir das alles erzählen werde?

Du sollst lesen, wie er wirklich ist, wenn Sadomasochismus so gelebt wird, wie er gelebt werden soll:

Aus tiefer Überzeugung.

Frei gewählt.

Und zur Erfüllung aller Beteiligten.

DAS ERWACHEN
DER SCHMERZLUST

Mein Sternzeichen ist der Zwilling.

Bis zu meinem dreißigsten Lebensjahr habe ich von einer Zwiespältigkeit nichts gemerkt. Ich war zur Gefährtin geboren, so dachte ich, und das Vorhandensein einer alternativen Persönlichkeit spürte ich nicht. Da war nichts.

Nur ... die Gefährtin.

Und dann lernte ich die Sadistin kennen.

Es sind manchmal Kleinigkeiten, die unser Leben grundlegend verändern. Bei mir war es der Satz: »Du kannst alles mit mir machen.«

Und so fing es an:

Der Beginn des neuen Millenniums brachte für meine Familie und mich einige Katastrophen mit sich, ebnete damit aber auch meiner bis dato schlummernden Berufung den Weg.

Doch ich muss der Reihe nach erzählen.

Meine Ehe mit Daniel plätscherte seit mehreren Jahren nur noch so dahin. Nein, das ist nicht richtig formuliert. Eigentlich war sie längst tot, aber keiner von uns beiden wollte es wahrhaben. Im Juni 2000 entschloss ich mich, ihn auf eine Trennung anzusprechen. Ich hatte mich auch schon nach einer bezahlbaren Wohnung umgeschaut. Trotz unserer offensichtlichen Probleme fiel er aus allen Wolken und flehte mich an, uns noch eine Chance zu geben, einen neuen Anfang zu versuchen. Da ich ein beständiger Mensch bin, Daniel immer noch liebte und darüber hinaus mein Ehegelöbnis sehr ernst genommen hatte, willigte ich ein und hoffte auf Besserung. Im Grunde hoffte ich auf ein Wunder, denn Daniel war nun mal so, wie er war. Aber wie heißt es immer so schön: Die Hoffnung – oder vielleicht auch die Dummheit – stirbt zuletzt.

Während wir also noch intensiv mit uns beschäftigt waren, bahnte sich nur eine Tür weiter der nächste Schicksalsschlag an. Die zweite Ehefrau meines Vaters, Marlene, erkrankte an Krebs, und es bestand nur eine geringe Aussicht auf Heilung. Zeitgleich standen meine Familie und ich noch vor dem Problem, dass meine weit entfernt lebenden Großeltern mütterlicherseits sich nicht mehr selbst versorgen konnten. Meine Mutter und ich mussten ganz schnell zu ihnen fliegen, um eine befriedigende und finanzierbare Lösung zu finden. Drei Tage später brachen wir auf. Nach knapp einer Woche bei meinen Großeltern erfuhren wir, dass Marlene gestorben war. Wir waren fassungslos, dass es nun so schnell passiert war. Leider hatten wir auch die Großeltern in schlechterem Zustand als angenommen vorgefunden und waren noch zu keinem akzeptablen Ergebnis gekommen. Fieberhaft arbeiteten wir an einer Notlösung und flogen so bald wir nur irgend konnten wieder zurück nach Hause, um uns auf Marlenes Beerdigung von ihr zu verabschieden. Ich habe meinen Vater noch nie *so* leiden sehen. Er hatte seine Frau sehr geliebt. Sein einziger Trost waren Marlenes Tochter Helen, die, seit sie sieben Jahre alt war, für ihn mit zur Familie gehörte. Und ich natürlich, sein einziges leibliches Kind. Mir war klar, dass ich mich die nächste Zeit intensiv um meinen Vater kümmern müsste, gemeinsam mit Helen. Ich wappnete mich innerlich und hoffte auf Stärke.

Ich ahnte noch nicht einmal im Ansatz, wie sehr ich sie brauchen würde, denn am Tag nach der Beerdigung teilte mein Mann mir mit, dass er via Internet eine andere Frau kennengelernt hatte und mich nun verlassen würde. Derselbe Daniel, der mich vor nur drei Monaten angefleht hatte, es bitte, bitte, bitte noch einmal mit ihm zu versuchen. Der gebrochene Vater, die pflegebedürftigen Großeltern und nun auch noch der Scherbenhaufen meiner Ehe – ich fühlte keinen Boden mehr unter den Füßen.

Gerne hätte ich Daniel sofort aus unserer Wohnung verbannt, aber das ging leider nicht. Zum einen wollte er nicht sofort zu seiner neuen Freundin nach Baden-Württemberg ziehen, bevor er dort nicht einen Job gefunden hatte, und musste nun erst mal eine Wohnung in der Nähe für sich finden. Zum anderen hätte ich meinem Vater eine weitere Katastrophe zu diesem Zeitpunkt nicht zumuten können. Er brauchte die Sicherheit einer stabilen Familie, und einer der wenigen Lichtblicke in seinem Leben war es damals, sich vorzustellen, dass Daniel und ich bald für Nachwuchs sorgen würden. Das alles war eine absolute Farce, aber so lebten wir noch fast ein halbes Jahr unter dem gleichen Dach, bis Daniel endlich auszog.

In dieser schweren Zeit war Helen eine große Hilfe. Bis zu diesem Moment hatten wir nicht wirklich viel miteinander zu tun gehabt. Wir sahen uns auf Familienfesten und übten uns in Smalltalk. Das war's. Doch die schwere Zeit schweißte uns zusammen, und obwohl wir nicht blutsverwandt sind, ist unsere Bindung heute sehr stark.

Wir gewöhnten es uns an, oft gemeinsam spazieren zu gehen, und unterhielten uns dabei über alles, was uns bewegte. Aufgrund ihrer großen Offenheit redete Helen auch viel über Sex mit mir. Und schockierte mich damit grenzenlos. Sie erzählte mir Dinge, die ich ihr gar nicht zugetraut hatte. So hatte sie zum Beispiel irgendwann einmal zur Kirmeszeit mit zwei Jungen gleichzeitig im Gebüsch herumgeknutscht und gefummelt. So etwas betrachtete ich damals als absolut spektakulär. Wie niedlich! Ganz allmählich erweiterte sie so mein Bewusstsein und meinen Horizont. Parallel dazu verlief meine äußerliche Entwicklung: Ich hatte bereits in meiner Ehe damit begonnen, meine Haare rötlich zu tönen, aber nun probierte ich neue Frisuren aus und stylte meine Haare. Ich wurde auch mit meiner Kleidung mutiger und stellte bald irritiert fest, dass ich allgemein als attraktiv angesehen wurde. Nanu? Ich hatte mich nie als hässliches Entlein empfunden, aber eben doch als unauffällig und bieder.

Mit dieser inneren und äußeren Verwandlung ging ein neues Selbstbewusstsein einher, und zwar im herkömmlichen Sinne des Wortes: Ich wurde mir meiner selbst viel mehr bewusst. Ich horchte tief in mich hinein und begann, meine innersten Wünsche aufzuspüren. Nach meinen Erfahrungen mit Daniel wusste ich genau, was ich nicht mehr, nie wieder wollte: Ich wollte keine Gefährtin mehr sein, die ihr gesamtes Herz investiert hatte und nun litt wie ein Hund. Ich wollte nicht mehr brav sein und nur funktionieren. Ich wollte leben! Das Bild meiner Zukunft jedoch war gänzlich unscharf.

Dann geschah etwas Erstaunliches. Ein attraktiver Kollege aus einer anderen Abteilung, Marcel, begann mit mir zu flirten. Zuerst bemerkte ich es nicht, und dann ignorierte ich es. Doch natürlich erzählte ich Helen von ihm, und sie wollte mich unbedingt davon überzeugen, dass es nicht schaden könne, mich unverbindlich mit ihm zu verabreden. *Meinen Marktwert testen,* nannte sie es. Ich verstand, was sie meinte. Außerdem langweilte ich mich in der noch unge-wohnten Leere, die mich pünktlich zum Feierabend um-fing, auch wenn ich viel Zeit mit meinem Vater verbrachte. Also fing ich an, Marcels Lächeln zu erwidern. Es war so, als startete ich eine Testreihe, bei der ich mich und ihn beob-achtete: Was passierte, wenn ich dieses und jenes machte? Wie reagierte Marcel auf bestimmte Signale meinerseits? Ich konnte das tun, weil ich emotional völlig unbeteiligt und ganz bei mir war. Die verwundete Gefährtin wollte ler-nen, Zeichen zu erkennen und sie so zu deuten, dass sie nicht wieder verletzt und ausgenutzt werden würde. Das war süß – zunächst –, denn dank meiner mickrigen Erfah-rung mit Männern im Allgemeinen und der Sexualität im Besonderen erkannte ich überhaupt nichts! Das merkte ich an dem Freitagabend, an dem ich nachgegeben und mich mit Marcel privat verabredet hatte.

Nach Feierabend fuhr jeder in seinem Auto zu dem Res-taurant, das wir für unser erstes Treffen ausgewählt hatten. Wir wollten ja nicht, dass unsere Kollegen gleich hellhörig wurden. Bei einem Italiener in der nächstgrößeren Stadt aßen wir Pizza bei Kerzenlicht. Anfangs redeten wir über das, was uns seit Wochen verband: unsere Arbeit. Ich war Mediengestalterin, er Projektleiter. Je später es wurde, umso intimer wurden die Gespräche. Es war klar, dass wir beide Feuer gefangen hatten und gern ein bisschen damit spielen wollten. Dabei war es mir auch völlig egal, dass Marcel kein Single war. Es war wie ein Dammbruch: Mich überrollte das Bedürfnis, Neues auszuprobieren. Ich sollte alles bekom-men – und noch mehr.

Nach dem Essen saßen wir noch eine Weile in meinem Auto und begannen uns zu küssen. Ich hätte Marcel spon-tan sehr gerne mit zu mir genommen, aber da war ja noch

Daniel. Außerdem gab die empörte Gefährtin zu bedenken, dass es für Sex ja wohl noch viel zu früh sei. Doch ich ignorierte sie. Zu ihm konnten wir wegen seiner Freundin auch nicht, also fuhren wir zu einem abgelegenen Parkplatz.

Bald begann eine wilde Fummelei im dunklen Auto. Ich hatte anfangs Schwierigkeiten damit, dass es nicht Daniels Hände waren, die mich so fordernd berührten, aber ich genoss auch, dass ich diesen Kollegen so geil machen konnte. Ein herrliches Gefühl! Fast hätte ich deshalb die alles entscheidenden Worte von Marcel gar nicht gehört:

»Du – ich bin devot ...«, stöhnte er in mein Ohr.

»Aha ... und was willst du mir damit sagen?«, fragte ich verwirrt.

»Du kannst mit mir machen, was du willst.«

»Okay ... und was genau?«

»Na, alles, was du willst.«

›Er ist *was*?‹, dachte ich irritiert. ›Und was soll ich mit ihm machen?‹

Ein wenig später bat er mich sehr erregt, seine Hoden fest zu drücken.

»Noch fester!«

Ich drückte sehr fest, und er stöhnte vor Lust. Ab da arbeiteten meine Hände eher mechanisch weiter, während meine Gedanken um diese Eröffnung kreisten, mit der ich nichts, aber auch gar nichts anzufangen wusste. Als er aus dem Nebel der Erregung wieder aufgetaucht war, fuhr ich ihn zurück zu seinem Auto und dann nach Hause. Daniel schlief bereits. Ich ging in die Küche und rief Helen an. Ihr herzhaftes Lachen ist mir noch heute im Ohr. Sie selbst ist weder devot noch dominant, aber sie ist allem gegenüber aufgeschlossen und konnte meinen Horizont zumindest grob erweitern. Trotzdem blieb ein riesiges Fragezeichen bestehen:

»Was meint er damit, wenn er sagt, dass ich *alles* mit ihm machen kann? Wir haben in diesem engen Auto doch bereits einiges getan ...«

Helen fragte, wieso mich das *so* interessiere und ob ich mich in Marcel verliebt hätte.

»Nein, ganz und gar nicht«, wiegelte ich ab. »Ich will nur wissen, was er damit genau gemeint hat.«

Helen gähnte. Es war schon nach Mitternacht.

»Dann geh doch ins Internet und mach dich da schlau.«

Prima Idee! Wir wünschten uns eine gute Nacht und legten auf.

Ich warf meinen Rechner an, rief meine Lieblingssuchmaschine auf und gab das Wort »devot« ein. Wow! Über eine Million Ergebnisse! Mir schwirrte der Kopf. Einige der Einträge waren religiöser Natur, andere streng wissenschaftlich und sehr viele von, sagen wir, äußerst freizügiger Art. Und genau die interessierten mich, denn dass devot ergeben bedeutet, war mir auch klar gewesen. Ich konnte bei Marcel aber nicht begreifen, wie er mir ergeben sein konnte – wir kannten uns doch kaum. Außerdem hatte er eine Freundin ...

Ich ahnte nicht, auf welch elementarem Scheideweg ich mich mit meiner Recherche befand. Wie an einem roten Faden gezogen stieß ich bald auf einen der zahlreichen SM-Chats, in dem sich trotz der späten Stunde noch viele Menschen tummelten. Ich loggte mich ein und las ein paar Dialoge. Dann holte ich tief Luft und klinkte mich ein. Ich hoffte, auf jemanden zu treffen, der den Nerv hatte, eine völlig Ahnungslose ein wenig sachkundig zu machen – und hatte Glück. Und was für eins!

Ich warf eine Art »Tach zusammen!« in die Runde und fragte dann, was *devot* genau bedeutet, ob mir jemand erklären könne, was ein Mann meine, wenn er einen darüber informierte, alles mit ihm machen zu können. Ich stelle mir heute gerne vor, wie vielleicht siebzig SMler in dieser Nacht vor Lachen vom Stuhl gefallen sind! Aber ich bekam Antworten – und zwar hauptsächlich von einem User, der sich »Häwelmann« nannte. Wie originell. Diesem Namen konnte ich vielleicht entnehmen, dass der Schreibende männlich war, jedoch nicht, ob dominant oder devot. Wobei Häwelmann nicht wirklich überaus dominant klang … Ich hoffte doch zwecks Erklärung auf einen devoten Menschen zu treffen. Denn damals dachte ich noch, dass mir nur ein devoter Mann Auskunft über das Devote geben könnte. Süß, nicht? Heute kenne ich als dominante Sadistin die Subs, also die Untergeordneten, oft besser, als sie sich selbst kennen. Und natürlich kann auch ein Sub hervorragend erklären, was eine dominante Frau ausmacht – vorausgesetzt, er besitzt die notwendige Eloquenz. Außerdem ist dominant häufig eine subjektive Ansicht, denn jeder versteht den Begriff anders.

Zu meinem Entzücken beantwortete Häwelmann alle meine Fragen geduldig und ausführlich. Wir schrieben uns noch, als es draußen bereits hell wurde, und zu diesem Zeitpunkt wusste ich dann auch, dass er männlich und devot war. Darüber hinaus ein glühender Anhänger der *Femdom*-Philosophie. *Female domination* … also die Herrschaft der Frau, so viel Englisch konnte ich allemal. Ich baute Brücken in meinem Kopf: Wenn die Frau die Herrschaft besaß, konnte sie natürlich alles machen. Häwelmann versprach, mir bald mehr darüber zu erzählen. Bevor wir den Chat verließen, bat ich ihn noch, mir Tipps für Marcel zu geben und mir zu schreiben, was ich denn nun mit ihm machen sollte und konnte – wenn auch nicht alles, so doch wenigstens ein paar Ideen für den Anfang. Er versprach, darüber nachzudenken, was einer blutigen Anfängerin, so schrieb er, zuzutrauen war, und verabschiedete sich bis zum folgenden Samstagabend.

»Blutige Anfängerin ...«, hallte es in meinen Gedanken nach.

Blutige Anfängerin von was?

Tief in mir spürte ich eine elementare, bis dato nie gekannte Neugier, gekoppelt an eine fast schmerzhafte Lust. Was war das?

Als ich zu Bett ging, bemerkte ich verwundert, dass ich zum ersten Mal seit Monaten nicht mehr so unendlich traurig und niedergeschlagen war. Erschrocken stellte ich mir selbst Helens Frage, ob ich in Marcel verliebt sei, aber außer einem gewissen Prickeln war nichts zu spüren. Die Gefährtin löschte bald darauf das Licht, aber sie war nicht mehr allein in meinem Kopf. Da wuchs etwas heran, das begann, ihr die Alleinstellung streitig zu machen. Etwas, dem noch jegliche Konturen fehlten, das aber unzweifelhaft existent war. Verwundert schlief ich ein.

Ich stand gegen Mittag auf und war froh, dass ich Marcel erst in zwei Tagen wiedersehen würde. Ich wollte sie nutzen, um meine Gedanken zu ordnen und mich zu wappnen, damit er mich kein zweites Mal derart irritieren konnte wie am Vorabend. Gegen vier Uhr nachmittags loggte ich mich im Chat ein, aber von Häwelmann keine Spur. Erst gegen acht Uhr abends war er wieder für mich da. Leider nur kurz.

»Ich muss bis Mitternacht arbeiten«, schrieb er, »aber ich habe dir ein paar Links herausgesucht, mit denen kannst du dich in der Zwischenzeit beschäftigen. Ich möchte, dass du den Aufbau, die Parameter des Sadomasochismus begreifst.«

So schrieb er tatsächlich, und ich freute mich über seinen Intellekt und darüber, dass er sich die Zeit dafür nahm, mir etwas von seinem Wissen abzugeben.

Für einen Devoten fand ich ihn ziemlich dominant, stürzte mich aber begierig auf die Links und vergaß bald alles um mich herum.

Es waren vier Links zu vier verschiedenen Themenbereichen: *BDSM, Femdom, Sadismus* und *Masochismus*.

Ich begriff, dass das gesamte Gebiet BDSM genannt wurde. BDSM ist Englisch und steht für *Bondage & Discipline, Dominance & Submission, Sadism & Masochism* – zu Deutsch *Verpflichtung & Disziplin, Dominanz und Unterwerfung, Sadismus & Masochismus* – und zeigt durch das Ineinanderübergleiten der Buchstaben auch gleich die Verwebung der Hierarchien. Unkundige übersetzen *Bondage* natürlich viel eher mit »Zwang« oder »Sklaverei« oder nur mit »Fesseln«, weil sie die tiefgründigere Bedeutung – *Verpflichtung* – überhaupt nicht kennen, geschweige denn begreifen. Das können sie ja auch nicht, weil sie sich nie damit auseinandergesetzt haben. Aber zurück zur Anfängerin, die als Nächstes begriff, dass Femdom, die weibliche Dominanz, eine Anschauung ist, bei der Frauen wie Männer davon überzeugt sind, dass die Frau die bessere Herrscherin ist. Ich lernte auch, warum: Frauen werden insgesamt als besonnener angesehen und verfügen über höhere Führungsqualitäten. Außerdem sind sie feinfühliger, empathischer. Sie bilden Netzwerke – Männer Hierarchien. Frauen orientieren sich an der Realität – Männer an Regeln. Frauen zetteln nicht blindwütig Kriege an, so las ich, sondern sie wägen ab und kalkulieren, bevor sie eine wohldurchdachte Entscheidung treffen. Ein weiteres Argument für ihre Vormachtposition sei die Tatsache, dass Frauen in der Lage sind, zu gebären, und Männer eben nicht. Die Gefährtin kicherte: Keine weibliche Geburt ohne männlichen Samen. Da hatte sie natürlich recht. Dennoch bewertet Femdom das Privileg der Geburt höher als den Samen. Das erinnerte mich irgendwie an die Huhn-Ei-Diskussion und was zuerst da war. Viel mehr als die Bedeutung des Geburtsprivilegs interessierte mich jedoch die Femdom-Philosophie im Zusammenleben von Mann und Frau, jenseits von Ehe und Kindern. Eine Ehe, wenn auch kinderlos, hatte ich ja gerade erst hinter mich gebracht. Mir war klar geworden, dass ich aufgrund des Scheiterns meiner Ehe auf der Suche nach alternativen Lebenskonzepten war, zu denen, so spürte ich mit nie gekannter Intensität, SM und Femdom zählen konnten. Ich las also nicht nur Häwelmanns Links, sondern kam von dort auf Hölzchen und Stöckchen, was durchaus als fröhliches Wortspiel betrachtet werden kann. So erfuhr ich, dass Femdom keine erotische Spielart war, in der sich der Sub oder Bottom – also der unterlegene Part – für die Dauer einer Session den Befehlen seines Tops oder seiner Domina, also dem überlegenen Part, unterwarf und akzeptierte, was frau oder man sich ausdachte. Hierbei steht meist die sexuelle Komponente im Vordergrund, und es ist lediglich eine begrenzte oder eingeschränkte Unterwerfung – ein Spiel. Nein, Femdom ist Matriarchat rund um die Uhr. Die Frau ist immer die Herrin des Mannes und lenkt seinen Tag nach ihren Bedürfnissen und Vorstellungen. Ohne Einschränkungen und zunächst zeitlich unbegrenzt angelegt. Das kann mittels eines sogenannten Sklavenvertrags festgelegt und schriftlich besiegelt werden. Ein Vertrag, den der Sub gar nicht und die Herrin jederzeit und ohne Angabe von Gründen kündigen kann. Natürlich hat ein solcher Vertrag keine rechtliche Relevanz – für den ernsthaft veranlagten Sklaven ist er jedoch Gesetz, und er wird seine Gebieterin kaum jemals verklagen wollen. Stattdessen unterwirft sich der Sub nicht nur im sexuellen Sinne, sondern auch emotional und im alltäglichen Bereich. Zu den meistverbreiteten sexuellen Handlungen oder Strafen zählen Bondage (Fesseln), Brustwarzentortur (mittels Fingernägeln, Klammern oder auch Schlagutensilien), Spanking (das Schlagen mit der flachen Hand), Flagellation oder Flag (das Schlagen mit Schlagutensilien wie Peitschen, Paddeln und Rohrstöcken), CBT (*cock and ball torture* = Penis- und Hodenfolter), Trampling (Traktieren des Körpers mit Füßen), Feminisierung (= TV = Transvestie oder auch Erziehung des Mannes zur Frau) oder Facesitting (die Herrin setzt sich auf das Gesicht des Sklaven und kann damit Atemkontrolle ausüben). Darüber hinaus kann der Sub auch als Möbelstück wie zum Beispiel Sitzkissen, Tisch oder Fußbank genutzt werden. Nicht zu vergessen Spezialbehandlungen wie Analdehnungen, der Einsatz von Plugs (Stöpseln), Strap-on (Umschnalldildo) und anderer Vibratoren/Dildos. Aber auch Erniedrigungen der unterschiedlichsten Art werden häufig praktiziert. Außerdem las ich an diesem Abend noch von BDSM-Partys für dominante Frauen und ihre devoten Begleiter sowie von Stammtischen Gleichgesinnter. Ich wollte unbedingt *alles* kennenlernen, wobei mir das Konstrukt Femdom im Alltag auf Anhieb am besten gefallen hatte, und wartete gespannt darauf, dass Häwelmann wieder im Chat erschien und wir unsere Unterhaltung fortsetzen konnten.

Kurz nach Mitternacht war es endlich so weit. Häwelmann eröffnete unsere Unterhaltung damit, dass er mich in einen separaten Chatroom einlud und mir dort eine E-Mail-Adresse mitteilte, unter der wir ab sofort mailen konnten, wenn ich wollte. Natürlich wollte ich! Dort teilte er mir mit, dass sein Vorname Alexander sei. Ich fragte ihn, warum er sich ausgerechnet den Nickname Häwelmann für einen SM-Chat ausgesucht hatte, und er antwortete knapp, dass er aufgesetzten Sadomasochismus, wo die Männer wahlweise alle »de Sade«, »Herr der Finsternis«, »Dein Sklave« oder »Devot36« hießen, ablehne, und außerdem wäre Häwelmann Niederdeutsch und könne mit Nervensäge übersetzt werden – einer Bedeutung, die Programm wäre. Das alles nahm ich zur Kenntnis, mehr erfuhr ich in dieser Nacht jedoch nicht über ihn. Stattdessen löste er mit der nächsten Mail sein Versprechen ein und gab mir einen Rat, wie ich mich dem Thema Sadomasochismus annähern könnte.

»Bevor du irgendetwas mit ihm machst, musst du erst einmal ein Gefühl für Dominanz bekommen. Für deine Überlegenheit dem devoten Mann gegenüber.«

»Aha«, dachte ich, »da bin ich aber mal gespannt!«

Ich las weiter.

»Das mag sich vielleicht einfach lesen, ist aber tatsächlich eine schwierige Aufgabe, weil du das, was du sein willst oder vielleicht auch bist, von innen nach außen tragen musst. Dominanz beginnt damit, dass du in der Lage bist, deine Wünsche klipp und klar zu äußern. Also bestell ihn zu dir nach Hause, geh mit ihm ins Bett und sage ihm genau, was du von ihm erwartest und was er für dich tun soll, um dich zu befriedigen. Verstehst du?«

Nein, bis jetzt leider nicht wirklich.

»Sag ihm, wo er dich wie anfassen soll, wo du geleckt werden möchtest. Wann er in dich eindringen darf und ob er dich schnell oder langsam, hart oder sanft nehmen soll.«

Gütiger Gott! *Das* sollte ich alles sagen?! Das hatte ich in dieser Deutlichkeit nie zuvor getan. Ich war immer davon ausgegangen, Daniel würde schon merken, was mir gefiel und was nicht. Schließlich sandten mein Körper und ich entsprechende Signale aus – wozu dann noch reden?! Das war doch peinlich! Aber obwohl die Gefährtin regelrecht schockiert war, reizte mich dieses Spiel, weil ich ja endlich ein genussreiches Leben führen wollte.

Alexander war noch nicht fertig mit seinen Empfehlungen für mein erstes halbwegs dominantes Mal:

»Wenn er dich gut bedient hat, dann spiele mit ihm. Fessele ihn ans Bett.«

Womit? Ich hatte weder Seile noch andere Utensilien zum Fixieren – aber ich hatte Alexander, der das natürlich bedacht hatte:

»Bestimmt hast du in deinem Kleiderschrank bunte Schals, die du um seine Handgelenke und die Bettpfosten schlingen kannst. Dir wird schon was einfallen. Dann kannst du ihn, wenn dir danach ist, überall anfassen. Umfasse seine Hoden, manipuliere seinen Schwanz – was immer du willst. Oder beobachte ihn einfach nur und mache nichts, bis er dich anfleht, etwas zu tun – lass ihn zappeln.«

Ich sollte Marcel also zu mir nach Hause bestellen. Nach kurzer Überlegung sah ich ein, dass es anders wohl nicht machbar war. Das Auto würde dieses Mal nicht genug Raum bieten, Marcels Wohnung kam wegen seiner Freundin nicht infrage und Hotelzimmer als Ersatzstudios waren mir erst später eine willkommene Alternative. Außerdem mussten die bezahlt werden. Also dann eben meine Wohnung. Warum auch nicht? Sie würde mir hoffentlich ausreichend Sicherheit bieten, damit meine Nervosität sich in Grenzen hielt. Außerdem hatte ich es ja nicht mit einem unbekannten One-Night-Stand zu tun, sondern mit einem mir inzwischen recht gut bekannten Kollegen. Die Voraussetzung war natürlich, dass Daniel zu diesem Zeitpunkt bei seiner Freundin in Baden-Württemberg war und uns nicht stören konnte, was bereits am darauffolgenden Wochenende der Fall sein würde.

Ich nutzte den nächsten Tag, um mich innerlich darauf vorzubereiten, was ich mit Marcel anstellen wollte. Und wie ich ihm das vermitteln würde … Montagvormittag gab ich mir einen Ruck und schrieb ihm eine SMS.

»Ich will dich sehen.«

Will klang sehr dominant, fand ich.

»Nichts lieber als das!«, antwortete Marcel. »Wann und wo?«

»Am Samstag um acht Uhr abends bei mir. Sei pünktlich!«

Er versprach es.

Dann kam der Samstagabend. Ich hatte mich sexy angezogen, und mein Spiegelbild gefiel mir. Aber ich war so nervös, dass mir fast übel wurde. Die Vorstellung, meine intimsten Wünsche laut auszusprechen, war schuld daran. Ich hatte Angst, alles durch meine Aufregung und meine blöde Verklemmtheit zu verpatzen. Marcel erschien pünktlich um acht, und wir begannen bereits im Flur damit, uns zu küssen und gegenseitig zu entkleiden. Ich wusste, dass, wenn ich nicht schnell eingriff, mich der Mut verlassen und wir nicht mehr wesentlich weiter kommen würden.

»Halt! Lass uns ins Schlafzimmer gehen«, forderte ich ihn auf und ging vor ihm her.

Im Schlafzimmer legte ich mich aufs Bett, holte tief Luft und sagte trotzdem beinahe atemlos:

»Zieh dich aus. Ich will dir dabei zusehen.«

Seine Erektion war trotz Hose deutlich zu sehen, und ich konnte beobachten, wie er sie allmählich freilegte und alle seine Sachen über einen Sessel hängte. Es gefiel mir, wie er mich gespannt ansah und dabei an meinen Lippen hing und auf weitere Anweisungen wartete. In mir erwachte ein unbekannter Spieltrieb und machte mir alles Folgende leichter – zumal er sich keinem meiner Wünsche widersetzte und sich außerhalb des engen Autos als aufmerksamer Liebhaber entpuppte. Am Anfang war es mir lieber, dass er mich nicht ansah, wenn ich ihn aufforderte, etwas Bestimmtes für mich zu tun. Entweder zog ich ihn an mich und sagte ihm, was als er Nächstes tun sollte, oder ich schob ihn bereits mit meinen Händen in die gewünschte Position. Je erregter ich selbst wurde, umso freier wurde ich auch und suchte förmlich den Augenkontakt, wenn ich ihm sagte, was ich noch von ihm wünschte. Es gefiel mir unheimlich, meine Leidenschaft in seinen Augen gespiegelt zu sehen, und ich kam in einer Kombination aus geschickten Berührungen und dem ersten Anflug von Machtempfinden zum Höhepunkt. Als ich wieder zu Atem kam, schnappte ich mir die bereitgelegten Halstücher und band ihn auf dem Rücken liegend ans Bett. Ich hatte darauf geachtet, dass die Tücher nicht in seine Handgelenke einschnitten, die Knoten aber dennoch so fest wie möglich gezogen. Und da lag er nun vor mir, erregt und ein bisschen ausgeliefert, und schaute mich erwartungsvoll an.

»Ich könnte jetzt fortgehen und dich hier liegen lassen«, sagte ich lächelnd.

»Das wäre sehr schade«, antwortete er.

»Ich könnte aber auch mit dir machen, was ich will«, griff ich sein Angebot auf und sah, wie er unruhig und vorfreudig hin- und herrutschte.

Marcel seufzte.

»Möchtest du das, Marcel?«, hakte ich verführerisch nach. Aufgeregt war ich immer noch, aber die Gefährtin staunte trotzdem über das neue Wesen an ihrer Seite.

»Ja«, stöhnte er nun, »mach mit mir, was du willst!«

Und dann probierte ich mich aus, indem ich mit meinen Fingernägeln an den Innenseiten seiner Schenkel entlangstrich, von den Kniekehlen nach oben, sein Unterkörper bog sich mir entgegen, und wenn ich in die Nähe seiner Hoden kam, strichen meine Finger wieder seine Beine hinab. So streichelte und liebkoste ich seinen gesamten Körper, und immer, wenn ich mich seiner Mitte näherte, sparte ich sie aus. Stattdessen saugte ich an seinen Nippeln und spürte, wie er mit den Armen ruckte, um sich zu befreien und mich zu umfangen. Keine Chance. Immer wieder genoss ich es, mich ein Stück von ihm zu entfernen, um ihn interessiert zu beobachten – wie er trotz seiner Fesseln versuchte, die Distanz zwischen uns wieder zu verringern oder mich mit seinen Beinen zu umschlingen. Ich wich allem aus und war für ihn nicht greifbar. Wenn er am wenigsten damit rechnete, griff ich nach seinem Penis und manipulierte ihn mit kräftigen Bewegungen, bevor ich ihn unvermittelt wieder losließ. Das alles tat ich in munterem Wechsel, und es war eine helle Freude für mich, ihn allmählich wahnsinnig werden zu sehen. Als ich das Spiel mit Marcel für diesen Abend ausgereizt hatte, machte ich ihn los und schlief mit ihm.

Kurz darauf verabschiedete ich ihn eilig und setzte mich an meinen Computer, um Alexander zu schreiben, was ich erlebt hatte. Ich stellte auch gleich eine Frage, die mich schon seit Marcels Geständnis, er sei devot, bewegte.

»Bitte erkläre mir, warum jemand mit devoter Veranlagung sich ausgerechnet *mich* für SM-Spielchen aussucht!«, schrieb ich als letzten Satz in meiner Mail.

»Ich musste laut lachen über deine Verwunderung, aber ich kann es dir tatsächlich erklären. Ich kann es dir sogar sehr gut erklären ...«, antwortete Alexander. »Du bist als Frau einfach sein Typ. So etwas muss immer stimmen. Auch beim SM. Und wenn diese Grundvoraussetzung also gegeben ist, kommt die Phantasie und projiziert alle Wünsche auf diese auserwählte Person – völlig unabhängig von der Tatsache, ob das nun *passt* oder nicht. Es ist einfach so, dass es die pure Erfüllung wäre, wenn diese attraktive Person einem die geheimsten Wünsche erfüllen oder man von ihr erniedrigt würde.«

Okay, das konnte ich verstehen. Gerne hätte ich jetzt gefragt, wie es denn diesbezüglich bei Alexander und seiner Freundin bestellt war. Bestimmt bestens, so ausgeglichen und freimütig wie er schrieb. Irgendwann würde ich ihn das fragen, da war ich mir sicher. Stattdessen wollte ich in dieser Nacht wissen, wie es weitergehen sollte. Ich hatte es genossen, mich von Marcel maßgeschneidert nach meinen Bedürfnissen verwöhnen zu lassen, aber vor allem meine knospende Dominanz verlangte nun nach mehr.

Ich schrieb:

»Ich möchte so gern aktiv tätig werden. Gut, ich habe Marcel mit Tüchern ans Bett gefesselt, aber richtig mit Seilen fesseln kann ich ja leider noch nicht, und eine Peitsche besitze ich auch nicht – mal abgesehen davon, dass ich keine Ahnung vom Umgang mit einer solchen hätte. Was bleibt denn da überhaupt noch???«

Heute würde ich selbst eine solche Frage so beantworten: Alles. *Danach* bleibt noch *alles!*

Alexander antwortete mit nur zwei Buchstaben:

»NS!«

»Hä?«

Dieses Mal war die Antwort ausführlicher, als mir lieb war:

»NS = Natursekt. Piss ihn an!«

Grundgütiger! Du liebe Zeit! Die Gefährtin verfiel in Schnappatmung, aber die kleine Sadistin witterte Morgenluft und tippte zurück:

»Wie stelle ich das am besten an?«

»Er soll sich in die Wanne legen, du stellst dich breitbeinig darüber und los geht's!«

»Okay ... und dann?«

»Das wird dir auch Spaß machen. Du befiehlst ihm, für dich zu wichsen!«

Die Gefährtin war gar nicht mehr ansprechbar. Ich sollte zwei absolute Tabus bei einem einzigen Treffen brechen?!? Ach, was rede ich, Tabus! Über so etwas hatte ich zuvor noch nicht einmal nachgedacht. Man ahnt es bereits: Trotz des Schocks – wie sollte ich *danach* noch in den Spiegel oder in Marcels Augen schauen können? – hatte Alexander mir einen weiteren reizvollen Floh ins Ohr gesetzt, über dessen Realisierung ich noch ein wenig nachdenken musste. All das sagte mir aber auch, dass ich auf dem richtigen Weg war, denn Abschreckung sah anders aus.

Abschließend schrieb Alexander noch:

»Jemanden anzupinkeln fällt den meisten nicht leicht. Vor allem, wenn es das erste Mal ist. Laufendes Wasser in der Wanne und ein überdimensionaler Kaffeekonsum werden dir deine Premiere erleichtern.«

Ah ja ...

NATURSEKT UND
RASIERMESSER

»Wie soll ich dich nennen?«, fragte Marcel, als er zum zweiten Treffen in meiner Wohnung erschien.

»Herrin und Sie«, entschied ich.

»Was soll ich machen, Herrin?«, fragte Marcel begierig, und ich bekam eine Ahnung, dass meine delikaten Vorhaben für diesen Abend nur in meinem Kopf unter *tabu!* liefen. Trotzdem … Die Gefährtin hatte bereits seit Stunden vor Aufregung und Scham rote Bäckchen.

Angriff ist die beste Verteidigung, dachte ich und sagte forsch:

»Zieh dich aus und leg dich in die Badewanne!«

Marcel verschwand in Richtung Badezimmer. Ich genehmigte mir schnell noch eine Tasse lauwarmen Kaffee und eine Zigarette. Dann folgte ich ihm. Er lag bereits nackt auf dem Boden der Wanne. Mit hoch aufgerichtetem Penis, von dem er seine Hand kaum lassen konnte. Ich hatte zwischenzeitlich beschlossen, die beiden für mich heiklen Angelegenheiten miteinander zu verbinden, und kletterte mit meinem kurzen Röckchen, unter dem ich nichts weiter trug, zu Marcel in die Badewanne. Ich ließ Wasser einlaufen und richtete mich zu voller Größe auf. Marcel hatte bedingt durch meine Füße rechts und links seine Beine eng geschlossen. Seine rechte Hand glitt immer wieder zu seinem Geschlecht, aber er war unschlüssig, ob er sich berühren sollte oder nicht.

Jetzt oder nie, dachte ich!

»Wichs deinen Schwanz, Marcel.«

Innerlich war ich unglaublich aufgeregt, mein Herz klopfte wie wild, aber meine Stimme war dunkler als sonst und ließ nichts von meiner Unsicherheit erkennen. Wenn ich jetzt noch pinkeln konnte, wäre alles gut. Bevor ich diesbezügliche Bemühungen starten würde, schaute ich ihm noch genüsslich ein Weilchen beim Wichsen zu. Marcel sah dabei zu mir auf und blickte auch immer wieder unter meinen Rock, was seine Erregung noch steigerte.

»Weißt du, was ich mit Sklaven mache, die mir unter den Rock gucken?«

»Nein, Herrin, das weiß ich nicht«, flüsterte Marcel erwartungsvoll.

»Ich spritze sie voll«, sagte ich mit aller Überwindung und konzentrierte mich auf das laufende Badewasser und meine seit Stunden angefüllte Blase. Zuerst passierte überhaupt nichts, ich schien wie innerlich vernagelt, und es war mein Glück, dass Marcel bereits die Aussicht auf NS schier in den Wahnsinn trieb. Er glaubte wahrscheinlich, ich ließe ihn absichtlich zappeln, und masturbierte heftig vor sich hin, während er mir in den Schritt starrte. Ich konzentrierte mich weiterhin auf den kräftigen Wasserstrahl aus dem Hahn, und endlich löste sich die innere Barriere aus Hemmschwelle und Ungewohntem: Ich tat es dem Badewasser gleich, ergoss mich über Marcels auf und ab hüpfender Männlichkeit und genoss die doppelte Befreiung in vollen Zügen. Aber anders als Marcel: Es war mein erster dominanter Kopf-Orgasmus. Ich hatte das W-Wort gebraucht, und er hatte es getan. Geil! Jetzt sollte er gehen, und das sagte ich ihm auch.

»Das ist jetzt nicht dein Ernst, Anna.«

Ich verstand seine Enttäuschung. Andererseits hatte ich ja hören und sehen können, dass es auch für ihn ein Erlebnis gewesen war, und außerdem wollte ich gerne allein sein. Allein mit meinem Computer und dem Mailverkehr mit Alexander.

»Sorry, aber ich werde das Gefühl nicht los, Daniel könnte jeden Moment zur Tür hereinkommen. Außerdem sehen wir uns ja bald wieder«, tröstete ich ihn, während ich ihn zu seinen Kleidungsstücken drängte. Die Aussicht auf ein weiteres Treffen besänftigte ihn, und so ging er kurz darauf nach einem flüchtigen Kuss.

Ich packte meine Erlebnisse und meinen Stolz und meine Lust auf mehr, auf aktives dominantes Handeln in meine nächtliche Mail an Alexander.

Seine Antwort lautete:

»Bist du bereit für die nächste Idee?«

Ja, das war ich!

»Gut. Kommen wir also deinem Wunsch nach Action nach und gehen einen Schritt weiter. Ich hätte da eine Idee ... Ahnst du etwas?«

Nein, tat ich nicht. Schluss mit den Fragen! Ich wollte Fakten, Fakten, Fakten – und die bekam ich postwendend:

»Rasier ihm die Eier!«

Ich schluckte erst und grinste dann.

»Er lebt nicht alleine«, gab ich zu bedenken.

»Ist das *dein* Problem?«, fragte Alexander unbeeindruckt. »*Er* war es doch, der gesagt hat, du könntest *alles* mit ihm machen. Und Eier rasieren ist nicht gerade Hardcore, oder?«

Nein, für meinen Berater war es das sicherlich nicht ... aber wie schaute es damit bei mir aus? Ich wusste natürlich, mich selbst zu enthaaren, und hatte auch einmal das Gesicht meines Großvaters rasiert, als dieser sich die rechte Hand verletzt hatte. Auch an Daniel hatte ich mich mal auf seinen Wunsch hin an einer Intimrasur probiert, aber mit einem Rasierapparat und das auch nur an den leicht zugänglichen Stellen. Ich hatte dabei eine Riesenangst gehabt, meinen Mann zu verletzen – und die gleiche Angst hätte ich bei Marcel natürlich auch. Trotzdem reizte mich der Gedanke bereits. Ich fragte Alexander, wie ich das am besten bewerkstelligen solle und ob ich vielleicht sicherheitshalber einen Ladyshave dafür benutzen konnte. Ich las sein Grinsen aus seiner Antwortmail heraus, als er schrieb, dass es wegen der Kastrations-Dramatik unbedingt der klassische Nassrasierer mit gut sichtbarer Klinge sein müsse. Mit Rasierschaum aus der Dose, wegen der tollen Optik. Damit beendete Alexander den Mailverkehr der Nacht: Seine Freundin schlafe nicht bereits, so wie sonst, und er müsse nun Schluss machen. Ich war hin- und hergerissen, aber die Lust auf Herausforderung siegte bereits nach kurzem Überlegen: Ich wollte es unbedingt versuchen! Erneut ging ich ins Internet und bereitete mich auf einen Besuch im Drogeriemarkt vor.

Als ich genau wusste, wann ich das nächste Mal sturmfreie Bude haben würde, erwischte ich Marcel zufällig im Raucherraum unserer Firma und sprach ihn an.

»Du hast gesagt, ich könne alles mit dir machen«, ging ich in die Offensive. Die Spielerin in mir war wieder erwacht und machte alles plötzlich kinderleicht.

»Ja.«

Seine Augen glitzerten erregt.

»Bleibt das dabei oder machst du einen Rückzieher?«

»Kein Rückzieher«, erwiderte er grinsend.

Er hing voll am Fliegenfänger. Das gefiel mir.

»Gut. Dann erwarte ich dich Freitagabend. Wieder um acht. Wieder pünktlich.«

Lächelnd umrundete ich eine Kollegin, die gerade hereinkam, und ging zurück in mein Büro. Aufregung und Erregung hielten sich in den darauffolgenden Tagen die Waage, aber unterm Strich kann ich sagen, dass ich mich auf die Umsetzung meines Plans, angeregt durch Alexander, sehr freute.

Er schellte auf die Sekunde pünktlich und war bereits so erregt, dass er mich schon im Flur gegen die Wand drängte und wild küsste. Das war jedoch *kein* Teil meines Plans, und ich schob ihn rigoros von mir.

»Lass das, Marcel!«

Erstaunt über meine Strenge hielt er Distanz und sah mich nur an.

»Geh ins Wohnzimmer und zieh dich aus.«

Marcel begann ohne Widerrede, sich zu entkleiden. Er legte seine Kleidungsstücke ordentlich auf mein Sofa und drehte sich dann nackt und erwartungsvoll zu mir um. Ein Déjà-vu. Ich begann zu ahnen, dass er tatsächlich bereit war, sich auszuliefern. Mal sehen, wie weit.

»Ins Bad mit dir. Stell dich in die Wanne und warte dort auf mich.«

Ich fühlte mich so sexy wie noch nie, und Marcel bestätigte mich mit seinen gierigen Blicken, als ich ebenfalls ins Badezimmer kam. Er stand bereits in der geräumigen Wanne und spielte mit seinem Penis, dessen Umgebung nach wie vor nicht rasiert war. Prima!

»Die Arme hoch an die Duschstange! Ich werde dich jetzt festbinden.«

Wieder mussten die bunten Tücher aus meinem Kleiderschrank herhalten.

»Und ich werde dir die Augen verbinden, Marcel.«

Tücher hatte ich wie Sand am Meer.

Das mit dem Augenverbinden hatte ich mir in den vergangenen Tagen so überlegt, damit er mich bei meiner Tätigkeit nicht mit Argusaugen würde beobachten und irritieren können. Ein falscher Schnitt...

Marcel hielt sich an der Duschstange fest und ließ sich willig die Augen mit einem Halstuch verbinden. Ich kontrollierte à la Thomas Gottschalk, dass er wirklich nichts sehen konnte, dann öffnete ich die Tür meines Badezimmerschranks, holte Rasierschaum und Nassrasierer heraus und stellte beides auf den geschlossenen Klodeckel. Da er seinen Penis nun nicht mehr massierte, wippte dieser von selbst vor meiner Nase auf und ab, während ich nach seinen Hoden spähte. Haarig, aha. Gut, dann würde ich erst alles schön einschäumen und anschließend ebenso schön rasieren. Bevor ich zur Rasierschaumdose griff, langte ich erst einmal beherzt nach seinem Schmuckstück und knetete mit der anderen Hand seine Hoden – schließlich musste ich ja ein Gefühl für mein OP-Feld bekommen. Marcel grunzte wohlig und hielt sich weiterhin gehorsam an der Stange fest. Ich angelte nach der Dose und veranstaltete meine erste Schaumparty der besonderen Art. Marcel fing augenblicklich an herumzuzappeln, aber auch darauf hatte ich mich vorbereitet. Wenn ich etwas durchspiele, tue ich das gründlich. Immer schon.

»Schluss mit der Wackelei, oder du kannst sofort gehen!«

Das meinte ich genau so. Entweder er ließ mich jetzt experimentieren oder er war außen vor. Zeit vertrödeln war gestern. Ich schien das exakt so auszustrahlen, denn Marcel rührte sich nicht mehr. Von seinem Gesicht sah ich aufgrund des Tuchs nur den Mund, aber dessen Zug konnte gut als besorgt bezeichnet werden. Ich legte hier und da noch ein bisschen Schaum nach, dann schnappte ich mir entschlossen den Rasierer. Bevor ich loslegte, fiel mir ein, dass eine weitere Erklärung vielleicht ganz gut wäre. Ich war so aufs Handeln fixiert, dass ich das fast vergessen hätte.

»Ich werde dich jetzt rasieren, wie es sich für einen Diener gehört, okay?«

Das »okay?« war vielleicht nicht gerade superdominant, aber schließlich stand ich ja noch ganz am Anfang von etwas mir gänzlich Unbekanntem.

Marcels Murmeln wertete ich als Zustimmung, zumal die Hände weiterhin oben blieben. Ich setzte den Rasierer oberhalb des Penis an und begann mein Werk. Es lief hervorragend, Bahn für Bahn legte ich die Haut frei und hinterließ dabei keine noch so kleine Spur. Außer der Tatsache, dass die zunehmende Haarlosigkeit allein Spur genug war. Ich duschte die Partie ab und fuhr mit der Hand darüber: Wie ein Babypopo – nur vorne! Leider hatte ich damit auch den Schaum von den Hoden abgewaschen, aber die Dose war ja noch so gut wie voll, und Marcel genoss das Einseifen sichtlich.

»Ein Bein auf den Wannenrand!«, befahl ich.

Wieder setzte ich die Klinge an und konzentrierte mich auf die ungewohnten Rundungen, da mischte sich der schneeweiße Schaum plötzlich mit grellem Rot: Blut! Es lief langsam über den Oberschenkel und tröpfelte von dort auf den Wannenboden. Ach du Schreck! Ein hektischer Blick nach oben: Marcel trug nach wie vor unter seiner Augenmaske ein entrücktes Lächeln zur Schau. Die Verletzung war also noch nicht im Gehirn des Besitzers angekommen. Jetzt hätte ich unheimlich gerne eine Standleitung zu Alexander oder wenigstens den direkten Draht ins Internet gehabt! Mein selbst ernannter Sklave drohte ob meiner Untätigkeit zappelig zu werden, also sagte ich ruhig:

»Ich bin soweit sehr zufrieden mit dir. Mach es jetzt nicht kaputt und halte still, damit ich dir nicht aus Versehen ein Ei abschneide.«

Schon passiert, hätte ich fast mit einem hysterischen Kichern hinzugefügt.

Das Rot hatte das Weiß mittlerweile verdrängt und lief und lief.

»Jetzt das andere Bein hoch!«

Um Marcel in Sicherheit zu wiegen, fiel mir nichts Besseres ein, als den anderen Hoden zu rasieren, aber gaaanz vorsichtig. Vielleicht berührte ich ihn auch gar nicht wirklich mit der Klinge, denn im Grunde war meine Experimentierfreude für diesen Tag längst verpufft, aber so einfach kam ich ja keinesfalls aus der Nummer heraus. Nebenan tröpfelte es stetig weiter. Da stieg ein Bild aus Kindertagen in meinem Inneren auf, und ich sah meinen Vater vor mir, fluchend und mit kleinen weißen Tupfen im Gesicht: Immer wenn er sich beim Rasieren (des Gesichts!) geschnitten hatte, klebte er kleine Klopapierfetzen auf die betroffenen Hautpartien. Ich redete ein bisschen belangloses Zeug, um Marcel weiterhin in Erregung zu halten, und fasste nach dem Toilettenpapier. Wie mein Vater riss ich es in kleine Stückchen, die ich mit der Zunge befeuchtete und dahin auf den Hoden klebte, wo das Blut hervorquoll. Die Gefährtin jammerte pessimistisch vor sich hin, und ich pappte sicherheitshalber mehrere Fetzen übereinander. Dann widmete ich mich wieder dem anderen Hoden, der die Prozedur unversehrt überstand. Fertig! Zu meiner Erleichterung hatte sein Nachbar inzwischen tatsächlich aufgehört zu bluten. Da kein Wasser lief, befand sich die Mischung aus zerfließendem Schaum und hellem Blut immer noch auf dem Wannenboden und bewegte sich träge in Richtung Abfluss.

Die frisch gebackene Sadistin, immer noch sehr erleichtert, lachte die Gefährtin aus und beschloss, den Anblick des entschwindenden Blutes mit seinem ursprünglichen Eigentümer zu teilen. So oft hatte er bestimmt auch nicht die Gelegenheit, den Fluss des Blutes außerhalb seines Körpers zu beobachten. Ohne Vorwarnung riss ich Marcel die Augenbinde herunter und rief:

»Da, schau mal!«

Man mag gar nicht glauben, was für eine Wirkung drei Worte und ein bisschen Farbe erzielen können! Marcel starrte entgeistert auf den Wannenboden und verfolgte die schmale Spur des Blutes hektisch zurück. Erst als ihm klar wurde, wo es herkam – warum das so lange gedauert hatte, verstand ich nicht –, riss er heftig an der Duschstange. Ich beruhigte ihn:

»Hör auf, rumzuhampeln. Das Ei ist ja noch dran.«

Ich drehte warmes Wasser auf und brauste erst ihn und dann die Wanne ab. In Sekundenschnelle war alles verschwunden, sogar jeder einzelne Papierfetzen. Ich spürte, wie das freigesetzte Adrenalin durch meine Adern schoss, und genoss das erhebende Gefühl meiner ersten SM-Session in vollen Zügen. Ich war so berauscht von dem Erlebnis und der Lust auf Fortsetzung, dass ich zu Marcel in die Wanne kletterte und ihn herausfinden ließ, ob ich ein Höschen unter meinem Minirock trug oder nicht.

Als wir später noch ein Glas Rotwein zusammen tranken, merkte ich, wie Marcels Euphorie langsam schwand.

»Was ist los mit dir? Tut dir der Kratzer weh?«

»Nein«, sagte Marcel. »Davon merke ich nichts. Aber apropos merken: Was mache ich bloß mit meiner Freundin, wenn sie sieht, dass ich rasiert bin?«

»Bläst sie dir manchmal einen?«, fragte ich.

»Ja, manchmal«, antwortete er zögernd.

Ich glaube, er war irritiert, dass ich ganz locker über seine Freundin sprach, ohne eifersüchtig oder irgendwie stutenbissig zu sein. Ich war selbst über die Anna der letzten Tage erstaunt, aber Marcels Freundin störte mich nun wirklich nicht.

»Dann sag ihr, du hättest es für sie getan, weil du gelesen hast, dass Frauen dann noch lieber blasen, weil sie sich nicht dauernd Haare aus dem Mund ziehen müssen«, riet ich ihm. »Außerdem ist das nichts als die reine Wahrheit!«, fügte ich grinsend hinzu. Ich hatte es ja selbst genossen.

Als Marcel gegangen war, flitzte ich wie immer zu meinem Computer, um Alexander von meinem Erlebnis zu berichten. Ich musste allerdings noch über eine Stunde warten, bevor er mir antwortete. Aus seiner Mail sprach wohlwollende Belustigung über mein Missgeschick, aber natürlich fand er das Geschehene alles andere als spektakulär. Auch dämpfte er meinen Eifer, sofort die nächste Erfahrung nachzuschieben, und schrieb:

»Du musst das, was da heute in deiner Badewanne geschehen ist, erst einmal sacken lassen. Außerdem: Wenn du direkt den nächsten Event für deinen Typen anberaumst, dann tust du genau das, was er jetzt erwartet. Lass ihn stattdessen zappeln. Verhalte dich im Büro freundlich, aber unverbindlich. Weich ihm aus und geh auf kein neues Treffen ein. Das ist ein Teil dessen, was du gerade als dein neues Hobby betrachtest: Bewahre Ruhe und Überblick, halte die Fäden fest in der Hand und verunsichere dein *Opfer* durch Ignoranz. Wenn du das beherrschst, sehen wir weiter.«

Und das war das Ende des Mailverkehrs zwischen uns an diesem Abend. Es war schon lustig: Ein devoter Mann brachte mir bei, was es bedeutet, Dominanz auszuüben, und ließ mich tatsächlich an seiner Angel zappeln. Ich glaube, zu diesem sehr frühen Zeitpunkt begriff ich bereits, dass Dominanz ohne willige Unterwerfung komplett ins Leere läuft und unmöglich gemacht wird. Ich hätte es damals nur noch nicht *so* formulieren können.

Ich beherzigte Alexanders Ratschlag und beschäftigte mich in den folgenden Tagen so wenig wie möglich mit Marcel. Ich war auch plötzlich viel mehr an meiner *Weiterbildung* interessiert, und bei der hatte ich einzig Alexander als meinen Lehrmeister auserkoren.

Zwei Abende in dieser Woche wartete ich vergeblich auf Mails von ihm. Er befand sich in einer Projektendphase – er arbeitete in der IT-Branche, schrieb er Tage zuvor –, und seine Freundin hatte sich über seine mangelnde Aufmerksamkeit beschwert. Ich fühlte mich lustlos und leer, obwohl ich weiterhin stundenlang durchs Internet surfte, um mich schlauer zu machen, aber es war einfach nicht dasselbe, wie maßgeschneiderte Tipps aus erster Hand zu bekommen. Ich hätte immer noch sehr gerne gewusst, ob seine Freundin dominant war und wie sie diese Neigung ihm gegenüber auslebte, und weil ich nun mal sehr neugierig war, packte ich diese Fragen in meine nächste Mail an ihn. Er antwortete sehr wortkarg:

»Leider ist sie überhaupt nicht dominant und lebt dementsprechend auch nichts dergleichen aus. Noch nicht einmal dann, wenn ich sie bis aufs Blut provoziere ☹.«

Oh … Der »Miesi« sprach Bände. Ich war überrascht. Warum lebte er denn so? Auch diese Frage stellte ich ihm. Er beantwortete sie nicht, sondern stieg mir stattdessen auf die Zehen, weil er wissen wollte, ob ich mit meiner neu entdeckten Dominanz von Rachegelüsten dem Mann gegenüber getrieben sei. Irritiert fragte ich nach, wie er das meine, und er kam auf meine gescheiterte Ehe mit Daniel in Verbindung mit meinem starken Interesse an SM zu sprechen. Das schockierte mich zutiefst. War das, was ich mir gerade euphorisch als neue und aufregende Lebensform verkaufte, nichts als billige Rache am Mann? An *meinem* Mann, genauer gesagt? Ich wandte mich vom Rechner ab und horchte in mich hinein. Ja, ich war wütend auf Daniel – schließlich hatte ich das mit »bis dass der Tod euch scheidet« sehr ernst genommen. Ich war sogar *sehr* wütend auf Daniel, den Wortbrecher und Fremdgänger ... aber müsste es in meinen Phantasien dann nicht er sein, den ich quälte und disziplinierte? Und nicht Marcel, mit dem mich emotional nicht allzu viel verband, was meine Lust am Experimentieren überhaupt erst möglich machte? Ich strapazierte meine Phantasie und beschwor Bilder herauf, in denen Daniel nackt und fixiert von mir mit einem Rohrstock bearbeitet wurde. Ich ließ diese Bilder eine Weile vor meinem geistigen Auge bestehen. Nein! Das prickelte nicht, gar nicht!

Ich war zu enttäuscht von Daniel, um überhaupt irgendetwas mit ihm anstellen zu wollen. Ich mochte nicht mit ihm *spielen*. Er war schlicht und einfach »raus«, wie man so schön sagt. Das beruhigte mich, und ich beantwortete Alexanders Mail dementsprechend. Ich gab allerdings zu, dass ich eine tiefe Leere in mir verspürt hatte, die ich nur zu gerne mit Wissen über SM und seine Spielarten füllen würde. Ich suchte Ablenkung, Alternativen. Ein Ventil für aufgestauten Frust und Motivation, um wieder frohgemut und interessiert in die Zukunft schauen zu können. Ich war fasziniert von Alexanders Wissen, und unsere Mails hatten längst einen festen Platz in meinem Leben. Diese Enttäuschung, wenn keine Mail von ihm im Posteingangskörbchen war, und das elektrisierende Gefühl, wenn er sich meldete und mich an seinem Wissen, seiner Einstellung und seinen Phantasien teilhaben ließ. Plötzlich störte es mich immens, immer nur mit ihm zu mailen. Ich wollte unbedingt mehr über ihn, von ihm wissen. Ich wollte seine Stimme am Telefon hören und wissen, wie er aussah. Bereits zu diesem Zeitpunkt interessierte er mich viel mehr, als mich Marcel jemals interessiert hatte. Also nahm ich all meinen Mut zusammen und fragte ihn, ob wir nicht mal telefonieren könnten. Dann könnte er ausführlicher erklären und ich viel besser nachfragen. Er stimmte mir begeistert zu, bat mich aber um meine Telefonnummer, da er tagsüber Kollegen und abends seine Freundin um sich hatte. Ich freute mich, dass er meinem Wunsch zugestimmt hatte. Ich mailte ihm meine Festnetznummer und wir verabredeten, spätabends zu telefonieren. Wir schienen beide Nachtmenschen zu sein. Alexander versprach, mich am nächsten Abend anzurufen.

Wie spannend.

ALEXANDER –
GELIEBTER UND LEIBEIGENER

Alexander und ich telefonierten miteinander, wann immer wir die Zeit dazu fanden. Natürlich drehte es sich bei unseren Gesprächen überwiegend um unser Thema Nummer eins. Wir verstanden uns wahnsinnig gut und beschlossen bald darauf, uns endlich persönlich kennenzulernen. Am 24. April sollte es so weit sein. Der Treffpunkt würde die Tankstelle an einer Autobahnabfahrt in der Nähe meiner Wohnung sein. Ich hatte Alexander bereits am Telefon mitgeteilt, dass er nicht bei mir übernachten könne. Zwar war Daniel in der Zwischenzeit endlich ausgezogen, was mein Vater erstaunlich gut verkraftet hatte, aber ich musste mich nach den Spielregeln der Gefährtin richten, sonst würde sie die ganze Zeit nur herumnörgeln und die Stimmung mit ihren Ängsten vergiften. Im Gegensatz zu meinem Kollegen Marcel war Alexander ja im Grunde genommen ein Unbekannter.

Wie er wohl aussah, der Mann, der mir die Tür zu meiner Dominanz öffnete?, fragte ich mich auf dem Weg zum Treffpunkt. Wir hatten zwar per E-Mail Fotos ausgetauscht, aber einem Menschen dann real zu begegnen ist ja immer noch etwas anderes …

Genauso wenig Erfahrung wie mit SM hatte ich auch mit Blind Dates. Dafür kannte ich aber unzählige Horrorstorys von Bekannten, wie man sich erst fleißig schrieb und die dort rasch erkannte Seelenverwandtschaft durch nächtelange Telefonate untermauerte, um dann beim ersten Treffen schockiert vor einem – natürlich nur subjektiv empfundenen – Antibild zu stehen. Oh Mann, worauf hatte ich mich da bloß eingelassen? Zu spät – Alexander war bereits an der Tankstelle und wartete auf mich. Als ich ausstieg, konnte ich an seinem Gesichtsausdruck erkennen, dass ich ihm sehr gefiel. Ich wünschte, ich hätte das auch von ihm sagen können, aber das war mir leider nicht möglich. Alexander sah … na ja … er sah irgendwie unordentlich und knüsselig aus … Jedenfalls nicht so, wie man bei einem ersten, heiß ersehnten Date aussehen sollte. Ich tat mich in jenem Moment schwer damit, die Attraktivität unter der nachlässigen Fassade ausfindig zu machen. Empfand so nur die spießige Gefährtin? Ich wurde jedoch rasch abgelenkt durch Alexanders mitreißende Art, die live natürlich noch viel intensiver war als virtuell oder telefonisch. Wir tranken in der Tankstelle einen Kaffee, um dann zu überlegen, wohin wir anschließend gehen oder fahren wollten. Unsere Münder standen nicht still. Schon bald sah die Jung-Domina die Gefährtin bittend an, und diese nickte großzügig: Ich lud Alexander zu mir nach Hause ein. Was kümmerte mich mein Geschwätz von gestern?

Als wir bei mir angekommen waren, sagte mein SM-Berater:

»Ich bin froh, dass wir zu dir nach Hause und nicht noch irgendwo anders hingefahren sind«, und zeigte auf eine mitgebrachte Tüte.

Wie sich herausstellte, war er betont ungestylt von zu Hause aufgebrochen, um seine Freundin nicht in Alarmbereitschaft zu versetzen. Offiziell besuchte er seinen Bruder. Ach so, deshalb! Er ließ sich von mir das Bad zeigen und verschwand. Als er zurückkam, sah er wie ein neuer Mensch aus und roch auch so. Er hatte sich sogar rasiert und andere Sachen angezogen.

Ich erinnere mich, dass der Abend mit ihm unglaublich stimmungsvoll war: Im Hintergrund lief leise Musik, überall brannten Kerzen und wir haben zusammen gegessen und Wein getrunken. Irgendwann, nach einem langen Gespräch über Gott und die Welt, kam er zu mir aufs Sofa, und wir begannen, uns zu küssen. Es war schließlich sogar die Gefährtin, die vorschlug, dass es oben im Schlafzimmer doch bequemer wäre. Alexander hob mich hoch, wie in einem Liebesroman, total romantisch, und trug mich nach oben, wo er mich aufs Bett legte. Wir hatten stundenlang und mit anhaltender Begeisterung Sex, richtig guten Sex. So lange, bis wir mitten in der Nacht wieder Hunger bekamen und Alexander beschloss, zu einem nahe gelegenen Fast-Food-Restaurant zu fahren, um uns mit Hamburgern zu versorgen. Danach liebten wir uns wieder – genauso leidenschaftlich wie zuvor.

Halt! Nicht das Buch zuklappen!

Auf den folgenden Seiten wird es noch reichlich unerbittliche Dominanz und quälenden Sadismus hageln, sodass manch ein Leser sich nach ein bisschen Romantik zurücksehnen wird.

Ich glaube, dass wir diesen *normalen* Sex auch deshalb so genossen, weil wir froh waren, uns gefunden zu haben, und weil wir wussten, dass wir für Experimente alle Zeit der Welt haben würden. So oder ähnlich müssen wir damals wohl gedacht haben …

Danach ging allerdings alles Schlag auf Schlag: Alexander verließ seine Freundin, zog innerhalb kürzester Zeit bei mir ein, und nichts konnte uns mehr von unserer unbändigen Lust auf ein Femdom-Leben mit allen Konsequenzen abhalten. Ich verlor auch schnell jegliches Interesse an Marcel, weil ich mich mit ihm nicht annähernd so ausgiebig und scheinbar grenzenlos ausleben konnte wie mit Alexander. Ich weiß noch nicht einmal mehr, ob ich mich nach meinem ersten Treffen mit Alex überhaupt noch einmal mit meinem Kollegen außerhalb der Firma getroffen hatte, geschweige denn, was wir gemacht haben könnten. Umso besser erinnere ich mich an die erste Zeit mit Alexander.

Ich war total verliebt. Wir waren beide total verliebt. Das war aber kein Grund, meine neue Leidenschaft aus den Augen zu verlieren. Und selbst wenn das geschehen wäre, hätte Alexander mich mit seiner devoten Veranlagung schnell wieder auf Kurs gebracht. So aber zogen wir an einem Strang.

»Ich möchte, dass du immer daran denkst, dass du mir gehörst«, äußerte ich, als wir ganz am Anfang unserer Beziehung abends beim Essen saßen.

»Dann musst du Regeln aufstellen, Maus.«

Außerhalb unserer Spiele nannte er mich so, und ich liebte es. *Spielten* wir, war ich die Herrin, die man siezte, und nichts anderes.

»Wirst du diese Regeln befolgen?«

»Ich werde es versuchen. Aber ich sage dir gleich, dass ich nicht einfach bin. Du wirst mich ständig überzeugen und motivieren müssen, deine Regeln zu befolgen. Das kann anstrengend sein.«

»Weil du der Häwelmann bist. Oder soll ich dich besser *Nervensäge* nennen?«, witzelte ich.

»Ich meine es ernst. Ich will wirklich gehorchen, aber es wird nur klappen, wenn richtig Zug dahinter ist.«

»Ich werde dich bestrafen, wenn du nicht gehorchst. Und das meine ich genauso ernst«, teilte ich ihm mit.

»Okay. Dann lass uns mal einen Plan machen, Maus.«

»Nein, was die Regeln anbelangt, machen wir keinen gemeinsamen Plan. Ich werde darüber nachdenken und sie aufstellen, und du wirst sie befolgen. Aber was wir gemeinsam überlegen können, ist, woher ich ein paar schöne SM-Klamotten und Utensilien bekomme.«

»Was deinen Wunsch nach Equipment anbelangt, da gibt es ein spezielles Geschäft in Düsseldorf, das ich dir zeigen werde. Wir können Samstag zusammen hinfahren, wenn du willst.«

Oh ja, das wollte ich! Ich war zwar nicht gerade Krösus, aber ich wollte mich zumindest genüsslich umschauen und umfassend informieren. Vielleicht wollte ich auch etwas kaufen, aber zumindest wüsste ich danach eher, was ich mir günstiger via Internet zulegen konnte.

»Dort gibt es alles, was das Herz begehrt an Schlaginstrumenten, Sex Toys und sonstigem SM-Schnickschnack. Aber für den Anfang habe ich uns etwas Schönes mitgebracht. Warte.«

Das wunderte mich, denn seine Exfreundin war so sauer über die Trennung gewesen, obwohl die Beziehung bereits seit Jahren nicht mehr funktionierte, dass er eigentlich nichts hatte mitnehmen dürfen und wollen. Er marschierte nach nebenan und kam mit einer Peitsche zurück, einer echten Schönheit: Sie war schwarz, mit dekorativen Kegelnieten am Griffende und circa vierzig Zentimeter langen Lederschnüren. Vierundzwanzig an der Zahl. Alexander drückte sie mir lächelnd in die Hand, und ich ließ sie durch meine Finger gleiten. Hm, das fühlte sich gut an.

»Authentisch«, schoss es mir durch den Kopf.

So, als hätte ich schon hundertmal zuvor eine Peitsche in Händen gehalten. Trotzdem sah ich Alex unsicher an.

»Ich weiß nicht, was ich damit machen soll. Man kann bestimmt furchtbar viel falsch machen, jemanden ernsthaft verletzen …«

»Ja, das kann man. Du kannst Spuren hinterlassen, die der Sub gar nicht tragen möchte, und, was viel schlimmer ist, du kannst mit falschem Schlagen sogar innere Organe schädigen. Die Nieren zum Beispiel.«

»Stehst du darauf, ausgepeitscht zu werden?«, fragte ich neugierig.

»Ja. Aber es muss passen.«

»Wie meinst du das?«

»Es kommt auf den Kontext an. Sagen wir mal, du kommst dahinter, dass ich onaniert habe, obwohl du es mir verboten hast. Damit erinnere ich dich übrigens noch mal an die Regeln, die du aufstellen solltest. Also, ich habe unerlaubt gewichst, und zur Strafe gibst du mir fünfzehn Peitschenhiebe direkt auf den Hintern, damit ich mich hüte, dich ein weiteres Mal zu hintergehen. Oder sagen wir mal: Damit ich es eine Weile nicht tue.«

Alexander grinste mich offen an.

»Onanierst du denn oft?«, wollte ich wissen.

»Ja, allerdings.«

»Aber du hast doch jetzt mich.«

Das war die Gefährtin …

Er lachte.

»Ja, sicher, aber du bist nicht rund um die Uhr bei mir.«

Ich hatte natürlich schon bemerkt, dass mein neuer Freund wirklich allzeit bereit war, aber ich schob das auf die anfängliche Verliebtheit. Noch …

»Peitschen ist *eine* Art, jemanden zu berühren«, fuhr Alexander fort. »Du berührst ihn nicht direkt selbst mit deinen Händen, sondern du benutzt einen Gegenstand –

eine Peitsche, einen Rohrstock, ein Paddel, eine Gerte –, um den anderen zu bestrafen oder zu stimulieren. Im Übrigen: Wenn du mal jemandem ein paar Schläge mit der flachen Hand verabreicht hast, weißt du, wie schnell deine *Schlaghand* zu schmerzen beginnt. Komm, wir probieren es gleich mal aus!«

Ich hielt die Peitsche immer noch in der Hand, als Alexander sich vor mir komplett entkleidete. Eine vollendete Erektion hatte er offensichtlich bereits im Stillen vorbereitet.

»Leg mal die Peitsche einen Moment weg, Maus, und gib mir fünf Schläge mit der flachen Hand auf jede Pobacke.«

Ich sah erst auf seinen knackigen Hintern und dann auf meine Schlaghand, also die rechte. Dann patschte ich sie ihm vorsichtig auf die rechte Pobacke.

»Schatz, ich bin kein Pony, dem du liebevoll die Kruppe tätschelst – ich bin ein Sklave, der ungehorsam war und dem du jetzt Zucht und Ordnung beibringen willst.«

Das war mir ein wenig zu abstrakt – er hatte ja gar nichts falsch gemacht, aber was mich etwas ärgerte, war die Tatsache, dass er mit mir redete wie mit einem kranken Pferd, um mal in der Wortfamilie »Pferd« zu verweilen. Ich zögerte nach wie vor, denn es fiel mir unheimlich schwer, jemandem wehzutun, den ich doch liebe. Schließlich spürte ich jedoch, wie etwas Resolutes in mir aufstieg, an der Gefährtin vorbei, die unsicher und mit hängenden Schultern dastand. Also holte ich etwas weiter aus und klatschte gleich zweimal hintereinander auf den schönen Hintern vor mir. Das gab ein nettes Geräusch, und meine Handfläche erwärmte sich angenehm. Das sagte ich auch.

»Dann mach mal in dem Stil weiter. Schlage mal fester, mal leichter. Wechsle dich bei den Backen ab, meinetwegen wechsle auch die Schlaghand. Leg Pausen ein, damit ich zwischendurch ängstlich warten muss, wann mich der nächste Schlag in welcher Intensität ereilt. Du musst mich mit Überraschungen, Schmerzen und Warten quälen. Verstehst du das spielerische Element? Das ist immens wichtig!«

Oh ja, das war die Sprache, die ich sogar *sehr* gut verstand! Die Spielerin zwinkerte mir zu, und los ging's. Ich schlug kräftig zu, dann tat ich nichts, außer mit den Nägeln meiner linken Hand über seinen Rücken zu fahren. Als er richtig wohlig abgelenkt war, klatschte ich dreimal hintereinander mit aller Kraft auf seine Pobacken … na ja, fast mit aller Kraft. Danach strich ich zart über die gerötete Haut und ließ ihn wieder warten. Ich freute mich, wenn er zusammenzuckte – vor Schreck oder vor Schmerz oder aus einer Mischung von beidem, ich wusste es nicht –, und hörte auf, die Schläge zu zählen. Es waren bestimmt doppelt so viele, und meine Handflächen brannten in der gleichen Farbe wie Alexanders Hintern. Ich hatte meine Lektion nicht nur gelernt, sondern auch verstanden, und Alex drückte mir wieder die Peitsche in die Hand.

»Schau, hier sind meine Nieren, da darfst du nicht draufschlagen. Konzentriere dich auf meinen Hintern, die Oberschenkel und die Schultern. Entwickle ein Gefühl für die Peitsche und das Schlagen.«

Das tat ich. Wenn auch hier anfangs wieder nur sehr zaghaft. Ich merkte, dass ich auch ein Gefühl für die Entfernung zu meinem Opfer entwickeln musste. Und für meinen Stand. Und für die Handführung: Rechte Pobacke Rückhand, linke Pobacke Vorhand. Dabei kam mir meine frühere Mitgliedschaft in einem Squash-Verein sehr zugute. Bei aller fehlenden Übung blieb die Empfindung bestehen, dass mir die Peitsche aus dem Handgelenk wuchs. Dass sie eine natürliche Verlängerung meines Arms war. Bestätigt wurde dies durch Alexanders Verhalten. Ich schien über einen angeborenen Instinkt für das Spiel mit Schlagen und Zappelnlassen zu besitzen. Dito für die Intensität meiner Schläge. Waren sie anfänglich noch von Zaudern und großer Aufregung begleitet – vor allem, da sich die Gefährtin entsetzt die Haare raufte –, wurden sie nach kurzer Zeit bereits bestimmt und trafen exakt den Punkt, den ich treffen wollte. Als ich von Alexander abließ, legte er sich schützend die Hände auf sein Gesäß. Dann sah er mich lächelnd an:

»Schau mal in den Spiegel!«

Ich tat es und sah eine Frau mit geröteten Wangen und strahlenden Augen. Lebensfreude pur.

In meiner Wohnung gab es viele rustikale Holzbalken, und Alexander versprach mir lächelnd, dass er diese ebenso wirkungsvoll wie unauffällig präparieren würde, damit wir sie in unsere Spiele integrieren konnten. Zu diesem Zweck fuhren wir zu einem Baumarkt und kauften dort einige Pakete Schraubhaken und Dübel. Damit waren wir aber noch lange nicht fertig. Alex zeigte mir, was sich dort sonst noch alles für SM-Vergnügungen finden ließ. Wer das jetzt liest, wird künftig jede Heimwerkerabteilung mit anderen Augen betrachten!

Zuerst führte er mich in die Gartenabteilung zu den Tischdecken und fragte:

»Na, was werden wir hiervon kaufen, was denkst du?«

Ich starrte erst auf die Blümchendecken und dann in sein Gesicht. Hatte er kurzfristig den Verstand verloren? Ich zuckte ratlos mit den Schultern. Alexander grinste breit.

»Wir kaufen zwei Meter von der Lacktischdecke, die du dort auf der Rolle siehst.«

Er ließ mich absichtlich zappeln.

»Möchtest du lieber rot oder schwarz?«

Ich knuffte ihn fest in die Seite, und er raunte mir zu:

»Die brauchen wir für NS-Spiele. Sie lassen sich danach gut reinigen und es ist ein geiles Gefühl, draufzuliegen. Im Nassen wie im Trockenen.«

Ich entschied mich für schwarz.

Der Mitarbeiter, der uns die zwei Meter von der Rolle schnitt, muss uns für völlig verrückt gehalten haben, bei unserem – vor allem meinem! – Gekicher.

Die nächste Abteilung, die wir aufsuchten, nannte sich »Eisenwaren und Haushalt«. Dort blieben wir vor Rollen mit Ketten und Seilen stehen. Dieses Mal konnte ich mir zumindest vage vorstellen, was man damit anstellen konnte. Alex wusste genau, was wir brauchten, beauftragte einen weiteren Angestellten mit den gewünschten Mengen und legte auch gleich noch ein paar Karabinerhaken in unseren Einkaufswagen. Es folgten Gummidichtringe und Kabelbinder.

»Gummidichtringe?«

»Ja, die kann man prima als *cock rings,* Schwanzringe, nutzen. Sie werden unten an der Peniswurzel getragen und vermitteln einem das Gefühl, jemand würde den Schwanz an der Stelle fest umfassen. Er wirkt härter und praller. Ein geiles Gefühl!«

Aha.

»Und wofür sind die Kabelbinder?«

»Solange wir noch keine richtigen Handschellen besorgt haben, kannst du Kabelbinder benutzen. Es ist mir so gut wie unmöglich, mich daraus zu befreien. Die Handschellen besorgen wir dann in dem Laden in Düsseldorf, wo du auch Outfits bekommen kannst.«

Klang alles gut.

Wir kauften außerdem noch zwei Vorhängeschlösser von unterschiedlicher Größe, um die Ketten verbinden und schließen zu können, und einen kleinen Teppichklopfer, der wahrscheinlich eher als Spielzeug für kleine Mädchen gedacht war, die Mutti im Haushalt nacheifern wollten.

»Warum sollten wir dafür Geld ausgeben?«, fragte ich Alex.

»Sieht niedlich aus, aber wenn du damit zwanzig Schläge auf den nackten Hintern bekommst, weißt du auch, was wehtut!«

Okay, der Mini-Teppichklopfer durfte mit.

Als Nächstes zog Alex mich in die Dekoabteilung, wo wir vor den Gardinen stehen blieben. Ich fragte schon gar nicht mehr.

»Hier müssen doch irgendwo Gardinenklammern sein«, murmelte er.

Für alle, die gerade nicht das Bild einer Gardinenklammer vor Augen haben, beschreibe ich diesen äußerst hilfreichen Haushaltsgegenstand einmal:

Die Klammer ist aus Stahl (!), mit einem kleinen Ring am oberen Ende, durch den man eine Gardinenstange ziehen kann. Die Klammer selbst soll die an ihr befestigte Gardine schön festhalten – und damit das auch gelingt, verfügt sie über viele kleine »Zähne« und eine starke Materialspannung.

»Für die Brustwarzen eines äußerst ungehorsamen Sklaven«, erläuterte mein masochistischer Freund.

Das musste extrem wehtun. Ich strahlte. Alex auch.

Diese oder ähnliche Folterinstrumente finden sich in jedem

gut aufgestellten SM-Studio und tragen dort manchmal den treffenden Namen *Krokodilklammern*. Aber das wusste ich damals im Baumarkt noch nicht.

Dann sagte Alexander:

»Die wollte ich dir aber nur zeigen, Maus. Die sind nämlich ziemlich extrem, und kaum einer hält sie aus. Wir nehmen Wäscheklammern, die zwiebeln auch ganz prächtig.«

Um zu Hause alles gut und zentral verstauen zu können, entschieden wir uns für einen zusammenklappbaren Transportbehälter, der für unser anfängliches Equipment ausreichend Platz bot. Auf dem Weg zur Kasse legte ausnahmsweise ich mal etwas in unseren Wagen, und zwar einen Wischmopp. Alexander sah mich fragend an.

»Du willst doch Regeln. Warte, bis ich sie aufgestellt habe, dann verstehst du auch den Wischmopp.«

»Oh, ich glaube, ich habe dir zu viel vom Matriarchat vorgeschwärmt.«

»Nein, hast du nicht. Ich habe zusätzlich nächtelang im Internet darüber gelesen.«

Ich schmunzelte zufrieden. Und vorfreudig.

Es begann ganz harmlos.

Da Alex aus einem anderen Bundesland stammte und ziemlich überstürzt zu mir gezogen war, hatte er erst mal keine Arbeit und befand sich auf Jobsuche. Ich war gewillt, das Beste daraus zu machen, und betrachtete die Regeln nicht nur unter SM-, sondern auch unter rein praktischen Aspekten, denn schließlich würde er ja zumindest vorübergehend über mehr Zeit verfügen als ich.

Das sind die ersten Regeln, die ich für Alex aufstellte und die er immer befolgen musste:

- Unsere Wohnung in Schuss halten mit allem, was dazugehörte: aufräumen, putzen, waschen, bügeln, spülen, einkaufen, kochen …
- Wie eine Frau im Sitzen urinieren
- Nach *jedem* Toilettengang die Genitalien waschen, um immer für die Herrin frisch zu sein
- Nicht chatten
- Nicht mit anderen Frauen flirten
- Keine frechen Antworten geben
- Keine Zeit mit unnützem Kram verplempern (das konnte er nämlich ziemlich gut!)
- Keine selbstständigen SM-Kontakte knüpfen
- Jeden zweiten Tag komplett rasieren (bis auf Kopf, Arme und Beine)

Ich hatte die Regeln in meinem Computer abgespeichert, druckte sie aus und klebte sie kommentarlos an den Kühlschrank.

Einige dieser Regeln lesen sich vielleicht eher wie die frommen Wünsche einer ganz normalen Ehe- und Hausfrau und nicht wie die Gebote einer angehenden Domina mit Schwerpunkt Sadismus – aber ich stellte sie nach meinem Verständnis der Femdom-Philosophie auf. Ich wollte, dass *mein neuer Mann* mir meinen Alltag erleichterte und mir diente. Schließlich hatte mein Exmann im Haushalt ja noch nicht einmal einen Finger krumm gemacht. Nein, so etwas kam mir nicht wieder in die Tüte. Gleichzeitig wollte ich mich im Bestrafen üben, würden meine Regeln missachtet, was ganz sicher der Fall sein würde. Gerade was das Beschneiden seiner Unabhängigkeit anging – wie zum Beispiel das Chatten – war ich auf seinen Gehorsam gespannt.

Außerdem wollte ich sogenannte Tagesregeln aufstellen, weil meine Wünsche ja schließlich nicht jeden Tag gleich sein würden.

Als Alexander von einem Bewerbungsgespräch zurückkehrte, nahm er sich Apfelsaft aus dem Kühlschrank und sah den Zettel mit den Regeln. Ich saß währenddessen am Küchentisch, rauchte und beobachtete ihn.

»Du willst, dass ich den kompletten Haushalt übernehme«, stellte er fest.

»Ja, das will ich.«

»Und wenn ich wieder einen festen Job habe?«

»Dann stelle ich neue Regeln auf«, beschloss ich.

»Okay. Aber wie willst du kontrollieren, ob ich chatte oder nicht, während du im Büro bist?«

Gute Frage!

»Ich werde es merken, wenn ich dich frage und du mich belügst«, antwortete ich bestimmter, als ich empfand.

Alexander betrachtete mich lange, dann nickte er.

»Ab wann gelten die Regeln?«

»Ab sofort.«

»Dann fahre ich jetzt einkaufen. Wir haben so gut wie nichts mehr im Haus.«

Ich fand, dass sich die Dinge gut anließen, und lehnte mich entspannt zurück.

Meine Entspannung endete vorübergehend, als Alex sich entschloss, mir das Fesseln beizubringen.

»Leg dich mal aufs Bett«, sagte er eines Nachmittags zu mir.

»Wer kommandiert hier eigentlich wen herum?«, fragte ich gut gelaunt.

»Du bist die Herrin, aber ich möchte dir gerne zeigen, wie du jemanden so ans Bett fesselst, dass er zwar über einen gewissen Spielraum verfügt, sich aber niemals selbst befreien kann. Außerdem möchte ich dir zeigen, wie du so fesselst, dass die Seile dabei nicht zu tief in die Haut einschneiden.«

»Verstehe«, sagte ich. »Dann wäre es aber besser, du würdest dich aufs Bett legen und mir zeigen, wie ich es machen soll.«

Netter Versuch.

»Das machen wir natürlich danach, aber zunächst ist es wichtig, dass du ein Gefühl für das Festziehen des Seils entwickelst.«

Das leuchtete mir ein, und ich legte mich rücklings aufs Bett. Trotzdem hatte ich innere Vorbehalte, die ja einen Grund haben mussten. Ich kam allerdings erst einmal nicht drauf.

Alex hantierte mit zwei kurzen weißen Seilen aus dem Baumarkt und redete ununterbrochen erklärend auf mich ein. Dabei schaute ich schräg nach oben auf meine Handgelenke, die er nacheinander mit dem Bettpfosten verband. Nach wenigen Minuten war ich unentrinnbar gefesselt – und fühlte mich unglaublich unwohl. Und das tat ich auch kund.

»Mach mich sofort los, Alex! Hörst du: SOFORT LOS-MACHEN!!!«

Ich hatte Alexander ziemlich erschrocken, als ich ihn anfauchte und an meinen Fesseln zerrte, was das Losbinden nicht gerade erleichterte. Als ich wieder frei war, sprang ich aus dem Bett und funkelte meinen Geliebten an. Auch die Gefährtin rieb sich empört die Handgelenke – und da fiel es mir wieder ein: Daniel hatte mich irgendwann einmal zu Beginn unserer Ehe spielerisch mit Schals ans Bett fesseln wollen – und auch da war ich ausgeflippt.

»Versuch das nie wieder, Alex«, zischte ich wütend.

Er hob beschwichtigend die Hände.

»Na, jedenfalls wissen wir jetzt, dass du keine *Switcherin,* sondern dominant aus Überzeugung bist«, versuchte er die Situation zu retten.

Mit »Switchern« (englisch to switch = wechseln, tauschen) werden im SM Menschen bezeichnet, die mal dominant und mal devot sind. Je nach Lust und Laune. Sie können sowohl sadistische wie auch masochistische Züge in sich tragen und lieben es, beide auszuleben. Ich gehörte also ganz offensichtlich nicht zu ihnen, da hatte Alexander völlig recht.

Ich war und bin eine dominante Sadistin aus Überzeugung.

SM RUND UM
DIE UHR?

Das bedeutete nicht, dass ich in den darauffolgenden Monaten vierundzwanzig Stunden am Tag *aktiv* damit beschäftigt
war, Alexander mit ständig neuen Aufgaben zu betrauen, zu
bestrafen, zu fesseln oder auszupeitschen. Das ging ja auch
gar nicht, schließlich hatte ich nebenher ein ganz normales
Arbeits- und Familienleben. Und Freunde. Es bedeutete
aber, dass der Sadomasochismus und die damit verbundene
Komponente Femdom, die Alex und ich einvernehmlich als
unsere Philosophie auserkoren hatten, in unserer Beziehung
allgegenwärtig waren. Und trotz des vermeintlichen Wider-
spruchs bedeutete es, dass es sich bei unserer Partnerschaft
um eine 24/7-SM-Beziehung handelte – also vierundzwanzig Stunden lang an sieben Tagen der Woche, mit anderen
Worten: immer.

Befanden wir uns in Gesellschaft, genügte ein tiefer Blick
in die Augen des anderen, und das Bewusstsein, dass wir uns
für ein bizarres Leben entschieden hatten, brachte unser Blut
augenblicklich zum Kochen. Ein ebenso tiefer Blick genügte
aber auch, um ihm zu signalisieren, dass er einen Fehler gemacht oder eine Regel missachtet hatte. Ein unsichtbares
Band von gelebter Lust und schier unerschöpflicher Experimentierfreude verknüpfte uns auch dann miteinander, wenn
wir uns wieder anderen Gesprächspartnern zuwandten.

Wenn wir alleine zu Hause waren, konnten wir stundenlang, ja sogar tagelang nichts tun, was sich direkt mit SM

verbinden ließ – von Alexanders Regeln einmal abgesehen –, aber wenn es uns überkam, durch einen frechen Blick Alexanders oder eine neue Idee meinerseits, dann waren wir nicht mehr zu halten und gaben uns unserer Obsession hin.

Waren wir nicht zusammen, schickten wir uns E-Mails und SMS, die sich ebenfalls meist um unser favorisiertes Thema drehten. So befahl ich ihm manchmal aus der vermeintlich kühlen Atmosphäre meines Büros, zu masturbieren, was er dann sofort tat und mir detailliert beschrieb. Ich wusste zu diesem Zeitpunkt nur nicht, dass er es sowieso ständig tat, egal ob ich es ihm befahl oder nicht.

Irgendwann erzählte er es mir im Überschwang der Gefühle. Es bereite ihm besonders viel Vergnügen, seit er mich kenne.

»Wie meinst du das?«, fragte ich neugierig.

»Es ist im Grunde das Leben, wie ich es immer führen wollte. Ich habe eine schöne Frau, die dominant ist, der ich alles sagen kann, wovon ich träume, und die mir meine Wünsche erfüllt.«

Natürlich fühlte ich mich geschmeichelt – oder war es nur die Gefährtin, die geziert den Kopf senkte? Irgendetwas störte mich trotzdem an seinen Worten. Sie klangen so … ideal. Ideal für ihn. Ich musste unbedingt nachhaken.

»Es macht ungeheuren Spaß, deine dominante und sadistische Ader freizulegen und zu sehen, wie du dich mehr und mehr entwickelst und eigene Ideen einbringst, die mich fast um den Verstand bringen.«

Stimmt, ich war ein Naturtalent, aber das stand auf einem anderen Blatt.

»Alex, ist das nicht auch irgendwie langweilig für dich, wenn du mir alles beibringen musst?«

»Nein, das ist es überhaupt nicht! Es ist faszinierend, dir bei deiner Entwicklung zuzusehen.«

»… und davon zu profitieren«, fügte ich in Gedanken hinzu und wusste plötzlich, was mich an seinen Worten zuvor gestört hatte. Was einfach *zu ideal* klang.

»Es hört sich an wie ein bizarres Remake von *My Fair Lady*. Du formst mich.«

»Eliza droht Professor Higgins am Ende zu entgleiten«, sagte Alexander leise, und das versöhnte mich wieder.

Ich wollte zu diesem Zeitpunkt keinesfalls entgleiten, aber es verlangte mich danach, die Zügel in der Hand zu halten und nicht nur eine reizvolle Erfüllungsgehilfin zu sein. Ich wollte mich selber formen.

Ich beschloss darum, künftig mehr Eigeninitiative zu entwickeln, und begann damit, Alexanders Regeln um die folgenden zu erweitern:

- Nicht onanieren oder sich selbst anderweitig sexuell berühren.
- Die Herrin niemals unaufgefordert und unangemessen berühren.

Damit wir uns nicht falsch verstehen:

Ich liebte und liebe Sex, aber ich wollte unser Machtgefälle zu keiner Zeit verwässert sehen und bestand darauf, selber zu bestimmen, wann ich angefasst und stimuliert werden wollte. Der Wunsch nach Selbstbestimmung war mir nach meiner Ehe und aufgrund umfangreicher Lektüre über die Vorzüge des Femdom bereits in Fleisch und Blut übergegangen. Und was das Onanieren betraf, so wollte ich, dass es Alexander in seinem *Idealzustand* wirklich schmerzen oder beeinträchtigen würde, auf gewisse Dinge zu verzichten. Und das Onanieren war ihm wichtig, das wusste ich ja mittlerweile. Was ich nicht wusste, war, wie ich seinen Ungehorsam nachweisen und bestrafen sollte. Während mir der Nachweis zunächst noch ein Rätsel blieb, fiel mir eine Lösung für eine mögliche Bestrafung ein. Er hatte sie mir ja selbst genannt: Wer ohne Erlaubnis masturbierte, bekam Peitschenhiebe. Am besten vielleicht sogar auf die Eichel. Das wäre ihm wahrscheinlich eine Lehre – so hoffte ich zumindest.

In den ersten Tagen nach Ergänzung der Regeln sah Alexander mich jeden Abend offen an und schwor mir, sich nicht mit sich selbst vergnügt zu haben. Umso erregter war er natürlich bei meinem Erscheinen … Meist ließ ich ihn dann etwas für mich tun – zum Beispiel mir ein Bad einlassen und mir den Rücken oder die Füße massieren –, und als Dank dafür durfte er dann in meiner Gegenwart onanieren. Oder wir schliefen miteinander, wenn ich dazu in Stimmung war.

Dann kam der erste Härtetest für meine Intuition.

Ich kam recht spät aus dem Büro und kontrollierte den Zustand der Wohnung, hakte seine erfüllten Pflichten ab und stellte die obligatorische Frage:

»Und? Hast du heute gewichst?«

Alexander wandte sich unwillig ab und murmelte irgendetwas. Treffer!

»Alex! Sie mich an!«

Er zog eine Schnute.

»Das ist doof, Maus! Ich habe den ganzen Tag hier in der Bude geackert, einkaufen war ich auch, und Bewerbungen konnte ich nicht schreiben, weil keine Jobs in der Zeitung standen. Das ist frustrierend! Warum soll ich also nicht wenigstens mal zwischendurch wichsen dürfen, damit ich besser draufkomme?«

Mein Blut begann zu kochen. Wer hatte denn darauf gedrängt, dass ich Regeln aufstellte?! Aber das sollten gefälligst nur nette Regeln sein, die zu seinem *Idealzustand* passten und ihn gefälligst nicht beeinträchtigten, oder was?! Ich begann zu erahnen, welch dauernden Kampf es bedeutete, das Machtgefälle zu erhalten und sich nicht verschieben zu lassen. Ich bekam ein erstes Vorgefühl von der damit verbundenen kräftezehrenden Anstrengung, denn auch ich hatte natürlich meine *Idealvorstellungen* und war nicht bereit, sie bei den ersten Hindernissen aufzugeben. Sogar die Gefährtin war empört über die Rebellion.

Alex sah natürlich, dass ich äußerst ungehalten war, und versuchte die Situation zu retten.

»Hör mal, Maus …«

»Stopp, Alex. Keinen Ton mehr jetzt. Und keine *Maus*. Hol die Peitsche.«

Meine Stringenz war neu für ihn. Für mich auch. Die Gefährtin verfolgte die Szene mit angehaltenem Atem. Alex holte nicht nur die Peitsche, sondern brachte die gesamte Utensilienkiste mit ins Wohnzimmer, in dem wir unser Wortgefecht ausgetragen hatten.

»Gib mir die Peitsche und zieh dich aus.«

Alexander tat, wie ihm befohlen. Er vergaß lediglich, seine Socken auszuziehen. Der Männerklassiker.

Ich ging langsam um ihn herum und schlug ihn unvermittelt von hinten auf die Schultern.

»Die Socken auch, Alex.«

Ich spürte, wie die Peitsche mich in meiner Überlegenheit bestärkte und wie ich wieder Herrin der Situation wurde. Ich spürte aber auch die Verantwortung, die ich trug, und verband sie symbiotisch mit dem Wunsch nach Gehorsam. Das spürte auch Alexander. Er sagte leise: »Entschuldigen Sie, Herrin«, und zog die Socken aus. Es war ihm natürlich klar, dass es jetzt Peitschenhiebe auf den Hintern geben würde. Das allein war mir zu glatt. Zu transparent. Zu *vorhersehbar*. Mein Blick fiel auf die Kiste. Ja, genau. In ihr steckte die Überraschung, die ich nun brauchte und die eine Überraschung sein würde, obwohl Alexander sie eingekauft hatte. Ich hängte die Peitsche über seinen steifen Penis, damit er sie nicht vergaß. Dann öffnete ich das Paket mit den Wäscheklammern. Das tat ich hinter seinem Rücken – so, wie er hinter meinem Rücken onaniert hatte. Er hörte mich nur rascheln und konnte sich überlegen, was es war. Ich nahm eine der Klammern aus der Verpackung und testete sie kurz an meinem Zeigefinger. Ja, doch, die taten bestimmt schön weh. Ich schob zwei von ihnen in meine Jeanstasche und beschloss in einem Nebengedankengang, nicht länger mit dem Besuch im Düsseldorfer Fetisch-Geschäft zu warten, um mein Äußeres solchen Aktionen entsprechend aufpeppen zu können.

Ich stellte mich wieder vor Alexander, nahm die Peitsche auf und schaute auf ihn herunter. Er hielt den Kopf vorschriftsmäßig gesenkt, sah mich nicht an. Seine Unsicherheit in diesem Augenblick war deutlich spürbar. Trotzdem war auf seine ausgeprägte Erektion auch dieses Mal wieder Verlass.

»Vorhaut zurückziehen und festhalten.«

Das tat er, und sein Penis schob sich noch ein wenig mehr in die Länge.

»Ich werde dir für deinen Ungehorsam jetzt zehn Peitschenhiebe auf die Eichel verabreichen.«

»Ja … Herrin«, sagte er zögerlich.

Ich trat einen Schritt zurück und nahm Maß. Die Gefährtin zog an meinem Ärmel. Ich dachte kurz nach und schüttelte ihre Hand dann ab. Wir, Alexander und ich, hatten uns für einen experimentellen Lebensabschnitt entschieden, zu dem eine derartige Bestrafung dazugehörte, um nicht das gesamte Konzept ad absurdum zu führen. Also los! Ich ließ die vierundzwanzig Peitschenschnüre mit einer lockeren Bewegung aus dem Handgelenk auf seine Eichel sausen. Alex gab einen zischenden Laut von sich und deckte die empfindliche, getroffene Stelle schützend mit der linken Hand ab. Ich schlug ihm auf die Hand, und er nahm sie weg.

»Für jede weitere Verfehlung deinerseits gibt es einen zusätzlichen Hieb, Alexander.«

»Ja, Herrin.«

Die nächsten vier Schläge verabreichte ich nacheinander und mit mittlerer Intensität, würde ich mal sagen. Dann hängte ich die Peitsche wieder an den Penis.

»Das waren nur fünf Hiebe, Herrin«, sagte er verwundert.

Ich lächelte kommentarlos, was er nicht sehen konnte, und griff mit der rechten Hand in meine Jeanstasche, um die beiden Wäscheklammern herauszuholen. Alexanders Nippel waren durch die Mischung aus Erregung und Schmerzen fest zusammengezogen und standen geradezu herausfordernd von seiner Brust ab. Ich beugte mich hinunter und massierte sie nacheinander mit meiner linken Hand, was sie noch fester machte. Alex stöhnte wohlig und begann seinen Penis zu massieren. Die Schmerzen schienen vergessen. Ich hob seinen Kopf leicht an, was ihm signalisierte, dass er mich ansehen durfte, und sagte leise:

»Schließ die Augen.«

Er gehorchte und hielt den Kopf dabei so, wie ich ihn angehoben hatte. Ich zog einen der Nippel noch ein wenig mehr in die Länge und setzte blitzschnell die Klammer an und ließ sofort los. Alex jammerte. Ich zog seinen Kopf an den Haaren wieder nach oben – »Die Augen bleiben zu!« – und platzierte die zweite Klammer an der anderen Brustwarze. Während Alex noch mit der Bewältigung der Schmerzen beschäftigt war, nahm ich wieder die Peitsche von ihrem »Haken«. Alex war diese Bewegung nicht entgangen, und er zog sofort die Vorhaut wieder zurück. Ich gab ihm zwei kräftige Peitschenhiebe und machte eine kurze Pause, die ich dafür nutzte, um einmal an jeder Nippelklammer zu ziehen. Das Gesicht meines Sklaven war schmerzverzerrt. Die restlichen drei Schläge teilte ich in humaner Stärke aus. Die durch die Hiebe verursachte Rötung war deutlich zu erkennen. Ich warf die Peitsche zurück in die Kiste, nahm Alex die Klammern ab und stellte mich vor ihn. Dann näherte ich meinen Mund dem rechten Nippel und umschloss ihn vorsichtig mit meinen Lippen, während ich leicht daran saugte. *Das* gefiel mir. Ich sah aus dem Augenwinkel, wie Alexanders Hand sich schneller auf und ab bewegte, und entschied, dass ich ihn für diesen Tag genug diszipliniert hatte.

Natürlich sprachen wir später über die Session.

»Das hat echt wehgetan, Anna«, beschwerte er sich bei mir. »Was willst du erst tun, wenn ich mal *wirklich* etwas verkehrt gemacht habe?«

»So funktioniert das nicht, Alex!«, wehrte ich mich entschieden. »Damit widersprichst du allem, was du mir beigebracht hast und was wir gemeinsam leben wollen. Du willst Regeln haben, und wenn du sie befolgen sollst, passt es dir nicht. Du weißt, dass auf Ungehorsam eine Strafe steht, und wenn du sie bekommst, beschwerst du dich.«

»Alle anderen Regeln sind ja so weit okay, aber das mit dem Nicht-wichsen-Dürfen ist einfach blöd.«

»Es freut mich, dass ich mit dieser Regel einen echten Nerv bei dir getroffen habe.«

Und ich freute mich wirklich aufrichtig – bewies es mir doch, dass ich mit meiner Intuition und meiner Neigung auf dem richtigen Weg war. Außerdem hatte ich im Internet gelesen, dass die Keuschhaltung des Sklaven weitverbreitet ist. Das wusste Alex als alter SM-Hase natürlich erst recht, aber er hatte wohl gehofft, es würde mir noch eine Weile verborgen bleiben. Ich zog ihm diesen Zahn, indem ich ihm etwas zeigte, das ich mir aus dem Internet ausgedruckt hatte.

»Was ist das, Anna?«

»Das ist ein Sklavenvertrag, den eine Domina mit ihrem Sub geschlossen hat. Einer von Hunderten, die ich im Netz gefunden habe.«

»Und?«, fragte Alex.

»Wir beide wollen das doch *ernsthaft* angehen und nicht wie ein Spiel, das man mal macht und dann wieder lässt. Wie es einem gerade in den Kram passt.«

Er sah mich abwartend an.

»Ich will einen Sklavenvertrag mit dir abschließen. Bist du dazu bereit?«

Alex nickte.

SKLAVENVERTRAG
UND TAGEBUCH

Es war bald klar, dass Alexander bedingt durch seinen Ortswechsel nicht so schnell einen neuen Job in der IT-Branche finden würde, wie wir anfangs gehofft hatten. Er arbeitete ab und zu mal als freier Mitarbeiter und überlegte deshalb, sich selbstständig zu machen, wenn es mit der Festanstellung auch weiterhin nicht klappen sollte. Mir gefiel dieser Status genauso wenig wie Alex, aber ich betrachtete es als »Zeichen« und beschloss, das Beste daraus zu machen. Das Beste war nach wie vor Femdom für mich, und ich wollte Alexanders umfangreiche Freizeit diesem Gedanken zugutekommen lassen. Mit anderen Worten: Ich wollte ihn wirklich versklaven und mir untertan machen, wie wir es uns so oft vorgestellt hatten. Außerdem wurde ich mir seiner eloquenten Aufsässigkeit und seiner oft unglaublichen Trödelei immer bewusster. Und um all dem Herrin zu werden, war ein entsprechender Vertrag unerlässlich.

Wann immer ich die Zeit dazu hatte, widmete ich mich dem Studium unterschiedlichster Sklavenverträge, die ich massenweise im Internet fand. Ich speicherte die interessantesten in meinem Computer und begann, mir daraus den idealen Vertrag für Alexander zu stricken. Natürlich brachte ich auch eigene Ideen mit ein, die mir für meinen künftigen Leibeigenen maßgeschneidert erschienen, und arbeitete die Regeln ein, die mein Freund sowieso schon zu befolgen hatte.

Das Ergebnis legte ich ihm an einem Samstagmorgen vor:

Sklavenvertrag
zwischen
Herrin Anna,
nachfolgend »Herrin« genannt,
und
Alexander B.,
nachstehend »Sklave« genannt.

§ 1
Der Sklave verzichtet auf die ihm kraft des Grundgesetzes gegebenen Grund- und Bürgerrechte und unterwirft sich vom Datum der Unterzeichnung an der alleinigen Macht seiner Herrin.

§ 2
Der ab sofort rechtlose Sklave erkennt die Herrschaft der Herrin als rechtsverbindlich und rechtsgültig an.

§ 3
Die Herrin kann den Vertrag jederzeit und ohne Angabe von Gründen kündigen.
Sie kann ihn auch jederzeit verändern oder erweitern.

§ 4
Der Sklave kann den zugrunde liegenden Sklavenvertrag niemals von sich aus kündigen. Wenn die Herrin es so will, gilt er, solange der Sklave lebt.

§5

Die Herrin hat das Recht, ihren Sklaven jederzeit für die Übertretung oder Nichtbefolgung von Regeln des Vertrages in ihrem Ermessen zu bestrafen. Sie kann ihn auch außerhalb davon bestrafen, wenn sie der Meinung ist, dass ihn die jeweilige Strafe in seiner Sklavenerziehung weiterbringt.

§6

Dem Sklaven ist es bei Strafe verboten, Widerworte oder schnippische Antworten zu geben oder die ihm aufgetragenen Arbeiten zu verweigern.

§7

Dem Sklaven ist es weiterhin verboten, die Herrin unaufgefordert und unangemessen zu berühren.

§8

Der Sklave darf nicht ohne Erlaubnis onanieren oder sich anderweitig sexuell berühren.

§9

Dem Sklaven ist es nicht gestattet, im Internet zu chatten oder irgendwelche eigenständigen SM-Kontakte zu knüpfen.

§10

Der Sklave hat grundsätzlich wie eine Frau im Sitzen zu urinieren und sich nach *jedem* Toilettengang die Genitalien zu waschen, um stets frisch für die Herrin zu sein.

§ 11

Der Sklave wird sich ab sofort jeden zweiten Tag komplett rasieren (bis auf Kopf, Arme und Beine).

§ 12

Der Sklave wird die Herrin niemals dadurch kompromittieren, dass er mit anderen Frauen flirtet.

§ 13

Dem Sklaven ist es verboten, seine Zeit mit unnützen Dingen zu vertun, die er besser zum Wohlergehen der Herrin nutzen kann.

§ 14

Der Sklave hat die gemeinsame Wohnung in Ordnung zu halten – und zwar mit allem, was dazugehört: Aufräumen, putzen, staubsaugen, waschen, bügeln, spülen, einkaufen, kochen …

§ 15

Die Herrin kann zu den hier im Vertrag fixierten Paragraphen jederzeit zusätzliche Tagesregeln aus aktuellem Anlass aufstellen, die der Sklave genauso gehorsam zu befolgen hat.

§ 16

Der Sklave ist verpflichtet, ein Tagebuch über seine Verfehlungen und Empfindungen zu schreiben, welches der Herrin jederzeit zugänglich ist.

Der Unterzeichnende, Alexander XY, erklärt sich mit seiner Unterschrift zum Sklaven seiner Herrin und akzeptiert und befolgt alle ihre Regeln und Verbote. Er erklärt, diesen Vertrag im Vollbesitz seiner geistigen Kräfte und aus eigenem Antrieb freiwillig zu unterzeichnen.

Die genannten Paragrafen werden in gegenseitigem Einvernehmen von beiden Vertragspartnern als rechtsverbindlich anerkannt und durch die rechtsgültige Unterschrift gegenseitig bestätigt.

Datum, Ort und Unterschrift

Diesen Vertrag unterschrieben Alexander und ich an diesem Samstag, nachdem er sich alles in Ruhe durchgelesen und nicht weiter kommentiert hatte. Er wollte mir damit beweisen, dass auch er es weiterhin ernst meinte mit unserem neuen Lebenskonzept. Was er mir allerdings erst noch beweisen musste, war die Ernsthaftigkeit, mit der er sein Dasein als mein Sklave zu gestalten vorhatte. Ich hatte den Verdacht, dass es unter anderem deshalb keine Diskussion gab, weil er sich sicher war, mich leicht austricksen oder zermürben zu können. Aber darauf war ich vorbereitet. Auch die Gefährtin schob entschlossen den Unterkiefer nach vorn.

Ich hatte mir jeden Punkt des Sklavenvertrags gut überlegt. So auch § 3, der mich ermächtigte, unseren Vertrag jederzeit zu erweitern. In anderen Vertragsentwürfen war es nämlich üblich, den Sklaven noch viel weiter zu demütigen und ihn in seiner Freiheit zu beschneiden. Beispiele gefällig? Okay. Unästhetische Pflichten wie die Tatsache, dass die Sklavenzunge das Toilettenpapier der Herrin ersetzt und »Schlimmeres«, werde ich hierbei vernachlässigen.

So dürfen viele Sklaven nur nach ausdrücklicher Erlaubnis reden und sind ansonsten zum Schweigen verurteilt. Allein die Vorstellung, Alexander einem solchen Zwang zu unterwerfen, löste bei mir einen Lachreiz aus. Undenkbar bei seinem Mitteilungsbedürfnis. Ich selber hätte das auch doof gefunden, schließlich liebte ich es, mich mit ihm über alles Mögliche auszutauschen. Bei anderen, knallharten Verträgen darf der Sklave seine Notdurft nur nach gesonderter Genehmigung verrichten. Eine wahre Qual. Viele Herrinnen besaßen das Recht, ihren Sklaven an andere Frauen und Männer zu vermieten, wenn ihnen der Sinn danach stand. So weit dachte ich damals nicht. Ich wollte erst mal meine Erfahrungen mit meinem neuen Sklaven machen, und der Gedanke, ihn durch »Fremdnutzung« zu demütigen, reizte mich nicht. Außerdem hatte ich den begründeten Verdacht, dass Alexander eine solche *Strafe* eher schamlos genießen würde.

In den meisten Sklavenverträgen sind die Strafen exakt aufgeführt und meist auch unterteilt in sogenannte Regelstrafen und Spontanstrafen. Ich mochte mich da von Anfang an nicht festlegen: Strafe – ja; festgelegt – nein. Ich wollte nicht, dass Alexander die Möglichkeit hatte, sich auf die Strafen für bestimmte Vergehen schon vorher einstellen zu können. Ich wollte, dass es für ihn immer auch eine Überraschung blieb, hoffentlich meist eine böse, und er so nicht die Möglichkeit hatte, vor Begehen der »Straftat« die zugehörige Ahndung abschätzen zu können – nach dem Motto: »Gut, wenn ich mal wieder onaniere und sie bekommt es heraus, dann bekomme ich eben zehn Peitschenhiebe auf die Eichel. Aber ich muss keine Angst haben, zwölf Stunden lang im kalten und dunklen Keller eingesperrt zu werden.« Nur mal so als Beispiel. Alex wusste von vornherein: Alles war immer möglich. Und das gab ihm zu denken, machte ihn aber nicht zwangsläufig gefügiger. Zumindest nicht am Anfang.

Das wollte ich aber alles erst einmal auf mich zukommen lassen, freudig und erwartungsvoll. War es doch ein ganz großer Schritt in ein neues Leben.

So kaufte ich als Erstes – gemäß § 16 des nagelneuen Sklavenvertrags – ein Tagebuch mit schwarz-weißem Einband und überreichte es Alexander feierlich zum Einstand in sein Dasein als mein Sklave ohne eigene Rechte. Diese Notizbuchform galt als handelsüblich – was den wundervollen Vorteil hatte, dass es sich ständig nachkaufen ließ. Mir schwebte dabei eine schöne kleine Bibliothek von Sklaven-Tagebüchern vor, die einträchtig und zahlreich nebeneinander im Regal standen. Bereit zum jederzeitigen Schmökern. Durch mich natürlich.

Alexander sollte das Tagebuch dazu nutzen, zu kommunizieren, wie er das Leben als Sklave im Allgemeinen, aber auch das Befolgen von Verboten und die Konsequenz der Bestrafung erlebte. Und ich wollte ihm damit zeigen, dass ich ihn wirklich rundum kontrollierte und es keine Privatsphäre mehr für ihn gab.

DAS ERSTE MAL
IM SM-STUDIO

Die Beziehung zwischen Alexander und mir hatte sich in den vergangenen Monaten facettenreich entwickelt. Das lag zu einem großen Teil auch am Sklavenvertrag, der unser beider Leben komplett auf den Kopf stellte, was ich sehr genoss. Manchmal konnte ich darüber nur staunen. Auf der einen Seite war mir unser ausgedehntes Spiel längst in Fleisch und Blut übergegangen – auf der anderen Seite schwirrte mir manchmal noch der Kopf, wenn mir klar wurde, wie eklatant sich mein Leben verändert hatte.

Ich kam allerdings nicht sehr oft dazu, in Ruhe über die Veränderungen in meinem Leben nachzudenken, weil das Tempo dazu einfach zu rasant war. Schließlich gab es tagsüber ja auch noch meinen Job, der im Rahmen der Arbeitszeit meine volle Konzentration erforderte. Hin und wieder ertappte ich mich dabei, wie ich vorfreudig den Feierabend oder das Wochenende plante, aber da ich meine Tätigkeit in der Mediengestaltung liebte, stürzte ich mich nach wie vor mit Herzblut in meine Projekte. So war ich eigentlich rundum zufrieden – bis auf die Tatsache, dass mein Dialog mit Gleichgesinnten zu kurz kam. Sicher, ich redete viel mit Alexander über Sadomasochismus, manchmal taten wir stunden- oder tagelang nichts anderes, aber es blieb eben die Tatsache, dass es sich nur um eine Person handelte, mit der ich mich austauschen konnte. Alexander war mein Lehrmeister und mein Sklave, der mir alles, was ich wusste, beigebracht hatte und mit dem Vermitteln seines Wissens noch lange nicht am Ende angekommen war. Je schärfer mein sadistischer Instinkt wurde, umso klarer wurde mir aber auch von Tag zu Tag, dass er mich wie ein Schöpfer nach seinen Wünschen und für seine Wünsche formte. Sklavenvertrag hin oder her. Wie bereits erwähnt, funktioniert Sadismus nur, wenn sich ein williger Masochist dazu anbietet. Das war mir klar, und das war unabdingbar. Ich kam mir allerdings manchmal ausschließlich wie ein Spielball vor, dem wenig oder kein Raum für eigene Kreativität geboten wurde. Kurz: Es gelüstete mich nach dem Austausch mit anderen Dominas und Sklaven, um Alexander auf *meine* Art züchtigen zu können. Das wäre für ihn mit Sicherheit auch spannender, wenn er das Programm nicht vorher schon kannte, und ich würde mich in meiner Machtposition ganz anders behaupten können. Wir sprachen auch darüber in gewohnter Offenheit, wenn wir jenseits von Arbeit und Rollenspielen zu Hause am Tisch saßen. Mit meinem Wunsch nach zusätzlichem Austausch rannte ich bei Alex offene Türen ein. Seine Augen begannen zu leuchten, und er sah uns bereits in exzessiven Spielereien mit mehreren beteiligten Personen – seien es nun Frauen oder Sklaven. Am liebsten natürlich Frauen. Er träumte davon, von mehreren Frauen und Sklavinnen »benutzt« zu werden. Mich gelüstete es absolut nicht nach mehr Körperlichkeit mit anderen Männern, ganz im Gegenteil – nur nach mehr Erfahrungsaustausch. Das Thema, ihn mit anderen Frauen oder Männern zu »teilen«, stellte ich hintan. Das interessierte mich damals nicht. Die Gefährtin nickte energisch. Nein, das interessierte uns nicht!

Als ich noch überlegte, wie ich meine Arbeit und meine 24/7-SM-Beziehung mit weiterführendem Erfahrungsaustausch in Einklang bringen konnte und wie sich dieser »Austausch« überhaupt gestalten sollte – ich hatte die Idee, SM-Stammtische zu besuchen –, wurde mir mein Job gekündigt. Es hatte bereits eine Entlassungswelle gegeben, und ich hatte gehofft, von der nächsten verschont zu bleiben, aber dem war leider nicht so. Ich war schockiert, zumal Alexander zu dieser Zeit auch nicht gerade mit Aufträgen überschüttet wurde. Das war uns ja auch durchaus recht gewesen. So konnte er sich um den Haushalt und sein Sklavendasein kümmern und ein paar Jobs nebenher machen, während ich notfalls immer noch genug für uns beide verdiente.

Der Gedanke an sofortiges Arbeitslosengeld machte mich auch nicht fröhlicher. Ich wollte unbedingt für mich selbst sorgen und nie wieder in eine solche Abhängigkeit geraten, wie ich sie mit Daniel erlebt hatte. Als ich das abends beim Essen im Wohnzimmer aussprach, lächelte Alexander mich breit an und sagte:

»Dann schlag doch zwei Fliegen mit einer Klappe und arbeite als Domina!«

Was war los?!

Der Gefährtin klappte vor Schreck die Kinnlade nach unten, und die Augen der Sadistin begannen zu leuchten. Gleichgesinnte Kolleginnen in perfekt ausgestattetem Ambiente, neigungsbetonte Gäste mit ausgefallenen Wünschen – das nannte ich Austausch.

Dann die Zweifel …

»Das kann ich doch gar nicht, Alex.«

»Wer sagt das?«, hakte er nach. »Geh doch einfach mal in ein Studio, stell dich vor und schau, was passiert. Was hast du zu verlieren?«

»Ich habe doch auch gar nicht genug Outfits.«

Von Erfahrung ganz zu schweigen, fügte ich im Stillen hinzu.

Alexander ignorierte mein sehr weibliches und obendrein vorgeschobenes Problem.

»Sieh mal, Maus. Du würdest Geld mit etwas verdienen, was dir unendlich viel Spaß macht. Das können die wenigsten Leute von sich behaupten. Und von dem, was du da lernst, könnten wir beide ohne Ende profitieren.«

Das gab den Ausschlag. Arbeitsamt ade. Plötzlich schien alles glasklar. Ich begann damit, nach Studios Ausschau zu halten. Eines in direkter Nähe zu meinem Wohnort kam jedoch keinesfalls infrage – also konzentrierte ich mich auf Düsseldorf und Köln. Zwei Studios in Düsseldorf blieben übrig, nachdem ich mir zahlreiche Homepages angeschaut hatte. Ich war so aufgeregt, dass ich die beiden Mails mit zittrigen Fingern tippte. Ich erinnere mich daran, dass sie sich fast wie normale Bewerbungen lasen. Wie niedlich! Beide antworteten mir, dass ich mich telefonisch bei ihnen melden sollte. Nervös bis über beide Ohren rief ich zunächst in dem Studio an, dessen Homepage mir am besten gefiel. Ich hatte bereits des Öfteren von diesem renommierten SM-Studio auf Düsseldorfs linker Rheinseite gehört. Dort sollten Politiker und andere Prominente, Mediziner, Juristen und Unternehmer genauso verkehren wie Otto Normalverbraucher. Dort wollte ich gerne meine ersten Erfahrungen mit dem kommerziellen SM machen. Und genau dort bekam ich einen Vorstellungtermin – wow! Ich war mehr als nur glücklich. Die erste Hürde war geschafft.

Ich kehrte zur Homepage dieses Studios zurück und machte mich schlau: Welche »Arbeitskleidung« trugen die abgebildeten Dominas, und wie lautete der Text, mit dem sie warben? Was boten sie an, was lehnten sie ab?

An Bondage, Atemreduktion, Nadeln und Reizstrom traute ich mich noch nicht heran, hoffte aber darauf, dass mir das eine Fachfrau beibringen würde. Andere Dinge wie Kaviar (Kot), die Römische Dusche (Erbrochenes), Baby-, Kleinkind- sowie Klinikspiele gehörten und gehören zu meinen Tabus.

Etwas unsicher war ich auch in Bezug auf meine Arbeitskleidung. Ich hatte mir mittlerweile bei einem großen Online-Auktionshaus ein paar schöne Teile zugelegt, aber eben nur ein paar. Auf drei unterschiedliche, attraktive Outfits konnte ich zurückgreifen. Ich beschloss, dieses Thema hintan zu stellen, bis ich wusste, ob ich in Düsseldorf würde arbeiten können oder nicht. Für das Kennenlernen selbst würde ich auf schlichte Eleganz – schwarze Hose, T-Shirt, Jackett und Stiefel mit halbhohem Absatz – setzen.

Am Sonntag, auf dem Weg zum Studio, war ich ziemlich aufgeregt. Ich hatte nicht die leiseste Ahnung, was mich dort erwartete und ob ich *das* überhaupt könnte.

Das Studio erstreckte sich über ein komplettes Haus mit zwei Etagen – plus äußerst interessantem Kellergewölbe, wie ich bald erfahren sollte –, und ich konnte direkt vor der Tür parken. Ein Schild mit der Aufschrift »Fotostudio« wies mir den Weg. Originelle Tarnung. Da sich das Haus jedoch mitten in einem alten Dorfkern befand, war ich mir sicher, dass es dort niemanden gab, der nicht wusste, was sich hinter den Mauern tatsächlich abspielte. Na ja, wahrscheinlich wussten die Anwohner nicht wirklich *genau,* was in dem Haus so alles passierte, aber ihnen war bestimmt klar, dass dort nicht überwiegend fotografiert wurde.

Auf mein Klingeln hin öffnete mir eine Frau, die ein paar Jahre älter sein mochte als ich. Sie war auch etwas kleiner, trug ihre roten Haare zu einem lockeren Zopf gebunden, eine dunkle Businesshose und ein schlichtes, aber edles Oberteil. Sie strahlte Kompetenz und Ruhe aus.

»Hi, ich bin die Hausdame und heiße Claudia.«

Hausdame? War das nicht eine Berufsbezeichnung aus der Hotelbranche?

»Freut mich. Ich heiße Ariana«, stellte ich mich ebenfalls vor.

Ja, einen Namen hatte ich mir auch schon überlegt: Ich wollte mich in meiner Profession *Femdom-Lady Ariana* nennen. Warum? Zum einen bezeichnete das »Femdom« meine Gesinnung. Des Weiteren war ich irgendwann einmal beim Googeln darauf gestoßen, dass es sich bei Ariane um die französische Form von Ariadne, der Tochter des Königs Minos von Kreta, handelt und der Name übersetzt so viel wie »Die Liebliche«, manchmal auch »Die Heilige« bedeutet. Das gefiel mir.

Ich folgte der Hausdame durch ein schummrig rot erleuchtetes Foyer, in dem ich gerne eine Weile stehen geblieben wäre, um die Eindrücke aufzusaugen. Da Claudia es offensichtlich eilig hatte, blieb es leider bei Momentaufnahmen: Hier eine brennende Fackel an der Wand, dort ein rotes Sofa in Form eines Mundes, daneben ein fast mannshoher schmiedeeiserner Eisenkäfig. Wow!

Claudia öffnete eine fast unsichtbare Tür in der Wand und führte mich in einen Raum, in dem alles rot war. Sogar die Streckbank mitten im Raum, die, wie ich amüsiert bemerkte, zur Kaffeetafel umfunktioniert worden war. Zumindest standen dort zwei Porzellantassen mit Untertassen, ein Teller mit Gebäck, Milch und Zucker, ein silbernes Zigarettenetui sowie ein Aschenbecher in Form einer geöffneten Handfläche. Rechts und links der Streckbank zwei Stühle: Einer aus rotem Leder mit einer hohen Lehne, der andere aus rotem Holz mit einem bequemen Kissen darauf. Ich setzte mich mal lieber nicht auf den mit der Lehne.

»Sorry, aber das Zofenstudio ist zurzeit der einzige Raum, in dem wir ungestört reden können. Überall sonst sind entweder Gäste oder Frauen, die sich umziehen und laut schwatzen. Bitte setzen Sie sich, ich hole uns eben Kaffee«, sagte Claudia.

Ich lächelte und fand den Raum großartig. Zofenstudio …

Auch hier gab es wieder einen großen Käfig, nein, sogar zwei: einen, in dem man stehen konnte, und einen weiteren, der unter einer Sitzfläche verlief und von potenziellen Insassen ausschließlich liegend oder bestenfalls kniend genutzt werden konnte.

Die gegenüberliegende Wand wurde fast komplett von einem riesigen Spiegel eingenommen, unter dem eine üppige Spielzeugleiste angebracht war: Hier hingen Peitschen aller Art, Paddel, Gerten, Brustwarzenklammern, Gewichte, Teppichklopfer – und fast alles in Rot. Ich fühlte mich wie als Kind, wenn ich zu Weihnachten vor einem Kaufhausschaufenster mit Stofftieren meine Nase platt gedrückt hatte. Davor stand ein hölzerner Pranger, dahinter eine Schaufensterpuppe in Domina-Klamotten. Ich konnte mich gar nicht sattsehen.

»Das ist ein tolles Zimmer, nicht?«, fragte Claudia lächelnd, als sie mit einer Warmhaltekanne zurückkam. »Man meint immer, man müsse etwas anfassen, einfach nur, weil die meisten Sachen so hübsch aussehen.«

Ich musste lachen. Ja, ich hatte Spaß daran, lederne Peitschenschnüre durch die Hände gleiten zu lassen.

Wir zündeten uns zum Kaffee eine Zigarette an, und Claudia wollte von mir wissen, wie lange ich bereits in meiner in der E-Mail erwähnten SM-Beziehung lebte. Ich erzählte ein bisschen von Alexander und mir, aber auch nicht zu viel. Nur so viel, dass sie sich ein Bild von meiner Kompetenz machen konnte, denn darum ging es ja bei dieser Frage. Schließlich war mein Freund meine einzige »Referenz«.

»Sie haben also gar keine Studio-Erfahrung«, fasste die seriöse Hausdame zusammen. »Können Sie sich denn vorstellen, bei uns als Aktiv-Passive zu arbeiten, um Ihre Erfahrungen zu vertiefen?«

Aktiv-Passive werden in der privaten SM-Szene als »Switcher« bezeichnet: Diese Menschen fühlen sich sowohl in der aktiven, also dominanten und/oder sadistischen, als auch in der passiven, also devoten und/oder masochistischen, Welt zuhause. Ich sollte mich also dominieren, demütigen und quälen lassen und dabei auch noch die üblichen sexuellen Praktiken anbieten?!

»Nein, das kommt für mich auf gar keinen Fall infrage!«

»Dann können wir Ihnen einen Workshop anbieten, der Ihnen wichtiges Know-how vermittelt.«

Sie redete wirklich so.

Das mit dem Workshop wusste ich von meiner Internet-Recherche. Kundige Dominas des Hauses coachten unkundige in einem intensiven kostenpflichtigen Workshop und brachten ihnen die Basics des SM bei, bevor man sie auf die Gäste des Hauses losließ.

Ich atmete tief ein.

»Den kann ich mir leider nicht leisten, aber der Partner, mit dem ich seit Monaten zusammenlebe, ist überaus neigungsbetont und nicht einfach nur ein Amateur. Vielleicht besteht ja die Möglichkeit, Ihnen mein Können zu demonstrieren?«

Die Hausdame schaute mich ruhig an, sagte aber nichts.

»Ich hatte eine gute Ausbildung«, fuhr ich fort.

Claudia sah mich prüfend an. Dann lächelte sie.

»Das könnte funktionieren. Ich werde mit der Herrin des Hauses darüber sprechen. Vielleicht können Sie Ihr Geschick ja an einem Haussklaven zeigen, und dann sehen wir weiter.«

Ich strahlte. Was immer sie meinte. Der sollte nur kommen, der Sklave!

»Ich werde Ihnen nun das Haus zeigen.«

Wir verließen das Zofenstudio und kehrten ins Foyer zurück.

»Wie Sie sehen, stehen überall Aschenbecher, für die Gäste und für die Frauen. Wir müssen nur darauf achten, den Haussklaven Bescheid zu sagen, sie ständig zu säubern. Die Sklaven sind leider sehr oft nachlässig. Entweder vergessen sie tatsächlich ständig die Hälfte oder sie versuchen, uns zu provozieren, weil sie hoffen, bestraft zu werden.«

Uns? Sie hatte *uns* gesagt. War sie neben ihrer Tätigkeit als Hausdame auch Domina oder gar Aktiv-Passive? Fragen über Fragen purzelten durch meinen Kopf. Hoffentlich bekam ich im Rahmen meines Erstbesuches noch die Möglichkeit, einige davon zu stellen …

Genau in diesem Moment öffnete sich ein dunkelroter Vorhang und gab den Blick auf ein dürres Männchen in schwarzer Hose frei. Ein Haussklave. Claudia wurde gleich tätig:

»Klaus, du räumst das Zofenstudio auf, klar? Ich werde es in circa einer halben Stunde kontrollieren.«

»Ja, Herrin.«

Klaus trabte eilig ins rote Studio, während ich Claudia durch einen kurzen Flur folgte.

»Sehen Sie diese beiden Türen hier? Links ist das WC, das sowohl von uns als auch von den Gästen benutzt wird. Nebenan die Dusche für die Gäste. «

Die Hausdame öffnete nacheinander beide Türen. Die Klobrille faszinierte mich, weil sie mit einem Stacheldraht-Design verziert war. Das sah klasse aus. Überall lief leise Musik, eine Mischung aus sphärisch und sakral, manchmal auch ein bisschen bedrohlich.

»Geradeaus befindet sich die Klinik«, sagte Claudia und öffnete eine weitere Tür.

Wir betraten nacheinander ein kleines Podest, von dem drei Stufen in die sogenannte Klinik hinabführten. Am Fuß der kleinen Treppe befand sich ein Arztschreibtisch mit zwei Stühlen, einer für die Ärztin und einer für den Patienten. Auf dem Tisch sah ich Fachlektüre, ein Stethoskop, einen Rezeptblock und einen Aschenbecher. Ich ließ den Raum auf mich wirken: Ich sah einen Gynäkologiestuhl, ein Krankenhausbett mit Fixierungsvorrichtungen, an der Wand hing in Ergänzung dazu eine Zwangsjacke auf einem Bügel, und neben einem Schrank mit Klistieren, Spritzen, Tupfern und Nierenschalen stand ein mannshohes Skelett und grinste mich makaber an. Boden und Wände waren weiß gekachelt und vermittelten einen geradezu sterilen Eindruck. Ich nickte in Richtung des Gyn-Stuhls.

»Ich bin froh, wenn ich nicht darauf sitzen muss. Wer macht so etwas freiwillig und hat auch noch Spaß daran?«

»Männer«, meinte die Hausdame. »Sie bekommen dort spezielle Analbehandlungen, werden zum Beispiel gedehnt oder freuen sich auf einen kleinen Einlauf. Wenn Sie mehr über den Klinikbereich wissen wollen, müssen Sie Lady Dunya fragen. Sie ist unsere Expertin für alles, was mit medizinischen Behandlungen zu tun hat.«

Zu Risiken und Nebenwirkungen fragen Sie Ihren Arzt oder Ihre Domina …

Auf Lady Dunya war ich gespannt.

Ich zeigte auf einen weißen Stuhl, der irgendwie ungewöhnlich wirkte.

»Ist das ein besonderer Stuhl?«

»Kann man so sagen. Nehmen Sie mal das Sitzkissen weg.«

Ich tat's und sah eine kreisrunde Öffnung.

»Das ist ein Toilettenstuhl«, sagte Claudia überflüssigerweise. Und fügte lachend hinzu:

»Gibt es hier im Haus in allen Farben. Haben Sie eben im Zofenstudio draufgesessen.«

Sehr witzig! In den Wochen und Monaten, die auf diesen Sonntag folgten, war ich immer wieder erstaunt über die Komik, freiwillig und unfreiwillig, die mit meinem neuen Job verbunden war.

Ich sah mich noch einmal in Ruhe in der Klinik um und entdeckte zwei weitere Türen: eine neben dem Gyn-Stuhl und eine links von der Treppe, über die wir den weißen Raum betreten hatten.

»Die dahinten führt in unseren Aufenthaltsraum. Normalerweise steht ein Paravent davor, damit der Gast die Tür nicht sehen kann, die Frauen aber die Möglichkeit haben, überraschend hier in der Klinik auftauchen zu können. Ein Szenario kann sein, dass ein Mann im Gyn-Stuhl liegt und von der ›Krankenschwester‹ für die Untersuchung fixiert wird, und dann kommt plötzlich die Ärztin von hinten und macht irgendetwas Schönes mit ihm.«

Jeder definiert »schön« anders … Mein Sadistenherz lachte.

»Und die Tür an der Treppe?«

Claudia sah so stolz aus, als würde ihr das alles gehören, und öffnete mit großer Geste die Tür.

»Darf ich bitten?«

Ich ging an ihr vorbei und kletterte eine steile Stiege hinunter in ein enges, kaum beleuchtetes Kellergewölbe. Als ich mich an einem Käfig vorbeigeschoben hatte, stieß ich mit dem Schienbein gegen eine große Kiste aus massivem Holz. Claudia sorgte für spärliches Licht, sodass ich etwas besser sehen konnte. Es war mehr als eine Kiste, gegen die ich da gestoßen war, es war ein Sarg!

»Das ist jetzt nicht Ihr Ernst, oder?«

»Wieso nicht?« Claudia strahlte. »Dieser Raum wird nicht jeden Tag genutzt, aber er ist, wie sagt man so schön, äußerst *nice to have.*«

Das konnte man wohl sagen! Ich beugte mich nach vorne und sah, dass der Sarg ein Fenster im Deckel besaß. Dort wird wohl der Kopf zu liegen kommen, mutmaßte ich. Claudia klappte den Deckel auf, und knallroter Samt leuchtete uns entgegen. Geiles Teil!

Die Hausdame und ich kletterten wieder nach oben ans Licht und wir verließen die Klinik, um über eine geschwungene Treppe den ersten Stock zu erreichen. Auf dem schmalen Flur begegnete uns ein Haussklave mit einem Putzeimer in der Hand. Es war nicht derselbe, der unten das Zofenstudio aufräumen sollte.

»Lukas, warum steht unten in der Klinik der Paravent nicht vor der verborgenen Tür? Klär das!«

»Ja, Herrin.«

Dabei machte Lukas ein Gesicht, als hätte er nicht die leiseste Ahnung, wovon Claudia überhaupt sprach. Ich schilderte ihr meinen Eindruck.

»Mag schon sein, aber es ist jetzt seine Aufgabe, sich

sachkundig zu machen, sonst braucht er nicht mehr wiederzukommen. Sklaven gibt es wie Sand am Meer.«

Okay …

Die Hausdame öffnete die erste von vier Türen und führte mich in einen Raum von schätzungsweise fünfzig Quadratmetern, in dem zur Abwechslung die »Farbe« Schwarz dominierte.

»Das ist unser großes Dominastudio, kurz *Domi*.«

Ich ließ auch diesen Raum auf mich wirken: Von einem massiven Holzbalken hing eine lederne Schaukel, die es dem Insassen oder der Insassin erlaubte, die Beine zu spreizen und sich beim Schaukeln zur Schau zu stellen. Dahinter stand ein Pranger neben einem Stuhl, der richtig bedrohlich aussah. Ich schaute Claudia fragen an.

»Unser elektrischer Stuhl«, sagte sie lakonisch.

»So richtig mit Strom?«, fragte ich ungläubig und ging näher heran.

»So richtig mit Strom«, nickte Claudia.

An einer Seite des Folterinstruments gab es einen dreistufigen Regler, mit dem man oder eher frau die Stromstärke einstellen konnte. Mehrere Riemen in den Lehnen würden verhindern, dass der Delinquent – eine Vokabel, die mir im Zusammenhang mit SM noch des Öfteren begegnen sollte – hin und her zappeln oder gar aus dem Stuhl herausfallen konnte.

»Ist das nicht zu gefährlich?«

»Nein, Sie können ein Kribbeln spüren, wenn der Strom eingeschaltet wird. Es hat aber noch nie jemand die dritte Stufe ausprobiert. Auch die zweite wurde nur selten benutzt. Meist bleibt es bei Stufe eins, mit der Androhung der Todesstrafe. Auch das ist eine beliebte Form des Kontrollverlusts.«

Wow … Der Stuhl war nicht meins – das wusste ich sofort.

»Kommen Sie mal hier rüber. Hinter den Pranger«, forderte Claudia mich auf.

Ich tapste durchs Halbdunkel, über ein Zebrafell und an einem Schulpult vorbei – Schulpult? Was wurde hier gespielt? Ich hoffte, dass es sich um die strenge Lehrerin und den ungehorsamen Schüler handelte und nicht umgekehrt – und stand vor einem Beichtstuhl! Das fand ich mindestens so abgefahren wie den Sarg, aber auch irgendwie … sehr frech. Schließlich kam die Gefährtin vom Land und hatte auf einer kirchlichen Trauung bestanden. Die Sadistin grinste vorfreudig und entwickelte immer mehr Heimatgefühle. Es gab auch hier eine Spielzeugleiste, doppelt so lang wie die im Zofenstudio und mit unzähligen schwarzen Utensilien, eine große Kommode, in der sich Kondome, Gleitcremes, Vibratoren und Desinfektionsmittel befanden, eine Sitzecke, bedrohlich aussehende Masken und eine riesige Streckbank mit Flaschenzügen.

»Wie ist das eigentlich bei anderen Dominas, die sich vorstellen?«, fragte ich neugierig. »Machen die alle den Workshop, von dem Sie gesprochen haben?«

Wir setzten uns auf die große Streckbank und zündeten uns eine Zigarette an. Claudia angelte einen Aschenbecher von der Kommode unter dem großen Spiegel. Meine Finger strichen über die Bespannung der Streckbank, und mein Blick schweifte über die detailreiche Einrichtung. Ich mochte das. Hier wollte ich lernen und arbeiten.

»Nicht alle«, antwortete Claudia bereitwillig. »Einige Dominas kommen von anderen Studios und haben sich bereits einen Namen gemacht. Die brauchen natürlich keinen Workshop mehr. Aber einige, die noch zu wenig oder gar keine praktische Erfahrung haben, nehmen ihn gerne in Anspruch. Alternativ wird es wie erwähnt auch gerne gesehen, wenn potenzielle Dominas als Aktiv-Passive beginnen.«

»Entschuldigen Sie, aber eine Aktiv-Passive bietet ja wohl ganz andere Dinge an als eine Domina.«

»Nicht unbedingt, Ariana. Die Schnittmenge zwischen einer Domina und einer Aktiv-Passiven kann sehr groß sein. Wie gesagt: Sie *kann* es sein. Deshalb heißen die Damen ja auch genau so: aktiv-passiv. Es sind ja keine Sklavinnen, die sich glasklar für eine Seite, nämlich die devote, entschieden haben und sich dort auch sehr wohlfühlen. Viele Aktiv-Passive lieben es sehr, sowohl ihre dominante als auch devote Ader auszuleben, haben aber eben auch Vergnügen daran, dem Gast ihre Körperöffnungen zur Verfügung zu stellen. Es gibt aber auch rein dominante Damen, die die sexuelle Komponente gerne miteinbeziehen. Diese werden Bizarr-Ladys genannt. Oft mögen sie auch nur die guten Verdienstmöglichkeiten, denn diese Mischung aus Dominanz und Berührbarkeit wird von vielen Gästen sehr geschätzt. Als engagierte Aktiv-Passive lernt man das Metier allerdings von der Pike auf, weil man mit beiden Seiten, dominant und devot, in Berührung steht.«

Das war keine Alternative für mich. Niemals! Ich mochte meine Dominanz und meinen Sadismus spät entdeckt haben, aber ich wusste ganz genau, auf welcher Seite des Machtgefälles ich stehen wollte – oben und ohne irgendwelche sexuellen Komponenten meinerseits!

Ich sah Claudia an, dass sie mein Unbehagen spürte und mir nun ihrerseits gerne Fragen gestellt hätte, aber sie schwieg dezent. Ich entschied mich für einen Themawechsel:

»Was genau macht eigentlich eine Hausdame?«

»Sie meinen, ob sie zwischendurch auch mal hinlangt oder ob sie sich lediglich um die Belange des Hauses kümmert?«, fragte Claudia spitzbübisch und verscheuchte damit jegliche Anspannung.

»So ungefähr«, lächelte ich sie an.

»Nein, ich habe keine persönlichen Überschneidungen mit der Szene. Ich arbeite hauptberuflich in der Gastronomie und lediglich nebenbei abends hier als Hausdame. Das mache ich jetzt seit einem Dreivierteljahr, und ich finde es herrlich. Ich bin so eine Art Supervisor, eine Managerin. Ich achte darauf, dass alle Zimmer immer in Schuss sind, möglichst nichts fehlt, empfange die Gäste, kümmere mich um die Bezahlung, sorge dafür, dass die Frauen sich bei den Gästen vorstellen oder spreche den Kundenwünschen passende Empfehlungen aus und bestehe darauf, dass die Frauen immer frisch lackierte Nägel haben oder zur Strafe fünf Euro in die Kaffeekasse stecken.«

Ich schaute erst auf meine unbehandelten Fingernägel und dann in Claudias Gesicht. Sie scherzte nicht.

»Ach ja, und ich scheuche die Haussklaven durch die Gegend, damit sie nicht nur sabbernd hinter den Frauen herlaufen. Meinen Job teile ich mir übrigens im Schichtwechsel mit Mandy, die Sie auch noch kennenlernen werden.«

Bevor ich weitere Fragen stellen konnte, deutete die Hausdame hinter mich und fragte:

»Ist Ihnen die kleine schmiedeeiserne Wendeltreppe schon aufgefallen?«

Nein, war sie nicht. Wenn man irgendwo mit Fug und Recht von Reizüberflutung sprechen konnte, dann in diesem Raum. Ich drehte mich um. Und richtig, da war eine schmale

Treppe, die sich eine Ebene höher schraubte und den Blick auf eine Schaufensterpuppe in Kriegsuniform freigab.

»Kommen Sie, wir klettern rauf«, meinte Claudia, und ich folgte ihr die enge Stiege hinauf. Oben standen wir aus Platzgründen dicht nebeneinander und konnten so gerade aufrecht stehen.

»Ähm, was ist das denn?«, fragte ich atemlos, nachdem ich noch mehr Uniformen, ich tippte auf russische, und einen Schreibtisch mit einer riesigen Lampe entdeckt hatte.

Claudia schob sich an mir vorbei, quetschte sich hinter den Schreibtisch und schaltete die Lampe ein, die sofort ein gleißendes Licht verströmte. Sie drehte den Lampenschirm in meine Richtung, bis ich fast blind war, und donnerte mit tiefer Stimme:

»Wo waren Sie gestern Abend?!«

»Hä?!«

»Na, das ist unser KGB-Verhörzimmer!«

Aaah, ja …

Faszinierend!

Ich wollte mich gerade auf einen Stuhl setzen, als Claudia laut »Vorsicht!« schrie und mich am Arm packte. Da sah ich es auch: Der einfache Holzstuhl war mit Stacheldraht umwickelt! Und daneben stand gleich das nächste Folterinstrument: ein paar sogenannte Strafschuhe, die wie überdimensionale Klumpschuhe aussahen und überwiegend aus Absatz statt aus Schuh bestanden.

»Werden die wirklich benutzt oder sind sie reine Deko?«

»Liebe Ariana, hier ist wenig reine Deko.«

Die Hausdame lächelte süffisant und ging die Treppe wieder hinunter.

»Ich zeige Ihnen noch schnell das restliche Haus, dann muss ich wieder nach unten, sonst bekomme ich Ärger.«

Ich kletterte langsam die Stufen hinunter und folgte Claudia auf den Flur der ersten Etage. Direkt gegenüber das nächste Highlight: ein Einbaukäfig von vielleicht vier Quadratmetern Fläche, auf dessen Boden Handschellen und Fußfesseln lagen.

»Hier stellen wir manchmal Gäste aus, die es mögen, vorgeführt zu werden, oder auch …«

»… aufsässige Haussklaven, richtig?«, ergänzte ich lachend.

»Sie lernen sehr schnell«, lautete Claudias Kommentar.

Ich war gespannt auf das, was sich hinter den restlichen drei Türen befand. Links ging es in einen kleinen Raum, der mit Frauenkleidern, Pumps, Perücken und Schminkutensilien vollgestopft war.

»Das ist unser TV-Zimmer, in dem Männer zu Frauen erzogen werden«, erklärte Claudia. »Sie lernen, sich zu schminken, zu kleiden und damenhaft zu bewegen. Vielen Gästen genügt es, dann im Raum oder im Haus auf und ab zu spazieren. Andere möchten, wenn sie fertig gestylt sind, von einem Mann, meist einem Haussklaven, als Frau ›benutzt‹ werden. Alles Wünsche, die unsere Expertinnen natürlich gerne erfüllen.«

Ich sah meinen herrlich maskulinen Alexander vor mir – und wie ich ihn langsam in ein schnuckeliges oder sündiges Weib verwandelte. Ich wusste jetzt schon, dass er von Anfang an recht gehabt hatte mit seiner Prognose, dass das Studioleben unser privates unglaublich bereichern würde! Mir schwirrte der Kopf, aber der Rundgang war noch immer nicht beendet. Die nächste Tür führte in ein Badezimmer, das von einer riesigen ovalen Badewanne aus weißem Marmor dominiert wurde. Was für eine üppige feuchte Spielwiese für Zofen und Sklavinnen! Daneben gab es noch eine Duschkabine, ein WC und Waschbecken. Rund um die Wanne und an der Decke darüber befanden sich zahlreiche Haken, wo sich alles Mögliche anbringen und fixieren ließ. Und viele Spiegel, einer sogar an der Decke.

Nebenan wartete noch das Gummizimmer, in dem alles auf Latex-Liebhaber abgestimmt war: Vom roten Bezug der schmalen Liege über die schwarzen und bunten Ganzkörperanzüge bis hin zu den Spielsachen – ja, sogar die Kissen waren aus Gummi! Claudia öffnete einen Schrank, und dort wurde es noch spezieller: Ein Gummisack kam zum Vorschein. An ihn konnte ein ebenfalls vorhandener Generator zur Erzeugung von Unterdruck angeschlossen werden, mit dem man einen im Sack eingeschlossenen Menschen ganz schön ins Schwitzen bringen konnte …

»Um es deutlich zu sagen: Er kocht innerhalb kürzester Zeit in seinem eigenen Saft. Weil da schnell mal der Kreislauf komplett absacken kann, darf der Gast im Sack nie allein gelassen werden.«

Ich schüttelte mich unwillkürlich und hoffte, dass mein erster zahlender Gast ein Einsehen haben möge.

»Und was ist, wenn jemand im Sack ohnmächtig wird?«

»Generator aus, Sack auf, Füße hoch.«

»Mussten Sie schon mal den Notarzt rufen?«

»Bis jetzt zum Glück noch nie. Toi, toi, toi! Aber es gibt lustige Geschichten aus anderen Studios.«

Ja, das konnte ich mir wohl vorstellen, und ich beschloss spontan, eine entsprechende Premiere um jeden Preis zu verhindern. Nichts wie raus aus der Gummihölle!

Es gab noch eine weitere Treppe nach oben. Nicht so schmal wie die Wendeltreppe im großen Domi, aber auch nicht so breit wie die Haupttreppe.

»Ich gehe mal vor«, sagte Claudia und öffnete eine von zwei Türen am Ende der Treppe.

»Ui, das sieht ja aus wie im Märchen!«, rief ich erstaunt.

Überall schwere Stoffe in bunten Farben, auch an Decke und Wänden, mit »Gold« beschlagene Truhen, eine klassische Flaschengeistflasche und andere Deko-Elemente aus Messing, mittendrin ein riesiges Himmelbett und davor ockerfarbene Sitzkissen. An der Wand hing ein Haremskostüm. Sogar ein geflochtener Schlangenkorb fehlte nicht. Und auch hier wieder die bereits bekannte Spielzeugleiste – dieses Mal mit Schlaginstrumenten in Gewürz- und Erdfarben.

»Deshalb heißt das Zimmer auch ›1001 Macht‹.«

»Macht?«

»Richtig. Ich habe keinen Sprachfehler«, sagte Claudia und lächelte. »Das hier kann als freundlicher Einstieg in den Sadomasochismus genutzt werden oder einfach nur als Rückzugsoase für wollüstige Momente. Fällt Ihnen was auf?«

Ich sah mich um und überlegte.

»Nein. Außer, dass dieser Raum in krassem Gegensatz zum restlichen Haus steht, nichts. Wieso?«

»Na, weil hier im Grunde das einzig echte Bett des Hauses steht. In den anderen Zimmern gibt es höchstens mal eine schmale Pritsche und sonst nur Streckbänke.«

»Sie meinen, weil purer Sex gar nicht gewünscht ist?«

»Genau. Wir sind ja schließlich kein Bordell, sondern ein SM-Studio. Natürlich bieten die Aktiv-Passiven, Bizarr-Ladies und Sklavinnen auch alle Arten von Verkehr an, aber die Ausübung findet nicht zwingend im Liegen statt.«

Auch dieser Punkt der SM-Philosophie kam mir sehr entgegen. Das würde ein ganz wichtiges Argument in der

Überzeugungskette sein, wenn ich meiner Mutter beichtete, womit ich künftig meine Brötchen zu verdienen gedachte. Vorläufig, nahm ich mir vor, würde ich aber gar nichts sagen. Wer weiß, vielleicht war der Job überhaupt nichts für mich oder ich nichts für ihn, und dann hatte ich völlig umsonst die Pferde scheu gemacht. Der Gedanke an Aufschub erleichterte mich – zumal ich nicht die kleinste Ahnung einer Idee hatte, wie ich das jemals meinem im Herzen konservativ gebliebenen Vater beibringen sollte …

»Erde an Ariana. Sind Sie da?«

Claudia tippte mir auf den Arm, während ich unentwegt auf das Himmelbett gestarrt hatte. Nein, Bett, du und ich, wir werden uns nicht wiedersehen!

»Ja, lassen Sie uns weitermachen.«

»Sie sprachen eben von einem krassen Gegensatz. Sind Sie bereit für einen weiteren?«

Ich nickte begeistert, und Claudia führte mich dicht an die zweite Tür, eine Tür aus massivem Stahl mit einem kleinen vergitterten Fensterchen im oberen Teil.

»Dann schauen Sie mal hier rein!«

Das Haus kam mir immer mehr wie ein riesengroßer Adventskalender vor. Das wenige, was sich hinter dieser Tür verbarg, hatte allerdings mit Weihnachten überhaupt nichts zu tun. Eher mit Karfreitag.

»Bitte machen Sie doch mal die Tür auf, sonst kann ich nicht glauben, was ich da sehe.«

Die Hausdame kam meiner Bitte nach und öffnete die Tür so weit wie möglich.

Ich sah einen engen Raum, mehr eine Box, vielleicht einen Meter breit, zwei Meter tief und einen Meter fünfzig hoch. Kein Fenster. Die Wände waren weiß gekalkt, der Boden mit Stroh ausgelegt. An der schmalen Kopfwand befanden sich zwei Balken, einer quer, der andere diagonal. An Letzterem hingen ein paar Handschellen. Aha, alles klar. An der Wand eine nackte Glühbirne. Darunter stand ein kleiner Eimer aus Metall.

»Ich nehme mal an, der Eimer ist nicht zum Trinken da, richtig?«, fragte ich amüsiert.

»Nein. Zum Trinken ist der Eimer weniger gedacht … eher für das Gegenteil. Und dann auch für beides. Das hier ist unser Kerker. Wer hier eingesperrt wird, für den ist Schluss mit lustig. Sie glauben gar nicht, wie schnell man in dieser engen Kammer ohne Licht und Luft, nackt an den Balken gefesselt, die zeitliche Orientierung verliert. Erst versucht der Gast natürlich alles, um den Eimer nicht zu benutzen. Es ist ihm peinlich, und er hofft, jemand kommt und befreit ihn rechtzeitig, aber Fehlanzeige. Irgendwann ist der Drang so stark, dass er ihn benutzt, den Eimer. Und dann teilt er sich den Raum mit dem Geruch.«

Claudia war richtig in Fahrt gekommen. Versteckte sich hinter ihrem hübschen, freundlichen Gesicht ebenfalls eine Sadistin, trotz Branchenfremdheit?

»Wie lange bleibt derjenige eingesperrt?«

»Unterschiedlich. Wir schleichen uns regelmäßig die Treppe hinauf und lauschen, ob es noch geht oder nicht. Letztens war allerdings jemand mal die ganze Nacht dort drin.«

»Wer macht den Eimer wieder sauber?«

»Na der, der ihn vollgemacht hat natürlich!«

Blöde Frage.

Wir lachten noch, als wir wieder unten im Foyer ankamen, wo Sklave Lukas gerade neue Kerzen in die Halterungen an der Wand steckte.

»Lukas, was ist jetzt mit dem weißen Paravent?«

»Er wird neu bespannt, weil ein Riss drin war, Herrin.«

»Okay. Dann häng jetzt Handtücher auf, die Waschmaschine dürfte längst fertig sein.«

»Ja, Herrin.«

Ich staunte.

»Läuft das hier immer so glatt?«

»Solange die *Herrin des Hauses* da ist, ja. Wenn nicht, kommen die Sklaven zur Abschreckung in den Sarg. Bei geschlossenem Deckel.«

Claudia zwinkerte mir zu, aber ich glaubte nicht an einen Scherz. Sie führte mich quer durchs Foyer und hinter einen roten Vorhang, hinter dem sich die Küche befand. Erschreckt zuckte Sklave Klaus zusammen und knallte die Kühlschranktür zu.

»Na, hat der gierige Sklave etwa Durst? Du weißt doch, wo der Wasserhahn ist, oder?«

Klaus nickte wortlos.

»Wo ich dich gerade sehe: Wie sieht's im Zofenstudio aus? Ist das restlos aufgeräumt oder willst du noch mal nachbessern, bevor ich es kontrolliere?«

Klaus sauste aus der Küche.

»Das war ziemlich nett von mir, nicht? Leider werde ich trotzdem etwas finden, da bin ich wie die *Herrin des Hauses*.«

Ein Telefon klingelte, und die Hausdame verließ die Küche durch einen weiteren Eingang. Ich folgte ihr langsam und stand in einem Mini-Durchgangsbüro.

»... Sie sprechen mit Hausdame Claudia, guten Abend«, hörte ich sie in den Hörer sagen.

Das kleine Büro befand sich zwischen zwei weiteren Zimmern: Eins war das Büro der *Herrin,* das andere war der Aufenthaltsraum der Frauen, in dem sich zu diesem Zeitpunkt vier von ihnen befanden. Das Haus surrte vor geschäftigem Treiben. Ich fühlte mich ganz plötzlich wie das fünfte Rad am Wagen, verabschiedete mich rasch und verließ mit Bedauern das Studio. Claudia hatte mir zum Abschied versprochen, der *Herrin* den Vorschlag einer Demonstration meines Könnens zu unterbreiten und zu fragen, wann ich das nächste Mal ins Haus kommen sollte. Ich freute mich schon jetzt auf ihren Anruf.

DAS ERSTE DOMINANT
VERDIENTE GELD

Wieder zu Hause, erzählte ich sofort Alexander, was ich erlebt hatte, und schilderte ihm mit leuchtenden Augen das Haus und seine Räume. Ich konnte ihm ansehen, dass er genauso begeistert war wie ich, denn nun waren wir zusätzlichen Kicks plötzlich viel nähergekommen – vorausgesetzt, ich bestand meine Feuertaufe mit dem Haussklaven und es gelang mir im Anschluss, meine potenziellen Gäste in mehrfacher Hinsicht zu fesseln. Montag und Dienstag schlich ich fast ausschließlich um das Telefon herum und ich stürzte mich darauf, wann immer es klingelte. Leider war kein Anruf aus bewusstem Düsseldorfer Wohngebiet dabei. Stattdessen rief meine Freundin Marie an und erzählte mir von ihrem Ärger mit dem Chef des Sonnenstudios, in dem sie arbeitete. Ich versuchte mich auf ihre Nöte zu konzentrieren und verabredete mich mit ihr für das kommende Wochenende. Die nächste Anruferin war meine Mutter, die sich besorgt erkundigte, wie meine weiteren beruflichen Pläne aussahen und ob sich schon etwas ergeben hätte. Ich machte mir weniger Gedanken um mich selbst, aber ich konnte es nicht gut haben, dass meine Mutter sich sorgte, und so hörte ich mich plötzlich sagen:

»Nein, ich habe noch nichts Festes, aber wenn alle Stricke reißen, kann ich in einem Düsseldorfer Sonnenstudio arbeiten.«

Meine Mutter war hörbar erleichtert, und nach kurzer Zeit legten wir wieder auf.

Sonnenstudio? Hallo?! Was war das denn gewesen? Ich musste laut lachen. Da war ich ja wohl nur dank Maries Anruf draufgekommen … Aber je länger ich darüber nachdachte, umso besser gefiel mir die Notlüge: Wenn das mit dem SM-Studio klappte, würde ich unter Umständen, sagen wir mal: ungewöhnliche Arbeitszeiten haben – und die konnte es im Schichtbetrieb eines Sonnenstudios ja auch geben. Und der Ort entsprach sogar zu hundert Prozent der Wahrheit. Wohl war mir bei dem Gedanken, meine Mutter zu belügen, nicht wirklich, aber noch war ja nichts entschieden, und manchmal ist eine kleine Lüge besser zu verkraften als die Wahrheit. Ich hielt es mit Scarlett O'Hara und verschob dieses Problem mindestens auf morgen, wenn nicht auf nächstes Jahr.

Mittwochvormittag um elf Uhr war Claudia am Telefon:

»Hallo, Ariana! Können Sie Samstagnachmittag um sechzehn Uhr hier sein?«

Ich sollte bald lernen, dass es besser war, zu allen vorgeschlagenen Terminen ohne Diskussion zu erscheinen – egal, wie locker und freundlich der Ton auch immer war. Bei diesem Telefonat hätte ich allerdings auch einem Treffen auf dem Friedhof, nachts um zwölf, mit Freuden zugestimmt. Davon war Claudia von vorneherein ausgegangen und sagte auf meine Zusage hin:

»Fein! Dann bringen Sie doch bitte auch gleich ein paar Outfits mit, damit wir sehen können, wie Sie ausgestattet sind. Utensilien brauchen Sie natürlich keine, hier sind ja reichlich.«

Mit der gegenseitigen Versicherung, uns auf Samstag zu freuen, verabschiedeten wir uns.

Ein paar Outfits … autsch!

Ich rief Alexander auf dem Handy an. Ausgerechnet an diesem wichtigen Tag hatte er einen Job irgendwo vor den Toren Kölns.

»Glückwunsch so weit, Maus«, sagte er. »Wieso klingst du trotzdem besorgt?«

Ich erklärte ihm die Nummer mit den Outfits, und er versprach, sich zu beeilen und mit mir meine Optionen durchzugehen. Ich nutzte die Zeit bis zu seiner Rückkehr, um alle Kleidungsstücke, die mit SM zu tun hatten oder auch nur entfernt SM-mäßig waren, auf dem Bett auszubreiten. Als ich alles vor mir liegen sah, war ich einigermaßen beruhigt, es war doch mehr, als ich in Erinnerung hatte. Mir fiel auch die geschmeidige Peitsche in die Hand, die Alex mit in unsere Beziehung gebracht hatte. Ich ließ die Schnüre durch meine Finger gleiten und wusste in diesem Moment: Es juckte mir in den Fingern, deshalb würde die Peitsche heute noch zum Einsatz kommen. Außerdem brauchte ich Übung, und Alexander würde mein Trainings-Camp sein.

Nachdem ich mit Alexander und der geschmeidigen Peitsche *geübt* hatte, war ich ruhiger und sah dem kommenden Samstag freudig entgegen.

Ich traf um kurz vor sechzehn Uhr im Studio ein und wurde von Claudia in den Aufenthaltsraum gebracht, wo sie mir einen leeren Spind zeigte, den ich für meine Sachen und zum Umziehen nutzen konnte. In meinem Outfit ging ich zurück in den allgemeinen Aufenthaltsraum der Frauen, in dem nur zwei Kolleginnen saßen. Ein Haussklave brachte mir einen Kaffee und leerte die Aschenbecher, die auf dem großen Tisch in der Mitte standen, inmitten von einem Sammelsurium aus Schminkutensilien, Trinkgefäßen und kleinen Snacks. Ich zündete mir eine Zigarette an, trank meinen Kaffee und wartete. Die Hausdame war irgendwo in den Tiefen des Hauses verschwunden, die Herrin des Hauses nicht zu sehen. Ein Gespräch mit meinen Mitstreiterinnen kam nicht zustande, es blieb bei einer kurzen gegenseitigen Vorstellung. Ich konnte auch nicht enträtseln, welche Neigung sie vertraten. War ich ungeliebte Konkurrenz von zwei Dominas oder ungefährliche Kollegin zweier Aktiv-Passiver? Ich würde es herausfinden, brauchte jedoch auch erst einmal Zeit, um mich zu akklimatisieren. Kurz bevor mir langweilig wurde – künftig packte ich mir immer etwas zu lesen ein, wenn ich ins Studio fuhr – kam Claudia hereingerauscht.

»Ah, Sie sind schon fertig, und einen Kaffee haben Sie auch bekommen. Wenn Sie aufgeraucht haben, bringe ich Sie nach oben ins große Studio. Die Herrin des Hauses hat einen ihrer persönlichen Sklaven abkommandiert, um Ihnen zur Verfügung zu stehen.«

»Mir zur Verfügung stehen« … Das war sehr charmant ausgedrückt, da er in Wirklichkeit dazu da war, der hohen Herrin brühwarm zu berichten, ob ich als Domina taugte oder nicht. Aber das war schließlich der Deal, und ich hatte nicht vor, mich zu beklagen, sondern drückte meine Zigarette aus, ordnete meine Garderobe und folgte Claudia nach oben. Auf dem Weg dorthin rief ich mir die Basics der Sklavenerziehung noch einmal ins Gedächtnis, die ja in den vergangenen Monaten Bestandteil meines Zusammenlebens mit Alexander gewesen waren. Schließlich war ich ja nicht von gestern, machte ich mir selber Mut.

Ich war eigentlich davon ausgegangen, dass Claudia der Übungsstunde beiwohnen würde, aber sie verschwand, sobald sie mir die Tür zum Studio geöffnet hatte. Stattdessen war eine der beiden anderen Frauen mitgekommen, die sich mir als *Lorena* vorgestellt hatte und, wie sich nun herausstellte, eine Domina alter Schule war. Showtime!

Ich drehte mich entschlossen um und sah das wohlgenährte Testobjekt in einer dunklen Ecke des Raumes stehen. Er hatte die Hände hinter dem Rücken verschränkt und die Beine gespreizt.

»Komm hierher ins Licht, damit ich dich sehen kann, Sklave.«

Ich stellte mir einfach vor, es wäre Alex, dem ich diese Anweisung erteilte, und ich spürte, dass meine Nervosität weniger wurde. Als der Sklave der Herrin des Hauses jedoch im diffusen Licht der Raummitte auftauchte, war jede mögliche Ähnlichkeit mit meinem geliebten Leibeigenen schlagartig dahin. Der Mann mochte ein paar Jahre jünger sein als Alex – kleiner war er auf jeden Fall.

»Wie heißt du?«

»Lupo.«

Nicht fragen, einfach hinnehmen.

Nicht hinnehmen konnte ich natürlich seine Respektlosigkeit, die pure Absicht war.

Ich nahm sein schmales Gesicht fest in meine Hand, quetschte es ein bisschen und zwang ihn, mich anzusehen, was er ja nicht durfte.

»Wie heißt das, Lupo?!«

»Ich heiße Lupo, Herrin.«

»Aha, geht doch. Und jetzt wirst du mich begrüßen, wie man eine Herrin begrüßt – oder hat man dir das nicht beigebracht?«

Das mochte im Report an seine Herrin grenzwertig sein, aber das war mir gleichgültig.

»Doch, natürlich, Herrin.«

Er kniete sich vor meine Füße.

»Nicht so dicht. Halte Abstand, wie es sich gebührt.«

Eine Armlänge war das Äußerste an Nähe. Lupo rückte einen halben Meter von mir weg und legte die Hände mit den Handtellern nach oben auf seine Oberschenkel. So war es brav. Etwas fehlte aber noch.

»Ich rate dir, mich jetzt ordentlich zu begrüßen.«

Lupo beugte sich vor und streifte meine in Leder verpackten Fußspitzen mit seinen Lippen.

»Leck mir die Stiefel!«

»Entschuldigung, Herrin, das würde ich gerne machen, es wurde mir jedoch von meiner Gebieterin untersagt, dieses bei anderen Herrinnen zu tun«, antwortete er formvollendet.

Dagegen konnte ich nichts tun, das gehörte zur Etikette. Ich konnte nur hoffen, dass die nächsten Dinge, die ich mit ihm vorhatte, nicht auch zu seinen *no go's* gehörten. Ich war immer noch supernervös, ließ mir aber nichts anmerken.

»Steh auf. Ich werde dich jetzt am Flaschenzug festmachen. Da kannst du eine Weile überlegen, ob du mir ein weiteres Mal den Gehorsam verweigern möchtest oder lieber nicht.«

Das mit dem Flaschenzug hatte mir eine befreundete Gleichgesinnte beigebracht, die ich gemeinsam mit Alexander bei einem SM-Stammtisch kennengelernt hatte. Auch sie lebte mit einem Sklaven zusammen, der gleichzeitig ihr Geliebter war. Sie hieß Christina, ihr Sklave Sam. Wir waren sogar einmal mit ihnen und einem anderen Pärchen in einem neigungsbetonten Urlaub in Dänemark, aber dazu später. Zunächst einmal war ich Christina dankbar für ihr gut ausgestattetes Zuhause, das auch über eine Streckbank und einen Flaschenzug verfügte, an denen ich mit Alex und Sam gern gespielt hatte. Das kam mir jetzt zugute, und so hatte ich Lupo rasch am Flaschenzug fixiert, wo er hilflos einen halben Meter über dem Boden hing und vorsichtshalber keinen Mucks mehr von sich gab. Darauf war er bestimmt nicht vorbereitet gewesen, da die Herrin des Hauses ihn sicher nur auf eine blutige Anfängerin vorbereitet hatte. Danke, Christina!

»Na, hat es dir die Sprache verschlagen oder möchtest du ab jetzt einfach ein gehorsamer Sklave sein, Lupo?«

»Ich will gehorsam sein, Herrin«, krächzte er aus luftiger Höhe.

Im Anschluss an den Flaschenzug fesselte ich ihn noch an die Streckbank, spielte ein bisschen an seinen winzigen Nippeln herum und band seinen stattlichen Penis mit einem Schnürsenkel ab. Ein diskreter Blick auf die Uhr informierte mich darüber, dass eine Dreiviertelstunde vergangen war, und ich beschloss, es gut sein zu lassen. Man darf zu Anfang nicht gleich übertreiben. Das positive Feedback der Herrin war mir so oder so sicher. Das bestätigte mir auch Lorena mit einem wohlwollenden Nicken, als sie den Raum verließ.

Ich ließ den Sklaven noch das Studio aufräumen und ging zurück nach unten in den Aufenthaltsraum. Ich freute mich auf eine Zigarette, und Claudia zwinkerte mir gut gelaunt zu, als wenig später Lupo im Eiltempo im Büro der Chefin verschwand.

Etwas später wurde die Hausdame ins Büro gerufen, und als sie zurückkam, sagte sie:

»Ich soll mit dir die Tage und Uhrzeiten absprechen, an denen du hier im Haus sein kannst.«

Wir gingen gemeinsam die Optionen durch, Claudia

trug sie in den Studioplan ein – und ich hatte meine Feuertaufe offensichtlich bestanden. Strike!!!

Ich erschien immer pünktlich und voll freudiger Aufregung an meinem neuen Arbeits- und Verwirklichungsfeld. Meine Outfits und meine Ausrüstung waren dank Alexander stets top in Ordnung und bestens gepflegt. Allein an interessierten Gästen mangelte es mir zu Anfang. Kein Wunder – der kommerzielle Sadomasochismus wusste ja noch gar nichts von meiner Existenz. Das musste sich schleunigst ändern, beschloss ich.

»Hast du schon schöne Fotos von dir? Für die Homepage?«, fragte Dunya mich eines Tages, die ich zwischenzeitlich endlich persönlich kennengelernt hatte, als wir uns nebeneinander vor dem großen Spiegel schminkten.

Oje ... Alexander hatte natürlich immer mal Fotos von mir gemacht, damit ich sehen konnte, wie ich ausschaute. Damit ich überprüfen konnte, wie ich wirkte. Aber die waren wirklich nur für private Zwecke zu nutzen.

»Nein«, sagte ich bedauernd.

»Und lass mich raten«, fragte Dunya, »du hast gerade zufällig keine tausend Euro für ein professionelles Foto-Shooting übrig, richtig?«

»Richtig«, bestätigte ich.

»Es gibt aber trotzdem eine Möglichkeit für dich, an gute Fotos heranzukommen«, offenbarte meine neue Kollegin. »Ein Stammgast des Hauses kann sehr gut fotografieren. Schau dir mal meine Fotos auf der Homepage des Hauses an. Wenn sie dir gefallen, kann ich dir gerne den Kontakt zum Künstler machen.«

Ich freute mich über dieses Angebot, aber im Kopf der Gefährtin gingen gleichzeitig die Alarmlampen an. Gute Fotos für wenig oder sogar gar kein Geld?

»Was müsste ich dafür tun?«, fragte ich vorsichtig.

»Der Mann ist deshalb Stammgast, weil er SMler ist«, erinnerte Dunya mich lächelnd. »Er hat nicht genug Geld, um so oft zu uns zu kommen, wie er möchte, deshalb macht er die Fotos gerne und freut sich über eine kleine Gratis-Session deinerseits als Gegenleistung. Ansonsten muss er natürlich bezahlen, wie jeder andere auch. Die Miete für das Studio wird ja schließlich auch nicht abgesungen.«

Damit wäre das Problem gelöst. Es wäre natürlich viel einfacher, in das Bewusstsein potenzieller Gäste zu gelangen, wenn ich auch auf der Homepage der Herrin des Hauses präsent wäre, als wenn ich mich nur mit anderen Frauen zusammen vorstellen dürfte, wenn jemand ohne konkrete Buchung das Haus betrat.

Es war mittlerweile spätabends, und Dunya machte sofort Nägel mit Köpfen, indem sie den Hobbyfotografen anrief. Es stellte sich heraus, dass er zwei Tage später sowieso ins Studio kommen würde, dann könnten wir uns kennenlernen und alles Weitere besprechen. Prima, das war also geregelt. Nun wünschte ich mir sehnlichst meinen ersten zahlenden Sklaven, um das Eis endlich zu brechen und meine Premiere als professionelle Domina zu erleben.

Das sollte allerdings noch einige Zeit dauern. Die Fotos von mir waren dank der Spontaneität des Stammgastes bereits im Kasten, und das schönste von ihnen prangte schon auf der Homepage des Studios, in der Rubrik »NEU bei der Herrin des Hauses!«, abgerundet durch das Profil, das ich bereits vor meinem ersten Besuch erstellt hatte. Fein. Jetzt aber!

Weit gefehlt ... Es dauerte noch geschlagene drei Wochen, fast vier, aber dann war er plötzlich da, mein erster Gast. Endlich! Er war tatsächlich auf der Homepage über mein

Foto gestolpert und hatte beschlossen, mich für eine halbe Stunde zu buchen. Mir schlotterten die Knie, als Claudia verkündete, ein Mann, der unangemeldet geklingelt hatte, wolle zu mir. Im Vorgespräch mit der Hausdame äußerte er seinen NS-Wunsch und seine Zeitvorstellung. Anschließend schickte die Hausdame den Neuankömmling zum Duschen – das gab mir noch ein wenig Zeit zum hektischen Rauchen. Und zum Trinken von Unmengen Apfelschorle, um gleich auch *müssen* zu können. Claudia sagte mir noch, dass der Gast im Haus bekannt und nicht devot wäre. Man könne also ganz »normal« mit ihm reden. Er arbeitete im Außendienst und kam immer nur auf einen Sprung beziehungsweise auf eine NS-Session vorbei und verschwand nach dem Duschen gleich wieder. Etwas anderes als NS habe er noch nie verlangt.

Versorgt mit diesen Hintergrundinformationen, machte ich mich auf zur Klinik. Dort war der Boden gekachelt, und man konnte eine große Latexplane ausbreiten. So hatten es die Haussklaven leichter mit dem Saubermachen. Der frisch geduschte Mann – »Mein Name ist Frank, Herrin« – wartete bereits auf mich. Nackt und erregt. Trotz seines Nicht-Devotseins wahrte er die Form von An- und Abstand. Ich ließ ihn weder knien noch meine Stiefel küssen, sondern holte gleich das erwähnte NS-Laken aus dem Schrank und breitete es in der Mitte des Raumes auf dem Boden aus. Dann wies ich ihn an, sich rücklings daraufzulegen. Meine Praxis mit Alexander hatte mir zu einem untrüglichen Zeitgefühl verholfen, das dazu führte, dass mir eine halbe Stunde nun wirklich keine Angst bereitete. Als Frank so ausgebreitet vor mir lag, schaute ich ihn mir erst einmal ausgiebig an, bevor ich überhaupt tätig wurde. Das machte ihn an, und er begann, seinen Penis intensiv zu massieren.

Ich machte ihn noch ein bisschen heißer mit Sätzen wie: »Das sieht ja aus, als könntest du es gar nicht erwarten. Stimmt das, Frank?« Und als ich ihn dann wohlig stöhnen hörte, wusste ich, dass ich auf dem richtigen Weg war.

Bei mir forderten Apfelschorle und Aufregung bald ihren Tribut, und ich stellte mich breitbeinig über meinen Gast. Ich hatte meine Nervosität immer noch nicht überwunden, und so fühlte es sich äußerst merkwürdig an, jemand anderen als Alex unter mir zu haben ... Ich war besorgt, ob ich *es* überhaupt würde laufen lassen können – und wenn ja, ob ich in der Lage war, zwischendurch immer wieder Pausen einzulegen, um den Genuss für meinen Gast in die Länge zu ziehen. Es durfte ja auch nicht zu schnell gehen. Zwischendurch musste ich ihn zusätzlich mit ein paar heißen Sätzen antörnen, damit er so richtig schön in Fahrt kam. Er flippte allerdings schon fast aus, als ich auf Brusthöhe über ihm stand. Ich trug einen kurzen schwarzen Lederrock mit einem String darunter, den ich langsam beiseiteschob. Ich spürte schnell, dass ich mir um nichts Gedanken machen musste, denn es lief – im doppelten Sinne – alles perfekt. Ich stoppte den Fluss sofort, wenn ich spürte, dass seine Erregung zu stark wurde, und machte weiter, wenn er sich wieder gefangen hatte. Mittlerweile genoss ich das Gefühl des »on« und »off« und hatte ihn perfekt im Griff. Als ich merkte, dass es endgültig eng für ihn wurde, gab ich Gas und wurde mit seinem fulminanten Orgasmus für meine Bemühungen belohnt. Dieses Gefühl habe ich noch heute als absolut *erhebend* in Erinnerung! Ich war stolz, meinen ersten zahlenden Gast gehabt zu haben, der seine Begeisterung beim Abschied noch ausführlich in Worte fasste.

ZU FUSS NACH HAUSE – NACKT!

Ich war nun schon seit einigen Wochen im Studio tätig und genoss es sehr, interessante Aspekte meines neuen Jobs in mein Privatleben einfließen zu lassen.

Dieses Spiel von Alexander und mir begann ganz spontan, ohne jegliche Planung. So war das oft bei uns – ein zufälliger Auslöser, und der Film begann erst vor meinem und dann auch vor seinem geistigen Auge abzurollen. Unaufhaltsam. Warum auch nicht?

An diesem Abend Anfang Oktober fing es damit an, dass Alex ganz harmlos auf der Rückfahrt von einem Restaurant zu mir sagte:

»Es ist schon wieder ganz schön kalt draußen, nicht?«

»Genau!«, dachte ich plötzlich wie elektrisiert. »Es ist *schön* kalt!«

Gesagt habe ich natürlich nichts, höchstens genickt oder irgendeine Zustimmung gemurmelt. Ich weiß noch, dass Alex sich daraufhin wieder in den Beifahrersitz kuschelte und sich seinen Gedanken hingab. Das tat ich auch, und ein paar Kilometer später wusste ich genau, was passieren sollte. Die übliche Vorfreude stieg in mir auf und ließ mich heimlich lächeln. Er bekam nichts davon mit. Ein Seitenblick zeigte mir, dass er die Augen geschlossen hatte. Die Straße wurde kurviger und ging dann steil bergab durch ein Waldstück. Es war ein Sonntagabend so gegen zehn Uhr, und ich registrierte, dass uns schon seit geraumer Zeit kein Auto mehr begegnet war. Das war in dieser einsamen Gegend nicht ungewöhnlich, allerdings bestand dennoch immer die Möglichkeit, dass eines käme. Herrlich!

Unvermittelt fuhr ich auf einen kleinen Parkplatz, der gerade mal Raum für zwei Pkw bot. Natürlich war mein Auto um diese Uhrzeit dort das einzige. Als ich den Motor abstellte, öffnete Alexander schläfrig seine Augen und sah sich um. Ich schwieg, merkte jedoch, wie mein Freund in Sekundenschnelle hellwach wurde und mich schließlich neugierig anschaute. Schließlich kannte er mich ja bereits seit anderthalb Jahren.

»Was ist?«, fragte er mich schließlich. »Musst du mal?«

»Ich muss nicht, nein. Aber du solltest dich schnell darauf besinnen, mich korrekt anzureden.«

Damit waren wir im Spiel. Das wusste auch Alex.

»Ja, Herrin.«

»Gut. Zieh dich aus!«

Gehorsam begann der Mann, der gleichzeitig Freund, Geliebter, Lehrer und mein Sklave war, seine Jeans zu öffnen.

»Nein, nicht hier drin. Steig aus und zieh dich draußen aus!«

Im Licht der Innenbeleuchtung sah ich das feine Lächeln, das in Situationen wie diesen so typisch für ihn war. Es war eine Mischung aus freudiger Überraschung und geiler Erwartung, aber es schwang auch immer ein wenig Süffisanz darin mit. So, als hätte er gerne gesagt: »Na, was hast du dir denn jetzt wieder ausgedacht?« Nicht aufmüpfig genug, um es als Provokation zu ahnden, aber doch ausreichend, dass es meinen Puls und meinen Ehrgeiz beschleunigte. Und manchmal ärgerte mich dieses Lächeln auch, sodass meine

»Aufgaben« für ihn viel härter ausfielen, als ich sie eigentlich vorgesehen hatte.

»Nun mach mal ein bisschen hin, oder willst du die ganze Nacht an deinen Klamotten herumfummeln?«

»Nein, Herrin. Mir ist nur kalt, aber ich bin gleich so weit.«

Als er sich auch seiner Unterhose entledigt hatte, bückte er sich und schaute erwartungsvoll zu mir ins Wageninnere. Trotz des wenigen Lichts konnte ich erkennen, dass sein Penis nicht erigiert war. Es schien also wirklich kalt zu sein. Das freute mich, aber ich wollte einen steifen Schwanz sehen, damit alles nach Plan verlief. Nach *meinem* Plan. Aber mich störte noch etwas anderes.

»Ich hatte dir doch gesagt, dass du dich ausziehen sollst, oder?«

Mein Blick blieb an seinen Schuhen und Strümpfen hängen.

»Die auch?«, fragte er zögernd.

»Bist du ein Weichei oder möchtest du mich glücklich machen?«

Damit hatte ich ihn. Da Alexander genauso wie ich ein überzeugter Anhänger des Femdoms war, ertrug er auch Dinge, die er gar nicht mochte – in dem Wissen und der tiefen Befriedigung, mir damit eine Freude zu bereiten. Und ich war mir sicher, nackt und frierend nachts im Wald zu stehen gehörte zu den Dingen, die er nicht wirklich mochte. Aber ich war ja noch längst nicht fertig mit ihm. Als er endlich gänzlich nackt war und seine gesamte Kleidung auf dem Rücksitz meines Autos lag, hatte sich am Zustand seines Geschlechtsteils immer noch nichts getan.

»Wichsen!«, befahl ich.

Er sah sich ein wenig unsicher um, aber weit und breit

war nur Dunkelheit, kein anderes Auto, kein anderer Mensch. Sein großer Penis rührte sich bereits, bevor er damit begann, sich zu berühren. Erst zögerlich, dann schneller und rhythmisch. Da ich seine Ausdauer und Selbstbeherrschung bestens kannte, sah ich ihm eine Weile genüsslich dabei zu. Plötzlich hörten wir Motorenlärm, und bald darauf durchbrachen Scheinwerfer die Dunkelheit hinter uns. Ein Auto bewegte sich die Serpentinen zu uns herauf. Bald würden wir angeleuchtet werden. Wie auf einer Bühne. Ich spürte Herzklopfen und eine wilde Begeisterung für den Augenblick. Alex hörte auf zu onanieren, blieb aber aufrecht vor der Beifahrertür stehen. Dass er völlig unbekleidet und obendrein äußerst erregt war, würde niemand außer mir sehen können. Das wurde ihm auch schnell klar, und er machte munter weiter. Die Sache fing an, ihm Spaß zu machen. Seine Abenteuerlust und seine Geilheit waren gleichermaßen geweckt. Zeit für mich, den Spaß zu beenden.

Ich rief ihm zu:

»Los, mach die Tür zu!«

Er tat es. Ich ließ den Motor an, wendete und rief aus dem geöffneten Fenster:

»Wir sehen uns zu Hause. Und dass mir der Schwanz dann noch schön steif ist!«

Sekunden später näherte sich ein weiteres Auto, und ich fuhr bestens gelaunt den Berg hinunter. Im Rückspiegel war nichts mehr von meinem schutzlos ausgesetzten Freund zu erkennen.

Nach circa einem Kilometer war ich daheim angekommen und bemerkte zwei Autos, die hintereinander an mir vorbeifuhren, als ich meinen Wagen abstellte. Ich grinste. Ob sie wohl auch die Serpentinen durch den Wald genommen hatten oder aus einer anderen Richtung gekommen waren? Ich würde es bald erfahren – vorausgesetzt, Alex würde die Nacht nicht wegen Erregung öffentlichen Ärgernisses auf der Polizeiwache verbringen müssen, von der ich ihn ganz bestimmt nicht vor morgen früh abholen würde. Schließlich war es seine eigene Schuld, wenn er so dumm war, sich erwischen zu lassen. Natürlich wusste ich, dass es auf seinem kalten Nachhauseweg nicht allzu viele Möglichkeiten gab, wo er sich im Notfall vor aufdringlichen Scheinwerfern verstecken konnte. Einen Bürgersteig oder Fußgängerweg suchte man dort oben vergebens, und während es zur einen Seite steil bergauf ging, führte der andere Weg ebenso steil bergab. Und das Klettern würde mit bloßen Füßen und ohne schützende Kleidung nicht gerade einfach sein. Alex würde sich also im Ernstfall entscheiden müssen: für die Nichtentdeckung oder für heile Füße und Gliedmaßen. Erwartungsvoll stellte ich mich ans Fenster und spähte in die Dunkelheit. Da es jedoch nur eine Laterne vor unserem Haus gab, konnte ich weiter hinten leider überhaupt nichts erkennen. Wieder kam ein Auto aus bewusster Richtung, aber kein nackter Mann, der aus freien Stücken und per Vertrag seit Monaten mein Eigentum war. Ich beschloss, die Zeit zu nutzen und mir ein scharfes Outfit anzuziehen, um mit Alexander bei seiner Heimkehr weiterspielen zu können. Ich entschied mich für ein hautenges schwarzes Corsagekleid aus weichem Leder und passende Pumps mit mörderisch hohen Absätzen. Testweise ging ich ein paarmal auf und ab und genoss die energiegeladenen Geräusche, die meine Absätze auf den Holzbohlen verursachten. Erwartungsvoll stellte ich mich wieder im Dunkeln ans Fenster, aber es tat sich weiterhin nichts.

»Und wenn wirklich jemand die Polizei alarmierte und Alex würde geschnappt?«, spielte ich die Optionen gedanklich durch. Brachten sie ihn dann wirklich auf die Wache, wie ich zunächst vermutet hatte? Oder kamen sie mit ihm zu uns nach Hause? Immerhin war er nackt. Lächelnd sah ich an mir herunter und versuchte mir vorzustellen, wie die Beamten auf meine ungewöhnliche Bekleidung reagieren würden ... Andererseits passte sie perfekt zu Alexanders Erklärung, denn mit Sicherheit würde er, geradlinig und provokant, wie er nun einmal war, bei der Wahrheit bleiben.

Ich begann mit den Nägeln auf die Fensterbank zu trommeln. Wo blieb er nur so lange? *So* lang war die Strecke auch wieder nicht, die er zurücklegen musste. Außerdem hatte ich das ungute Gefühl, als kämen in den letzten zehn Minuten ständig Autos aus allen Himmelsrichtungen angefahren und erleuchteten die sonst so verlassene Landstraße taghell. Da! Im Scheinwerferlicht glaubte ich eine Bewegung zu erkennen. Ich bewegte mich in Richtung Haustür, sicher, er würde sekündlich klingeln oder klopfen. Einen Schlüssel hatte er ja nicht dabei. Wieder nichts. Sekunden verrannen zu Minuten, und als ich in weiter Ferne ein Martinshorn hörte, war es endgültig Schluss mit meiner Ruhe. Ich kickte die Pumps von den Füßen und schlüpfte in ein Paar Sneakers. Dann schnappte ich mir einen alten Parka und meine Schlüssel und stürmte zur Haustür hinaus – direkt in Alex hinein, der weder erschreckt noch gehetzt aussah und wieder dieses bewusste Lächeln zur Schau trug. Da wurde mir schlagartig eines bewusst: Er war schon seit geraumer Zeit aus dem dunklen Wald zurück, wartend im Schutz des Hauseingangs, und hatte mich bewusst da drinnen zappeln lassen. So viel zum Thema Femdom und »Freude machen«! Ich fühlte mein Blut in den Adern rauschen, machte auf dem Absatz kehrt, riss mir den Parka wieder vom Leib und warf ihn hinter mich in die Diele. Alexander schaute von meinem sexy Lederkleid hinab zu den ausgetretenen Sneakers, und aus seinem Lächeln wurde ein breites Grinsen. Das war der Moment, an dem die Sadistin in mir die mitfühlende Freundin in die Wüste schickte.

Entschlossen schnappte ich mir eine der geschmeidigen Peitschen aus der Kommode im Flur. Genau genommen Alexanders Lieblingspeitsche, die ihm selbst gehörte. Wir erinnern uns: Die Peitsche mit einem Griff aus Holz, der mit ein paar Kegelnieten verziert war, und den 24 Lederschnüren. Fiese, bissige Lederschnüre. Mit einer Länge von 41,8 Zentimetern. Nur die Schnüre. Mit diesem effektiven Schlagwerkzeug trieb ich Alexander in unser geräumiges Wohnzimmer – den Ort, der uns unzählige Möglichkeiten zum Spielen bot. In dem Moment war mir allerdings überhaupt nicht nach Spielen zumute. Ich wollte *quälen*. Schmerzen verursachen. Leiden sehen. Alexander hatte mich, seine Herrin, zum Narren gehalten, und ich, die Novizin, die ich offensichtlich immer noch war, fiel prompt darauf rein. Das schrie nach Disziplinierungsmaßnahmen, und genau die wollte ich ihm geben. Auf dass er nie wieder vergaß, wer von uns beiden das uneingeschränkte Sagen hatte. Ich beschloss, ihm sein geliebtes Femdom mit der Peitsche einzubläuen, damit es ihm für immer im Gedächtnis blieb. Wie bereits erwähnt: Reizt man mich, fallen meine Strafen mitunter härter aus, als ursprünglich beabsichtigt.

»Knie dich hin!«

Alex war die gute Laune in der Zwischenzeit abhandengekommen, und er versuchte sich zu konzentrieren. Das tat er immer, wenn er kurz vor einer Bestrafung stand und nicht genau wusste, was ihn erwartete. Er versuchte so, den Schmerz vorab im Kopf zu kompensieren, um ihn dadurch erträglicher zu gestalten. In der Regel verhält es sich mit unserem Kopf-Kino und dem Schmerz nämlich genau umgekehrt. Beispiel: Zahnarztbesuch. Über Stunden und Tage hinweg stellen wir uns den Moment des Bohrens vor und wie der Zahnnerv plötzlich aufjault und uns fast besinnungslos werden lässt. Vielleicht neige ich manchmal zur Übertreibung ... aber die Situation ist dennoch wunderbar und beispielhaft. Wir erwarten den Schmerz, und selbstverständlich enttäuscht er uns nicht, sondern ereilt uns – bestenfalls weniger stark als antizipiert, aber eher seltener.

Ich spürte, wie ich nun meinerseits lächelte. Es war ein grimmiges Lächeln. Alexander würde sich konzentrieren können, bis er schwarz wurde, es würde ihm nichts, gar nichts nützen: Heute würde ich ihn so lange quälen und malträtieren, dass Zeit für ihn keine messbare Dimension mehr sein würde.

Ich ließ ihn mitten im Zimmer knien und vertauschte die albernen Turnschuhe mit den edlen Pumps. Schon besser. Dann kehrte ich langsam zu Alexander zurück. Klack, klack, klack, machten die Absätze. Ich spürte, wie eine kalte Ruhe mich durchströmte. Fort war der Schleier der Wut, der meinen Genuss nur beeinträchtigte, verwischte. Ich blieb vor meinem persönlichen Sklaven stehen und blickte beinahe emotionslos auf ihn herab. Was sah ich? Ich ließ das Bild, das sich mir bot, auf mich wirken: Vor mir kniete ein schlanker Mann von Mitte dreißig. Man sah seinem Körper den Sportler an, der er in jüngeren Jahren gewesen ist. Sein erigierter Penis und die Finger, die unruhig an ihm entlangstrichen, zeugten von permanenter Geilheit. Genau die würde ich ihm jetzt für eine Weile austreiben.

»Bleib schön knien. Und nimm die Hände vom Schwanz.«

»Ja, Herrin.«

»Habe ich dich schon einmal ausgepeitscht?«

»Ja, Herrin, schon mehrfach.«

»Auch den Schwanz?«

»Ja, den auch.«

Ohne Vorwarnung ließ ich die Peitsche auf seinen Oberschenkel sausen.

»Wie heißt das, Alex?!«

»Ja, die Herrin hat mir auch schon auf den Schwanz geschlagen.«

»So. Und wie oft hintereinander habe ich dir schon mal
auf den Schwanz geschlagen?«

»Ich glaube, das Höchste waren zwanzig Mal, Herrin.«

»Und? War das viel?«

Alexanders zunehmende Vorsicht war beinahe greifbar.

»Ja, das war sehr viel, Herrin.«

»Konntest du danach noch für mich wichsen?«

»Ja, aber es hat sehr wehgetan. Aber es war auch schön!«,
beeilte er sich hinzuzufügen. Man darf nicht vergessen, dass
mein Freund nicht nur leidlich devot, sondern Masochist
war.

»Gut. Für deinen Ungehorsam werde ich die Anzahl der
Schläge nun noch steigern.«

Ich beobachtete Alexander genau, aber er war nicht so
dumm, den Kopf zu heben und mir in die Augen zu
schauen. Seine Gedanken konnte ich allerdings fast *hören*,
und das gefiel mir außerordentlich gut.

»Wie oft mag sie mich dieses Mal schlagen?«, würde er
sich fragen, um sich auf Zeitraum und Schmerz einzustel-
len.

»Steh auf!«

Ich lächelte und hob seinen Kopf mit der freien linken

Hand an. Jetzt musste er mich anschauen. Ich wollte keine Nuance seiner Reaktion verpassen, jede Regung aufsaugen.

»Ich werde dir keine fünfzig Mal auf den Schwanz schlagen.«

Seine Erleichterung konnte ich deutlich spüren, und ich sah, wie sich die rechte Hand schon wieder an seinen Penis stahl. Das Vergnügen wollte ich unterbinden.

»Ich werde dir genau hundert Mal auf den Schwanz schlagen!«

Es war das erste Mal, dass ich Alexander wirklich fassungslos erlebte.

»Das ist nicht dein Ernst!«

Ein pfeifendes Geräusch – und die Peitschenschnüre trafen seine Hoden.

»Wie bitte?! Ich höre wohl nicht richtig! Ich möchte, dass du jetzt laut und deutlich jeden einzelnen Hieb mitzählst.«

»... ja, Herrin.«

Ich betrachtete den Teil des Körpers, den ich so mochte, noch einmal in seiner erregten Unversehrtheit, dann wappnete ich mich fürs Schlagen. Alexander verschanzte sich zunächst hinter seinem Sklavenstolz und zählte bis fünfzehn mit, ohne mit der Wimper zu zucken. Ich taktete meine Schläge in wechselnder Härte: Stets wurden ein paar leichtere Hiebe von einem oder zwei festen gefolgt. Als Alex »zwanzig« sagte, bereitete ihm das gleichförmige Zählen bereits einige Schwierigkeiten, und sein Geschlecht wies eine deutlich erkennbare Reizung auf. Noch fünf Mal so viel ... und ich hatte nicht die Absicht, Gnade walten zu lassen. Das war auch der Grund, warum ich ausnahmsweise kein Codewort mit ihm vereinbart hatte, mit dem er unser Spiel im Notfall abbrechen konnte: Ich hatte es nicht etwa vergessen, nein, er hatte einfach keine Chance, um seine Strafe herumzukommen. Wir befanden uns urplötzlich mitten in einem sogenannten Tunnelspiel. Es ist ein Spiel, das nach seinem Beginn nicht vor seinem Ende abgebrochen werden darf. Wie ein Tunnel: Mann *muss* hindurch, um rauszukommen. Für Subs stellt das in der Regel einen zusätzlichen Reiz dar, es verstärkt das Gefühl des hilflosen Ausgeliefertseins um ein Vielfaches. Manchmal sind Tunnelspiele von positiver therapeutischer Natur: Überwinde deine Ängste, und sie können dir fortan nicht mehr gefährlich werden. Mir waren beide Motivationen für diese extreme Spielart »schnurz« – ich wollte Alexander ernsthaft bestrafen.

Trotzdem ließ ich es als gute Domina bei den nächsten zehn Hieben bewusst an Härte fehlen. Alex genoss die kleine Erholung, war aber zu clever, um darauf hereinzufallen. Ich gab noch weitere fünf humane Schläge Zugabe, dann zwiebelte ich dreimal hintereinander mit den Schnüren direkt auf die Eichel.

»Aaarrrgh!«

»Ich kann dich nicht verstehen, Alexander.«

»Sechsunddreißig, Herrin«, flüsterte mein Leibeigener.

Ich tat, als müsste ich meine Hand ausschütteln und massieren, bevor ich wieder Maß nahm. Ich suchte mir für die nächsten zehn Schläge eine Stelle knapp über der Peniswurzel aus.

»… fünfundvierzig, sechsundvierzig.«

Vierzehn Schläge später sah der Schwanz bereits recht mitgenommen aus. Ich ließ also zwanzig Schläge mit geringer Härte und auf möglichst unterschiedliche Stellen niedergehen, aber auch die Fläche eines stattlichen Penis ist begrenzt.

»Kleine Pause, Alex.«

»Danke, Herrin.«

Er war kaum noch zu verstehen. Mit beiden Händen umfasste er vorsichtig sein rotes und geschwollenes Geschlechtsteil. Diese Handlung hatte nichts Sexuelles mehr an sich. Es sah eher aus, als wolle er die Haut zusammenhalten und beschützen. Die Gefährtin in mir hob begütigend die Hand, aber die Sadistin schob sie kalt lächelnd beiseite und fragte laut:

»Du kannst wählen: Willst du die restlichen zwanzig Hiebe hintereinanderweg oder mit Pausen dazwischen?«

Alexander schluckte, ehe er antwortete:

»Hintereinanderweg, Herrin.«

»Ich will deinem Wunsch ausnahmsweise entsprechen ...«

Aufatmen des Sklaven.

»... aber du wirst zu diesem Zweck die Vorhaut zurückziehen und die ganze Zeit so halten.«

Das war wirklich grausam. Ich sehe die Männer unter den Lesern in der Mitte einknicken. Aber Alexander war selbst schuld. Außerdem traf es für die letzten Peitschenhiebe auch noch seine Hand, die die Vorhaut zurückhalten musste. Das war mir nur recht, es sollte ein echter Showdown werden, damit er mich nicht noch einmal zum Narren hielt. Zielsicher führte ich die letzten zwanzig Schläge aus.

»... neunundneunzig, hundert«, würgte Alex hervor, bevor er nach vorne fiel und sich wie ein kleines Tier auf dem Holzfußboden zusammenrollte, den verwundeten Penis als Mittelpunkt allen Empfindens. Die Gefährtin hatte die Hände vors Gesicht geschlagen, aber die Sadistin immer noch nicht genug.

»Was ist los, Alexander? Ich weiß, dass du von morgens

bis abends geil bist. Also: Zeig mir deinen Schwanz! Wichs für mich!«

Er richtete sich mühsam auf und betastete das peitschengeschundene Etwas zwischen seinen Beinen. Ich sah ihn hier ein wenig ziehen und da ein bisschen massieren, aber nichts tat sich. Der Muskel blieb schlaff.

Ich schob den Griff der Peitsche unter seine Hoden und wippte leicht damit.

»Du sollst wichsen, habe ich gesagt!«

Alex startete einen weiteren Versuch.

»Ich kann nicht, Herrin«, schluchzte er und brach unvermittelt weinend auf dem Fußboden zusammen. Ein Weinkrampf schüttelte ihn, und er war unfähig, aufzuhören.

Die Gefährtin in mir ließ sich nicht länger zurückdrängen, entledigte sich der Peitsche und zog die Pumps aus. Dann legte sie sich zu ihrem Freund auf den Fußboden, bettete seinen Kopf in ihren Schoß und hielt ihn so lange, bis er endlich aufhörte zu weinen. Die Sadistin sah kühl zu. Sie wusste, dass psychische »Abstürze« nach Tunnelspielen, gerade auch unter extremen Schmerzen, ungleich heftiger sein konnten als nach »normalen« Sessions.

Viel später, als wir den Penis verarztet hatten und endlich im Bett lagen, erzählte Alexander mir den Teil seines Abenteuers, den ich nicht live hatte miterleben können. Das Auto, welches ich noch gesehen hatte, als ich den kleinen Parkplatz im Wald verließ, hatte zu seinem Entsetzen beinahe direkt neben ihm geparkt. Er hatte sich sofort hinter einem Baum versteckt und gehofft, dass niemand aussteigen und sich umschauen würde. Das tat auch keiner, denn es stellte sich schnell heraus, dass auch in diesem Pkw zwei Menschen mit speziellen Gelüsten saßen – wenn vielleicht auch nicht ganz so speziell wie die unsrigen. Die beiden begannen sofort mit einer heftigen Knutscherei und hektischem Gefummel und verschwendeten überhaupt keinen Gedanken an ihre Umgebung. Vielleicht fühlten sie sich auch einfach nur gänzlich sicher und waren völlig von ihrer Geilheit beherrscht. Alex sah ihnen eine Zeit lang bei ihrem Treiben zu und massierte sich genüsslich. Als ihm einfiel, dass er ja die Order hatte, mit aufrechter Standarte zu Hause einzulaufen, spazierte er einfach unbemerkt an dem Auto vorbei und machte sich daran, im Schutz der Bäume die Straße hinunterzulaufen. Kurz darauf kam ihm ein Auto von unten entgegen, und er hechtete ein Stück den Hang hinauf, obwohl das seinen Fußsohlen nicht gut bekam. Clever, wie er war, wartete er dort zwei weitere Autos ab, bis sich seine Füße wieder beruhigt hatten, dann kehrte er auf den Asphalt zurück und joggte unbehelligt bis zu unserer Haustür. Der Rest ist Geschichte.

Ich hielt Alexander in dieser Nacht im Arm – selbst, als er schon längst eingeschlafen war. Auch heute denke ich noch oft an diesen Abend und die vielen privaten Sessions, die danach kamen, zurück.

MIT NADEL
UND FADEN

Anfangs saß ich in meinem ersten SM-Studio viel herum.

Nein. Das stimmt so auch nicht. Ich will damit sagen, dass ich zunächst einmal nur wenig zahlende Gäste hatte, was sehr frustrierend war, denn ich wollte ja nicht nur meiner neuen Obsession folgen, sondern musste auch Geld verdienen. Dennoch wurde mir die Zeit am Anfang nie langweilig. Es gab so viel zu lernen, zu sehen und mit den Kolleginnen im Austausch zu besprechen, dass jeder Tag sich letztendlich lohnte. Ich war entzündet von der Idee, mich mit Gleichgesinnten über eine Philosophie, eine Lebenseinstellung auszutauschen – es war derselbe Motor, der mich zuvor auch im Internet und bei SM-Stammtischen den Kontakt hatte suchen lassen. Zu meiner großen Enttäuschung stellte ich bald fest, dass nur sehr selten eine Kollegin so tickte wie ich. Viele, eigentlich die meisten, sahen ausschließlich die guten Verdienstmöglichkeiten und lebten privat SM-frei. Sie waren also nicht wirklich neigungsbetont. Sie folgten damit keinem Lebenskonzept und machten, was verlangt wurde – natürlich innerhalb ihres individuellen Rahmens – und Geld einbrachte. Auch ich lebe davon, Sehnsüchte zu erfüllen, aber ich habe schon sehr früh persönliche Tabus entwickelt, die ich aus Stolz oder Überzeugung oder aus beidem einfach nicht anbiete, selbst wenn ich das Geld gut gebrauchen könnte. Und damit meine ich nicht nur den Geschlechtsverkehr, sondern zum

Beispiel auch die Praktik des Beschimpfens, die in einigen Rollenspielen weitverbreitet und häufig auch erwünscht ist. Ich beschimpfe oder erniedrige niemanden verbal. Ich spreche hier von Sätzen wie »Hast du mal in den Spiegel geschaut?« oder »Was willst du denn mit dem kleinen Schwanz anstellen?«. Es gibt einige Gäste, die darauf stehen, aber ich folge ihrem Wunsch auch dann nicht, wenn sie mich ausdrücklich darum bitten. Ich bin der Meinung, dass es andere Formen der Erniedrigung gibt, die im Augenblick nicht minder effektiv, aber auf Dauer psychisch nicht nachhaltig verletzend sind.

Na, jedenfalls suchte ich also *Schwestern im Geiste*. Das meine ich mit Gleichgesinnten. Ich war voller Ideale. Und bin es noch, aber gerade in der Anfangszeit kam noch die frische Euphorie dazu. Ich saugte alles auf, was sich mir bot, und erhielt allmählich ein immer deutlicheres Bild vom kommerziellen Sadomasochismus. Im Guten wie im Bösen.

Ich sprach häufig mit der bereits erwähnten Lady Dunya, weil wir meist zu denselben Zeiten anwesend waren. Ich habe ihr diesen Namen gegeben und verwende bewusst nicht ihren damaligen Künstlernamen, weil ich seit Jahren keinen Kontakt mehr zu ihr habe und nicht weiß, ob sie überhaupt noch in dem Job tätig ist.

Dunya war ausgebildete Krankenschwester und allein damit ein absoluter Reingewinn für jedes SM-Studio. Sie konnte auf eine langjährige Erfahrung im medizinischen Bereich zurückblicken und nutzte diese nicht nur für sich und ihre Gäste, sondern ließ auch Frauen daran teilhaben, die ihr sympathisch waren. Ich gehörte dazu. Sie war die ungekrönte Königin des *weißen Bereichs,* der Klinik. Ich wollte mich in dieser Sektion von Anfang an niemals etablieren – war aber an zwei medizinischen Handlungen äußerst interessiert: dem Nadeln und dem Nähen. Alles andere, was ich liebte und einsetzte, um mein sadistisches Herz und das des Sklaven zu erfreuen, hatte Alex mir in Heimarbeit beigebracht oder ich lernte es im Do-it-your-self-Verfahren. Aber wenn es um grundsätzlich heikle und gefährliche Dinge wie das Setzen von Nadeln und das Nähen von Körperteilen geht, braucht es die Anleitung einer Fachfrau, damit man sein willfähriges Opfer nicht ernsthaft verletzt. Das galt auch für eine weitere Technik, die ich kennenlernte, und zwar die Unterspritzung von Haut. Sie wird am häufigsten bei Brustwarzen, dem Hoden-sack oder der Haut des Penisschafts angewendet und ist für Fans ein optisches und gefühlsmäßiges Highlight. Dunya erklärte mir, dass dafür eine Kochsalzlösung verwendet wird, die für den Empfänger ohne Schaden ist – solange die Unterspritzung nur kundig und maßvoll durchgeführt wird. Wie beim Nadeln muss hier auf Sterilität und das Vor-handensein von Blutgefäßen geachtet werden. Vor allem, wenn man in Gewebe sticht, wo Blutgefäße nur schlecht oder gar nicht zu erkennen sind. Trifft man versehentlich eines, so kann ein Bluterguss entstehen, ansonsten wird die Kochsalzlösung je nach verabreichter Menge und körper-licher Beschaffenheit in zwischen zwölf und zweiundsiebzig Stunden wieder abgebaut. Man kann die Unterspritzungen mit einer oder mehreren Spritzen durchführen oder auf eine Infusionsleitung zurückgreifen, wenn größere Mengen Flüssigkeiten zugeführt werden sollen. Meist genügen aber bereits kleine Mengen, um dem Menschen zu einem schö-nen Erlebnis zu verhelfen.

Wenn der Gast damit einverstanden war, rief Dunya mich dazu, damit ich sie bei der Arbeit beobachten konnte. Bald – das Einverständnis des *Patienten* natürlich immer vorausgesetzt – ließ sie mich auch mal assistieren. Die Gäste liebten das, weil es das Klinikgefühl authentischer machte, wenn zwei Fachkräfte hantierten und sich wie im OP Anweisungen zuriefen. Dunya ließ mich auch Nadeln setzen und nähen. Ich mochte es sehr, konzentriert auf die auserwählte Hautpartie zu schauen und zu sehen, wo laufen Adern entlang und wo nicht – wo kann man stechen und nähen und wo keinesfalls.

Irgendwann einmal äußerte einer meiner Stammgäste den Wunsch, von mir genäht zu werden. Der Mann hieß so ähnlich wie Reno, und ich kannte ihn bereits von Sessions, in denen es nicht ums Nähen gegangen war. Reno war sehr masochistisch veranlagt, und ich hatte ihn schon des Öfteren genadelt. Einmal hatte ich ihn sogar an Nippeln und Schwanz mit meiner Zigarettenglut malträtiert. Er hat mich später mal gefragt, ob ich ihm irgendwann einmal meine Initialen, also L. A., einbrennen könnte. Ebenfalls mit Zigarettenglut. Am liebsten auf jede Pobacke einen Buchstaben und oberhalb der Schwanzwurzel noch mal beide. Das haben wir später auch getan, als ich kurz darauf in ein Wuppertaler Studio wechselte und er mir dorthin folgte.

Am »Tag des Nähens« fragte er mich im obligatorischen Vorgespräch, ob ich mir zutraute, ihm die Vorhaut zuzunähen. Ich bejahte – mit einem leicht mulmigen Gefühl. Ich sagte ihm fairerweise, dass ich zwar eine entsprechende Ausbildung genossen, aber noch keine eigenständige Praxis damit erworben hatte. Er war jedoch heiß darauf und sich offensichtlich sicher, dass ich meine Sache gut machen würde. Das wisse er deshalb, sagte er, weil er in den Sessions immer gesehen und gespürt habe, dass ich sehr gewissenhaft bin. So machten wir uns gegenseitig Mut und Lust auf das Erlebnis.

Wir begannen die Session mit für uns beide Altbewährtem, und ich nadelte ihn nach allen Regeln der Kunst. Im letzten Drittel unserer gemeinsamen Zeit an diesem Tag, als seine Erregung bereits deutlich zu sehen und zu spüren war, begann ich schließlich mit den Vorbereitungen für das ganz besondere Nähspiel. Ich streifte mir Einweghandschuhe über und desinfizierte sie, den Penis und die Vorhaut. Reno sah mir schwer atmend dabei zu, wie ich die Vorhaut weit nach vorne zog, sodass sie so weit wie möglich über der Eichel endete. Zum Glück hatte er ein Geschlechtsteil, das man schön in die Länge ziehen konnte – alles im erigierten Zustand, wohlgemerkt! Als ich die Vorhaut genügend in die Länge gezogen hatte, setzte ich rechts und links knapp über dem Ende der Eichel jeweils eine Klammer, sodass die Vorhaut immer noch überstand, als ich meine Hände weggenommen hatte. Dann prüfte ich aufmerksam, wo Äderchen zu sehen waren und wo nicht, um einen Anhaltspunkt für den Einstich der Nadel zu finden. Ich nahm das chirurgische Nähmaterial aus der Verpackung, stach die Nadel durch das sensible Fleisch und erntete ein wohliges Stöhnen als Belohnung. So ging es auch bei jedem weiteren Stich, den ich sicher durch die Vorhaut führte. Bald war alles perfekt zugenäht. Ich schnitt den Faden durch und verknotete die losen Enden. Reno wand sich stöhnend auf der Bank. Ich brauchte nur noch ein paarmal an der unter der Vorhaut liegenden Eichel zu spielen, ein bisschen darüberzureiben, und schon kam mein Gast laut und heftig.

Danach habe ich das Kunstwerk natürlich wieder entfernt.

IM FREIEN.
ANGEKETTET.

In der Zeit, die unmittelbar auf Alexanders nächtlichen Spaziergang und mein »Disziplinarverfahren« folgte, war er der perfekte Femdom-Mann, wie frau ihn sich wünscht: In meiner Abwesenheit erledigte er alle ihm aufgetragenen Arbeiten zu meiner Zufriedenheit – das liest sich wie ein Zeugnis, ich weiß –, und wenn ich aus dem Studio nach Hause kam, empfing er mich so, wie ein Sklave seine Herrin zu begrüßen hatte:

Alex saß nackt in unserem Wohnzimmer auf dem Boden. Den Hintern auf den Fersen, die Handflächen nach oben auf den weit geöffneten Oberschenkeln, sodass ich freie Sicht und freien Zugriff auf seine besten Stücke hatte. Wenn ich wollte. Rund um ihn herum herrschten Ordnung und Sauberkeit, auf dem Esstisch stand ein kleiner Snack, und ein heißer Tee wartete nur darauf, von mir getrunken zu werden. Kurz: Mein Freund war gehorsam, aufmerksam und anschmiegsam. Ich wusste auch, warum: Ich hatte ihn dominiert – eigentlich zum ersten Mal so richtig kompromisslos –, und das war genau das, wonach er immer gesucht hatte. Trotzdem gärte in mir noch immer sein Ungehorsam an jenem Abend, und ich wollte keine zu große Zeitspanne bis zur nächsten Übung verstreichen lassen. Außerdem wusste und spürte ich, dass Alexanders häuslicher Gehorsam mehr zu meinem Wohlbefinden als zu seinem beitrug und ihn das auf Dauer unzufrieden machen würde. Seine größte Motivation war die sexuelle Komponente unserer Spiele, unseres Zusammenlebens. Ich dagegen ging mehr und mehr in der Lebensphilosophie des Femdom auf und war begierig, so viel wie möglich darüber zu erfahren und mich mit Gleichgesinnten auszutauschen: im Internet, im Studio und bei Stammtischen in unserer Umgebung. Dabei nahm mich das Mentale so gefangen, dass ich die körperliche Seite manchmal gänzlich vergaß. Bis Alex mich daran erinnerte. Wahlweise in einem unserer zahllosen offenen Gespräche oder durch gezielte Provokation und Ungehorsam.

So war es für mich nur logisch, dass seine Aufmerksamkeit und Umsicht bald wieder nachließen. An einem Tag, an dem er weder aufgeräumt noch eingekauft hatte, weil ihn bloße Erledigungen schnell frustrierten, kam es dann wieder zum Eklat.

Es war ein Samstagnachmittag Mitte Oktober, also circa zwei Wochen nach der Aktion »Zu Fuß nach Hause – nackt!«, und ich fuhr vom Düsseldorfer Studio heim. Die Fahrt dauerte eine knappe Stunde, und ich nutzte sie wie immer sehr gern zum Nachdenken, Träumen und Planen. An diesem Tag war ich etwas genervt, weil ich völlig umsonst im Studio gehockt hatte, ohne dass ein Gast sich hatte blicken lassen. Wochenende – Familienzeit. Ein solch verlorener Tag war weder gut für die Psyche noch für die Haushaltskasse, und zum Abbau meiner Schulden taugte er schon gar nicht. Altersvorsorge? Zu diesem Zeitpunkt Fehlanzeige. Meine Zukunftsängste schlugen Purzelbaum. Ich brauchte dringend Ablenkung, ein Ventil. Bei diesem Gedanken fiel mein Blick auf ein Freibad am Straßenrand, das ich bereits seit vielen Jahren kannte. *Direkt* am Straßenrand. Meine Laune besserte sich augenblicklich, denn nun war es meine blühende Phantasie, die Purzelbäume schlug. Ich gab Gas, um schneller nach Hause zu kommen. Alexander lag auf der Couch und zappte sich durch gefühlte einhundert Kanäle, während ringsum das Chaos regierte: Das Bügelbrett stand mitten im Wohnzimmer, die zugehörige Wäsche lag – ungebügelt – auf sämtliche Möbelstücke verteilt. Auch der Staubsauger war nur als Dekoration, nicht aber als Arbeitsgerät aufgebaut worden. Klarer Fall: Alex hatte die Nase voll vom Haussklavendasein und sich für die Revolte entschieden. Ich sprach ihn direkt darauf an.

»Was soll das hier bedeuten? Du hattest Zeit genug, während ich weg war.«

»Ja, schon«, maulte Alex und fläzte weiterhin auf der Couch herum. »Aber das prickelt so alles nicht. Ich soll immer nur putzen, bügeln, aufräumen, einkaufen und bekomme wenig dafür.«

Bekomme wenig dafür?!?

Die Herrin in mir drückte die neben ihr stehende ratlose Gefährtin resolut mit einer Handbewegung an die Wand und holte Luft:

»Ich höre wohl nicht richtig! Muss ich erst den Sklavenvertrag rausholen und dich mit der Nase auf deine Unterschrift stoßen?!«

»Nein, das musst du nicht. Aber du weißt, wie ich bin: Wenn ich keinen Bock habe, kann ich nicht einfach so tun, als hätte ich welchen. Es funktioniert einfach nicht, Maus.«

Maus stand mal wieder kurz davor durchzudrehen und fühlte sich in ihrer Femdom-Seele missverstanden und enttäuscht. Sogar die Gefährtin war alarmiert – nicht eingehaltene Absprachen konnte auch sie überhaupt nicht leiden. Nach Lage der Fakten und kraft meiner Position als Herrin war ich im Recht, und Alexander stellte gerade mit wenigen Worten unser gesamtes selbst gewähltes Machtgefüge infrage. Das ging nicht. Mir war klar, dass ich mit einer reinen Bestrafungsaktion lediglich seinen Wünschen nachgekommen und somit die Erfüllungsgehilfin des Sklaven geworden wäre. Da galt es nun zu differenzieren, um meinen Rang ein weiteres Mal zu festigen. Ich schaute auf die Uhr. Viertel nach vier. Da der Tag insgesamt trübe war, begann es draußen bereits zu dämmern. Wunderbar. Ich atmete tief durch und beschloss, mir die ersehnte Ablenkung jetzt gleich zu schenken und wie nebenbei mein Terrain zu sichern. Ohne Alexander weiter zu beachten, setzte ich mich auf einen Stuhl und löste die Schnürsenkel meiner Turnschuhe.

»Wieso …«, setzte er an, aber ich fuhr ihm direkt in die Parade:

»Stopp! Schluss mit der Fragestunde! Ist das klar, Alexander?«

»… ja, Herrin.«

Ich bemerkte sein Zögern und entschied mich für schlagende Argumente. Sofort.

»Hol die Peitsche aus der Kommode.«

Bereitwillig wollte Alex in den Flur gehen, aber ich hielt ihn zurück.

»Ausziehen.«

Alexander entkleidete sich. Er beeilte sich dabei, weil er mich nicht weiter reizen wollte. Bestimmt erinnerte er sich in diesem Moment an die hundert Peitschenhiebe auf seine Genitalien. Das war meine Absicht.

Als er nackt war, wollte er wieder in den Flur zur Kommode mit den Peitschen laufen.

»Nein. Du begibst dich dahin, wo du hingehörst: Auf alle viere. Und wie du sie zu tragen hast, weißt du.«

»Ja, Herrin.«

Nun bereits wesentlich engagierter. Mit einem taxierenden Seitenblick – Was führt sie im Schilde? – kroch er in den Flur, und ich wünschte, er würde zweihundert Hiebe befürchten. Als er zurückgekrochen kam, trug er die Peitsche brav quer in seinem aufsässigen Sklavenmund und stoppte kniend vor mir. Ich nahm das Züchtigungsinstrument entgegen und legte es achtlos auf eine Kommode. Das irritierte Alex. Herrlich.

»Schieb den Couchtisch an die Treppe.«

An einer Seite des Wohnzimmers führte eine stabile hölzerne Treppe nach oben in unser Schlafzimmer. An ihrem Aufgang hatte ich in regelmäßigen Abständen Karabinerhaken anbringen lassen. Das war etwas unheimlich Prickelndes: In meiner Wohnung, die seit etlichen Monaten auch Alexanders Zuhause war, gab es einige SM-Verlockungen, die dem nicht neigungsbetonten Besucher niemals auffallen würden. Auch meiner Familie, obwohl mittlerweile eingeweiht, sind die Haken bis heute nicht aufgefallen. Nun ja, das wird sich mit Erscheinen dieses Buches wohl ändern … Jedenfalls schob der willige Alexander nun unseren niedrigen rechteckigen Couchtisch unter einen dieser Haken, sodass er, der Tisch, mit der schmalen Kopfseite an das Treppengeländer stieß. Alexander fühlte sich wieder etwas sicherer, denn er wusste, was nun kam, weil er es nicht zum ersten Mal tun musste:

Alex legte sich auf den Tisch und streckte beide Arme in die Luft. Ich nahm all das aus dem Augenwinkel wahr, vordergründig war ich jedoch damit beschäftigt, ein paar Utensilien aus meinem Equipment-Schrank auszusuchen. Alex machte daraufhin Anstalten, die Arme wieder herunterzunehmen, aber ich sagte nur: »Denk nicht mal dran«, und die Arme wurden artig wieder nach oben gereckt. Als ich mir alles zurechtgelegt hatte, nahm ich zwei Paar Lederfesseln mit integrierten Ringen und einige Seile und ging damit langsam zum Couchtisch.

»Arme runter und nach vorne.«

Ich legte ihm zunächst die Lederfesseln um die Handgelenke und verband diese an den Ringen mit dem Seil.

»Arme nach oben.«

Ich band das restliche Seil fest um eine Sprosse des Treppengeländers, sodass er lediglich die Hände öffnen und sich an der Sprosse festhalten konnte. Obwohl Alexander augenscheinlich Bedenken hatte, sich mir in meiner aktuellen Stimmung komplett auszuliefern, hatte er zum einen keine Wahl und zum anderen, wie üblich in fast allen Lebenslagen, eine stattliche Erektion. Da seine Hände nun im wahrsten Sinne des Wortes gebunden waren, führte sein Penis ein Eigenleben und hüpfte mir beim Fixieren munter entgegen. Ich verkniff mir ein Lächeln und nahm mir stattdessen das zweite Paar Lederfesseln, legte sie um seine Fußgelenke, nahm zwei weitere Seile, von denen ich je eines durch den Ring der Fußfessel führte.

»Heb deine Beine … weiter nach hinten zur Treppe … noch weiter … spreizen.«

Nun band ich jedes Bein weit gespreizt an je eine Sprosse des Treppengeländers. Ich hatte ein einzigartiges Panorama vor Augen:

Vor mir lag mein Freund und freiwilliges Opfer, nackt und wehrlos. Nur noch sein halber Oberkörper berührte den Couchtisch, und er präsentierte mir seine Weichteile und Körperöffnungen gezwungenermaßen auf einem imaginären Tablett. Statt beherzt zuzugreifen, drehte ich mich um und kehrte zum Schrank der Spielzeuge und Outfits zurück. Ich wollte unbedingt meine Freizeit- mit angemessener Kleidung vertauschen und wählte dazu eine Corsage und einen superknappen Minirock, beides aus weichem schwarzem Leder. Dann zog ich noch Overknee-Stiefel mit halbhohen Absätzen an und mir die Lippen mit dunklem Rot nach. Für all das ließ ich mir vielleicht zehn Minuten Zeit, in denen ich Alexander weder ansah noch ansprach. Ich konnte an seiner Atmung hören, dass die Situation für ihn nicht gerade komfortabel war. Vielleicht hatte er aber auch Angst vor der Peitsche, die mir in diesem Moment wieder in den Sinn kam. Als ich mich zur Kommode bewegte, beobachtete Alexander jeden meiner Schritte durch seine Beine hindurch. Ich nahm die Peitsche, ließ die Schnüre prüfend durch meine Finger gleiten und ein wenig gegen meine Handinnenfläche schnellen. Zufrieden ging ich zu Alex, meinem Überraschungspaket, und ließ meine Augen ein weiteres Mal zufrieden schweifen. Ein Terrain unbegrenzter Möglichkeiten lag vor mir, aber für mein weiteres Vorhaben sollte es unbedingt noch ein wenig hell draußen sein, also musste ich mich kurz fassen. Knapp, aber herzhaft ließ ich die Peitsche auf das empfindliche Fleisch, innen, am Übergang von Oberschenkel zu Pobacke, zwiebeln, dreimal auf jede Seite. Alexander belohnte mich mit einem Schmerzschrei, der sehr authentisch war und aus tiefster Seele kam. Ich hätte noch stundenlang so weitermachen können, riss mich aber zusammen und machte ihn mit schnellen Handgriffen los. Verdattert saß er auf dem niedrigen Tisch, fast schon ein bisschen enttäuscht, und sah mich fragend an. Ich ignorierte ihn wieder und suchte die massivsten Handschellen aus, die ich besaß. Es waren original amerikanische Polizei-Handschellen, die mir mal ein deutscher Gesetzeshüter und Gast geschenkt hatte, nachdem er und ich viel Spaß damit gehabt hatten. Schnell packte ich sie mit ein paar Dingen, die ich später noch für Alex brauchen würde, in eine Plastiktüte, dann konnte es losgehen.

»Schnell, zieh deine Sportklamotten an.«

Mein Freund versuchte einen Blick in die Tüte zu werfen, aber ich stellte mich dazwischen.

Als er sich seinen Kapuzenpullover über den Kopf zog, hatte ich bereits meinen fast bodenlangen Trench übergeworfen und marschierte mit der Tüte zur Haustür hinaus. An der Treppe zum Parkplatz holte er mich ein.

»Herrin, lassen Sie mich die Tasche tragen.«

Netter Versuch.

Ich schwieg, schloss meinen Wagen auf und legte die Tüte hinter meinen Sitz. Alexander kletterte auf den Beifahrersitz und musterte mich von der Seite. Er wartete auf ein Lächeln oder ein anderes Zeichen meiner Verbundenheit, wie ich es sonst vor unseren gemeinsamen Aktivitäten ausgesandt hatte. Ich aber trug ein Pokerface und startete den Motor.

Mittlerweile war es fünf nach fünf und bereits recht dunkel. Perfekt.

Ich lenkte das Auto in Richtung des Einkaufszentrums, und Alex sah interessiert aus dem Fenster. Bald waren wir am Freibad, das mich vorhin inspiriert hatte, angekommen, und ich stellte mich auf den kleinen Parkplatz, der nicht mehr als zwanzig Autos Raum bot und direkt an der Straße lag. Er war leer.

»Das Freibad hat schon geschlossen, Maus«, sagte Alex freundlich und fügte eilig hinzu: »Herrin, meine ich natürlich.«

Ich schaute ihn ruhig an und gab mal wieder einen meiner Lieblingsbefehle:

»Zieh dich aus.«

Er stieg dazu nicht aus, sondern zog sich umständlich im Auto aus. Ich ließ ihn gewähren, zum Schein. Wie gesagt, Parkplatz und Eingang zum Freibad liegen unmittelbar an der Straße, die in diesem Teilbereich aufgrund des nahen Einkaufszentrums längst nicht mehr so wenig frequentiert wird wie die Straße vor unserer Haustür.

»Steig aus.«

Er öffnete die Beifahrertür und stieg aus. Instinktiv legte er die Hände vor seine Genitalien und schaute sich um. Noch waren wir allein. Ich schnappte mir die Handschellen aus der Plastiktüte und schob sie in meine Manteltasche.

»Na los, komm mit.«

Alexander zögerte, immer noch in der geöffneten Beifahrertür stehend.

»Und wenn mich einer sieht?«

Ich presste die Lippen zusammen und ging die paar Meter zurück zu meinem Leibeigenen. Das fing ja gut an! Die Gefährtin in mir stand unentschlossen daneben und hielt sich raus. Wenigstens etwas. Ich zog Alex grob am Arm aus dem Schutz der Tür heraus und knallte sie heftig zu. Er zuckte zusammen und nahm sogar die Hände von seinen Geschlechtsteilen.

»Können wir jetzt?«, fragte ich, bereits wieder ganz ruhig.

»Ja, Herrin.«

Und nach einer kurzen Pause wiederholte er:

»Das Freibad ist zu, Herrin. Die Winterpause hat längst begonnen.«

»Ach, was?!«

Ich drehte mich um und nahm meinen Weg zum Eingang des Freibads wieder auf. Er befand sich auf der rechten Seite des Geländes und man musste eine Treppe hinuntergehen, um zu den Kassen zu kommen. Diese Treppe machte am zweiten Absatz einen Linksknick, und wer sich dort befand, konnte von der Straße und vom Parkplatz aus nicht mehr gesehen werden. Ich blieb am Anfang der Treppe stehen, zog die Handschellen aus dem Mantel und ließ sie wie ein magisches Pendel vor Alexanders Augen hin- und herbaumeln. Es war wie im Comic: Mein geliebter Spielgefährte schaute tatsächlich wie hypnotisiert auf die stählernen Fesseln und dann an seinem nackten Körper hinunter und im Anschluss auf die Straße, wo prompt zwei Autos um die Kurve bogen. Schnell hastete er die Treppe zur Hälfte hinunter. Ich blieb oben mit den Handschellen stehen, wie ein Mahnmal, und sah ihn mit hochgezogenen Augenbrauen an. Er schluckte.

»Das ist nicht dasselbe wie neulich nachts im Wald. Wenn mich jetzt einer hier sieht, dann kann das richtig Ärger geben.«

»Ja, das sehe ich auch so«, sagte ich freundlich und wedelte weiter mit dem Spielgerät.

»Ich weiß, dass das nicht okay war, das mit der Hausarbeit. Können wir das hier nicht abbrechen, und ich hole die Arbeit sofort nach?«

»Herrin«, ergänzte ich milde und im seltenen Schulterschluss mit der Gefährtin.

»Bitte, Herrin«, bat Alex.

»Auf keinen Fall«, antwortete ich.

Alex zog resigniert eine Schnute, und ich konnte seine Bedenken förmlich *sehen,* als er sie über Bord warf und sich dem Spiel ergab. Zwar blieb er immer noch auf der zweiten Stufe stehen, aber das war mir recht: Sein unbekleideter Penis, nun auch wieder mit gewohnt prächtiger Erektion, hatte pure Signalwirkung, und ob die Vorbeifahrenden seine nackten Füße sahen oder nicht, war mir völlig egal. Einen ähnlichen Gedankengang vollzog Alexander wohl auch gerade nach, denn er unternahm einen letzten Versuch, noch weitere Stufen nach unten zu klettern.

»Nein! Schluss mit dem Gehampele! Du bleibst jetzt sofort hier oben stehen, so wie eben.«

Ich öffnete die eine der beiden Handschellen und legte sie um Alexanders rechte Hand. Die andere schloss ich um das Treppengeländer. Ich hatte mich bewusst für die rechte Hand entschieden und machte nun einen Test.

»Fass deinen Schwanz an.«

Trotz Kälte und latentem Unbehagen kam er meiner Bitte nur zu gern nach – aber die Handschellen ließen viel zu wenig Spielraum für genüssliches Massieren. Es ging zwar irgendwie, aber bequem war definitiv anders. Ich stand ganz kurz davor, sehr zufrieden zu sein. Rasch sah ich mir noch einmal an, wie Alex fixiert war. Die Gefährtin reckte besorgt den Hals und verfolgte ebenfalls den Lauf des Geländers – und atmete auf: Unser gemeinsamer Freund hatte einen Spielraum von einem Meter fünfzig und fünf, sechs Treppen bis zum nächsten Geländerpfosten. Der Sadistin blieb das nicht verborgen und sie beschloss, den Lauf der Dinge abzuwarten und für ihre Zwecke zu nutzen. Würde er den Spielraum nutzen, um sich weiter in Deckung zu begeben, so wusste ich bereits, wie ich es ahnden würde. Zuerst sollte er jedoch seine Chance haben.

»Wir sehen uns, mein Sklave.«

Mit diesen Worten entfernte ich mich bereits von Mann und Geländer. Alexander, der immer noch damit beschäftigt gewesen war, eine halbwegs komfortable Masturbationstechnik zu entwickeln, sah mich ungläubig an. Fast dümmlich. Dabei war es immer seine Intelligenz, die mich an ihm beeindruckte. Sein Vermögen, Dinge zu erklären und auf den Punkt zu bringen. Seine unglaubliche Offenheit, seine ständige Gesprächsbereitschaft. Ach, wie ich ihn für all das liebte! Übereinstimmend standen Domina und Weibchen Arm in Arm da und schauten stolz auf ihr Produkt. Dann drehte ich mich noch einmal kurz um, winkte und rief euphorisch:

»Schau mal, da kommt der Bus!«

Perplex winkte Alex zurück, bevor er sich auf den Bus konzentrierte.

Ich setzte mich in mein Auto – und fuhr weg.

Da Alexander im Rahmen seines Streiks auch nicht eingekauft hatte, nutzte ich die Zeit und fuhr zum Einkaufszentrum, das circa einen Kilometer entfernt lag, um unsere Vorräte wieder aufzufüllen. Außerdem schwebte mir für den Abschluss des Abends oder besser: der Nacht ein guter Rotwein vor. Wobei ich meinem Diener, der er dann hoffentlich wieder war, wohl besser Glühwein hätte besorgen sollen.

Beschwingt betrat ich den großen Supermarkt und achtete darauf, dass mein Mantel nicht aufschlug und mein bizarres Outfit preisgab. Meine Haut prickelte beim Gedanken an das Spiel, das ich gerade spielte, und ich fühlte mich herrlich lebendig. Der Mann an der Brottheke flirtete mit mir, ließ mich ein Stück Apfelkuchen probieren und wünschte mir einen schönen Abend. Sein Lächeln zum Abschied war fast ein bisschen wehmütig. Beinahe hätte ich laut gelacht! Wie er wohl reagiert hätte, wenn er gewusst hätte, dass ich meinen Lebensgefährten nackt am Schwimmbad angekettet hatte? Das war die Art Doppelleben, die ich seit Monaten so sehr liebte: Ahnungslose kreuzten den Weg der sadistischen Domina, nur für kurze Zeit, und behandelten sie wie die nette junge Frau von nebenan. Die ich übrigens auch immer war, bin und bleiben werde. Ich bin nicht weniger nett, freundlich und sozialverträglich, nur weil ich meiner wundervollen Neigung privat und beruflich nachgehe. Ich *bin* ein warmherziger Mensch – selbst dann, wenn ich eine Peitsche in der Hand habe oder jemanden in einen Käfig sperre. Ich bin es deshalb auch dann, weil mein »Opfer« letztendlich nur das von mir bekommt, was es möchte und erwartet. Zugegeben, mit der Vergabe von Strafen und Belohnungen gehe ich äußerst kreativ um: Zwar halte ich mich an die im Vorgespräch getroffenen *Go's* und *No Go's* und das vereinbarte Codewort, aber was wann passiert, das entscheide nur ich allein. Wo wäre denn sonst der Kick für meinen Gast? Und erst recht für mich?

Bei Alexander war es dagegen schon etwas anderes: Auch ihn zwang ich nicht zu Dingen, die er gar nicht ertragen wollte oder konnte, aber ihn, meinen Leibeigenen und Lebensgefährten, brachte ich ständig an den Rand seiner Grenzen und erweiterte sie stets ein wenig. So, wie man ein Gummiband mehr und mehr dehnen kann, wenn man es behutsam tut. Man muss nur aufpassen, dass es nicht reißt, dann ist das Spiel vorbei. Ich hatte zu diesem Zeitpunkt noch keine Ahnung, dass ich an genau diesen Punkt mit Alex geraten würde. Ich wollte meine neue Welt in vollen Zügen auskosten, so viel wie möglich lernen und am liebsten alles ausprobieren, was mir begegnete, solange es mir und uns nur gefiel.

Ich spürte die Süße des Apfelkuchens noch auf der Zunge, als ich mit meinen Einkäufen wieder im Auto saß und den Rückweg zum Freibad einschlug. Ich muss sagen, dass mir vor Aufregung das Herz beinahe bis zum Hals klopfte. Was würde ich vorfinden? Einen Menschenauflauf? Geballte

Entrüstung? Polizisten, die mich wegen Misshandlung, Nötigung, Freiheitsberaubung mitnehmen würden? Keinen Alex, weil er sich befreit hatte? Auch hier galt wie so oft: Im Kopfkino lief der beste Film!

Aufmerksam nahm ich meinen Rückweg wahr: Unter einer bereits brennenden Laterne zündete sich ein Mann mit einem dunkelbraunen Irish Setter an der Leine eine Zigarette an und inhalierte den Rauch. Nur wenige Autos und wieder der Bus, dieses Mal aus der anderen Richtung kommend.

Ich näherte mich dem kleinen Parkplatz. Ein Menschenauflauf war schon mal nicht zu sehen. Gut. Blieben noch einzelne Gesetzeshüter und Moralapostel. Ich parkte den Wagen an derselben Stelle wie zuvor. Alexander würde mich bestimmt schon gehört haben, schließlich kannte er den Klang meines Autos. Als ich ausgestiegen war, blickte ich zur Treppe hinüber und sah – nichts! Lag das nur an der zunehmenden Dunkelheit? Dann, als ich näher kam, erkannte ich einen mir gut bekannten dunklen Haarschopf, und gleich darauf spähte ein Augenpaar über die erste Stufe. Alexander hatte seinen kleinen »Notausgang« genutzt, war mit den Handschellen bis zum nächsten Geländerpfosten nach unten gewandert und versuchte, sich so klein wie möglich zu machen. Prima! Das hatte ich gehofft. Warum? Na, weil ich nur so die nächste Bestrafungsstufe zünden konnte! Äußerlich ließ ich mir mein Entzücken natürlich nicht anmerken, sondern blieb ernst und unergründlich.

»Wieso finde ich dich nicht dort vor, wo ich dich angekettet hatte?«, fragte ich ruhig.

»Da war ein Hund ...«, antwortete Alex aufgeregt. Und schuldbewusst.

Meinte er den Setter vom Zigarettenmann? War das seine

142

Zigarette »danach«? Fast hätte ich gelacht bei diesem Gedanken.

»Erzähl keinen Mist!«, schimpfte ich stattdessen.

»Aber der Hund! Der war ja schließlich nicht alleine!«

»Das interessiert mich nicht!«

Eine glatte Lüge, zugegeben, aber wenn ich mir jetzt Alexanders Hundestory angehört hätte, wäre das Spiel unweigerlich kaputt gewesen, und das wollte ich nicht.

»Mich interessiert nur eins: Du warst schon wieder ungehorsam, und das muss bestraft werden.«

Ich zog den Schlüssel aus der Manteltasche und schloss die Handschellen auf.

»Ab zum Auto!«

Mein nackter Freund setzte sich sofort in Bewegung und joggte zum Parkplatz. Als ich die Rundumverriegelung löste, machte er Anstalten, einzusteigen.

»Du wartest schön draußen, bis ich dir erlaube, dich ins Auto zu setzen.«

»Ja, Herrin.«

Es war zwar noch nicht bitterkalt, aber Alex dürfte gut und gerne eine Dreiviertelstunde nackt am Freibad verbracht haben und fror bestimmt. Sollte er doch.

Ich setzte mich hinters Steuer und kramte in meiner Plastiktüte herum, bis ich das Gesuchte gefunden hatte. Dann rief ich ihm zu, die Beifahrertür zu öffnen.

»Ja, Herrin?«

»Dir ist bestimmt kalt, richtig?«

»Ja, Herrin, ein bisschen schon ...«

Die Gefährtin streckte bereits ihre wärmende Hand nach dem Geliebten aus, aber die Sadistin haute ihr mittelfest auf den Handrücken. Für Mildtätigkeit war später noch genug Zeit, jetzt nicht.

»Dann solltest du dir schnell etwas überziehen.«

Dankbar wollte Alexander seine Kleidung vom Rücksitz nehmen, als ich ihm ein paar Dinge vor die Füße warf:

»Du ziehst das an!«

Ratlos hob der Sklave folgende Dinge vom Parkplatzboden auf:

Ein tief ausgeschnittenes rotes T-Shirt, einen Minirock im Jeanslook und – als Krönung sozusagen – ein paar schwarze Pumps und einen BH samt Papiertüchern zum Ausstopfen.

»Das ziehst du jetzt an!«

Alexander und ich waren von ähnlicher Statur: Beide schlank und fast gleich groß. Allerdings habe ich Schuhgröße 38, und Alex lief auf stattlicher 44 durch die Weltgeschichte! Deshalb hatte ich irgendwann einmal auf einem Flohmarkt diese riesig wirkenden Pumps erstanden – als Spaß. Und heute war der Tag gekommen, diesen Spaß endlich zu genießen. Ich hatte Alex seinerzeit die Schuhe anprobieren lassen, Absatzhöhe zwölf Zentimeter, sie passten leidlich, aber sie waren danach auch gleich wieder in Vergessenheit geraten. Als er sie nun im spärlichen Licht der Innenbeleuchtung hochhielt, konnte ich sehen, dass auch er sich wieder an den Flohmarkt erinnerte.

»Na, los! Beeil dich. Wir haben noch viel vor heute!«

Alex zog zuerst den BH an und stopfte ihn ungeschickt mit Papiertüchern aus. Dann schlüpfte er in das rote T-Shirt, und wieder musste ich einen Lachkrampf unterdrücken: Das Shirt war knapp, sah unglaublich nuttig aus und endete auf Bauchnabelhöhe, sodass der Blick auf sein üppiges Geschlecht dadurch nicht behindert wurde. Dann quälte Alex sich in den Minirock und fummelte eine Weile an dem Reißverschluss auf der Rückseite herum. Ich trommelte mit den Fingern auf das Lenkrad, was für seine Bemühungen nicht gerade hilfreich war. Ich liebe nervöse Männer! Nun hatte er es endlich geschafft, der Rock saß wie eine zweite Haut, und er schob seine Füße vorsichtig in die beiden Ungetüme aus Lack. Fast hätte er das Gleichgewicht verloren und musste sich an der Tür festhalten.

»Das sieht sehr sexy aus, mein Freund. Steig ein.«

Alex ließ sich auf den Sitz fallen und zupfte an seinen knappen Klamotten herum. Ich war noch nicht fertig mit ihm und griff wieder in die magische Tüte.

»Schau mich an!«

Zuerst verschandelte ich seine Wangen mit einem breiten Streifen Rouge, dann trug ich blauen Glitzerlidschatten und Wimperntusche auf. Zum Abschluss hielt ich einen Lippenstift in der Hand, in knalligem Knallrot. Großzügig und alles andere als zaghaft zog ich damit seine Lippen nach, die in dem Moment leicht verkniffen wirkten. Die Gefährtin versuchte sofort, das Übermalte mit dem Finger wegzuwischen, aber die Domina malte extra noch einmal herzhaft über die Konturen hinaus. Es sah zum Weglaufen aus. *Er* sah zum Weglaufen aus! Ich zog noch eine pinkfarbene Haarspange hervor und schob sie ihm willkürlich in seine Mähne. Ein paar riesige goldfarbene Kreolen komplettierten das absurde Outfit. Ich war zufrieden. *Sehr* zufrieden.

Mein attraktiver Sklavenmann sah aus wie eine unglückliche Transe aus einem schlechten Film.

»Bist du so weit?«

»Wenn Sie mit mir fertig sind, Gebieterin.«

Oh, nun war er wirklich devot, denn die »Gebieterin« entschlüpfte ihm höchst selten. Lag es vielleicht daran, dass er keine Ahnung hatte, was ihn als Nächstes erwartete?

Zumindest würde das, was nun kam, eine neue Variante in unserem bunten Session-Allerlei werden. Ich wollte es allerdings langsam angehen lassen, damit es ihn nicht völlig überforderte. Und mich auch nicht. Aber ich wollte *es* unbedingt austesten.

Ich startete den Wagen und fuhr mit dem aufgedonnerten Alexander neben mir in die Dunkelheit. Als wir wenig später an unserem Zuhause vorbeikamen, schaute er sehnsüchtig nach draußen. Ich aber gab Gas und schlug den Weg in Richtung Autobahn ein. Wir fuhren ungefähr eine Viertelstunde lang schweigend ins Nichts, bis vereinzelt wieder ein paar Straßenlaternen auftauchten. Dort befand sich auch ein Parkplatz, den man in Form eines Rechtecks befahren konnte. Als ich die rechte Gerade entlangfuhr, wurden links vom Auto drei Wohnwagen sichtbar. Alle drei von schummrigem Rotlicht erleuchtet. Zwei Frauen in Berufskleidung – üppige Dekolletés, kurze Röcke, Overknee-Stiefel mit hohen Absätzen – standen dort im Lichtschein und vertrieben sich die Zeit mit Warten. Eine hatte sich einen Fellmantel um die Schultern gehängt. Wir schauten neugierig hinaus und sie erwartungsvoll herein. Ich wendete am oberen Ende des Parkplatzes und fuhr langsam auf Frauen und Wohnwagen zu. Circa zwanzig Meter vor ihnen stoppte ich. Bestimmt hatten die Damen erkannt, dass eine Frau am Steuer saß, und wappneten sich für alles Mögliche. Ob sie jedoch auch für das gewappnet waren, was ich mir ausgedacht hatte, werde ich wohl nie erfahren.

»Ich will, dass du jetzt aussteigst.«

»Hier?!«

Vor Schreck vergaß Alexander, die Form zu wahren. Ich schwieg. Er schluckte.

»Und was soll ich hier, Herrin?«

Ich antwortete wahrheitsgemäß:

»Ich habe vor, dich demnächst auf einem Parkplatz meistbietend zu verkaufen.«

»Was? Ich verstehe nicht ...?«

»Du hast vor ein paar Wochen den Wunsch geäußert, dass wir auch mal mit anderen spielen und Sex haben.«

»Ja, aber damit meinte ich doch keine Parkplätze!«

Wir waren dabei, das Spiel kaputt zu machen, und das wollte ich nicht. Noch nicht.

»Schluss jetzt. Diskussion zu Ende. Du tust, was ich dir sage. Sind wir uns da einig?«

»... ja ... Herrin ...«

Mir drohte schon wieder der Kragen zu platzen, aber mir war heute nicht nach körperlichen Erziehungsmaßnahmen zumute. Ich wollte Alex eine mentale Nuss zu knacken geben, um ihn zu disziplinieren, und stattdessen konnte ich seine Vorbehalte und Zweifel förmlich spüren. Die anschmiegsame Gefährtin legte mir begütigend die Hand auf den Arm.

»Du wirst jetzt zu der Dame mit dem Fellmantel gehen.«

»Ja. Und dann?«

»Dann wirst du ihr Folgendes sagen: ›Meine Herrin schickt mich‹ ...«

Alexander hielt die Luft an.

»›Ich soll fragen, was Analverkehr kostet.‹«

»Und dann, Herrin?«

»Alex, du hörst dich an wie ein Papagei! Deshalb steigst du *jetzt* aus und machst, was ich dir aufgetragen habe!«

Er stieg wortlos aus und ging im Lichtkegel des Scheinwerfers zur Fellmantelfrau. Ich war gespannt, wie sie ihn behandeln würde. Ich hörte einen Pfiff und musste grinsen. Im Licht von Laterne und Scheinwerfer konnte ich erkennen, wie er auf seine gewohnte Art und Weise mit den Händen in der Luft herumfuchtelte, wenn er versuchte, etwas zu erklären. Die andere Frau ließ es sich nicht nehmen, aus dem Kreis der zweiten Laterne herauszutreten und sich zu ihrer Kollegin zu gesellen. Mein aufgebrezelter Freund war bestimmt eine willkommene Abwechslung im tristen Straßenstrichalltag. Auch wenn kein Bargeld lachte. Kurze Zeit später war Alexander wieder zurück im Auto und grinste mich mit seinem lippenstiftverschmierten Mund schief an.

»Ich soll meiner Herrin ausrichten, anal kostet hundert Euro. Und sie soll mir mal beibringen, wie man sich anständig schminkt. Anständig, verstehst du …«

Nun musste ich auch lachen. Situationskomik dieser Art fand sich im Alltag einer Domina reichlich. Wenn ich nur daran dachte, wie oft wir im Studio einen Lachanfall bekamen, weil irgendjemand ein unfreiwilliges Wortspiel von sich gab. Erst vor ein paar Tagen hatte sich eine Kollegin über einen Gast empört, weil der nicht gerade zu übertriebener Reinlichkeit neigte, und sie hatte ihrem Ärger mit folgenden Worten Luft gemacht:

»Dieses Ferkel müsste mal ordentlich übers Knie gelegt werden!«

Und eine andere antwortete trocken:

»Genau deshalb ist er hier!«

Alexander stimmte an diesem Samstagabend glücklich in mein Lachen ein und fragte mich vorsichtig, ob er die Pumps nun ausziehen dürfe. Da das Spiel eh gelaufen war, nickte ich.

Zu Hause angekommen, trug er unsere Einkäufe in die Wohnung und räumte alles an seinen Platz. Vorsorglich öffnete er den Rotwein, damit der atmen konnte, während wir uns im Badezimmer unter der Dusche vergnügten. Als Alex wieder aufgetaut und gesäubert war, kuschelten wir uns mit unseren Weingläsern auf die Couch und ließen die Ereignisse noch einmal gemeinsam Revue passieren.

»Sag mal, was war denn nun eigentlich mit dem Hund?«, fragte ich.

»Das war ein ziemlich großer Kerl, ein Irish Setter.«

Ich nickte.

»Ja, ich habe ihn und sein Herrchen weiter unten an der Straße gesehen. Nun erzähl schon!«

»Es war vor allen Dingen auch ein sehr neugieriger Kerl«, fuhr Alexander, der talentierte Geschichtenerzähler, unbeirrt fort. »Er kam auf einmal auf mich zugewedelt, ohne Leine, statt unten auf dem Bürgersteig bei seinem Herrchen zu bleiben.«

»Jemand, den du kennst?«

»Meinst du jetzt den Hund?«, scherzte Alex. »Nein, ich kannte keinen von beiden. Aber der Hund schien mich für eine Art Kollegen zu halten. Zumindest begann er mich auf eine solche Art zu beschnuppern.«

»Vielleicht, weil du nackt warst?«, flachste ich mit.

»Vielleicht. Jedenfalls rief der Typ seinen Hund, ich glaube, er hieß ›Terry‹, aber der war so auf mich fixiert, dass er einfach nicht hörte. Mann! Ich war total in Panik, weil die Stimme seines Herrchens immer näher kam und ich mit den Handschellen und dem Geländer längst an mein Limit gekommen war. Nur noch ein paar Meter in Richtung Treppe, und er hätte mich in meiner ganzen Pracht bestaunen können!«

Ich lachte herzhaft. Schade, dass ich nicht dort geblieben war und mich im Gebüsch versteckt hatte. Das würde ich beim nächsten Mal nachholen!

»Und dann?«

»Jetzt klingst *du* wie ein Papagei, Maus«, frotzelte Alex und fuhr fort:

»Ich versuchte verzweifelt, den anhänglichen Köter zu verscheuchen, aber er drückte seine feuchte Nase immer wieder an meine Oberschenkel und versuchte an meinem Schwanz zu schnüffeln! Dann pfiff sein Herrchen einmal durchdringend, und er drehte sich um und verschwand. Das war in allerletzter Sekunde, sage ich dir!«

Die verliebte Gefährtin wuselte ihm durch die Haare. Die Domina war fast eingeschlafen, hob jedoch noch einmal den Kopf, weil sie noch ein Anliegen hatte, das sie ihm vermitteln wollte:

»Die Dame im Fellmantel hat dir erzählt, dass anal hundert Euro kostet. Das ist eine stolze Summe. Mach dir schon mal Gedanken darüber, was du alles tun musst, um diesen Betrag wert zu sein.«

Ich drückte mich bewusst kryptisch aus. Alexander sollte in den nächsten Tagen etwas zum Nachdenken haben, denn es war ja wirklich sein Wunsch gewesen, dass wir uns auch anderen Partnern »öffneten«.

MÄNNLICHE FONTÄNE

Mittlerweile hatten wir Ende November, und Alexander genoss nach wie vor die Tatsache, dass ich nicht nur seine Herrin war, sondern auch als professionelle Domina in einem SM-Studio arbeitete. Er zeigte weiterhin keine Spur von Eifersucht, im Gegenteil: Er wollte am liebsten alles ganz genau wissen, wenn ich von meinem Job heimkehrte, und am meisten genoss er es, wenn ich nicht nur Geschichten erzählte, sondern die damit verbundenen neuen Anregungen in unsere spezielle Beziehung miteinfließen ließ.

Zu dieser Zeit erlebte ich in meinem SM-Studio zum ersten Mal den Besuch des Asiaten mit. Er war wirklich einer und wurde von allen nur so genannt, da er selbst nicht die leisesten Anstalten machte, sich einen wie auch immer gearteten Tarnnamen zu geben. Namen, auch die der Frauen, waren ihm völlig egal. Er kam seit Jahren regelmäßig ins Studio und interessierte sich nur für eines: Wasserspiele der besonderen Art. Je mehr, desto besser. Als ich an diesem Freitagnachmittag im November den Aufenthaltsraum der Frauen betrat, erzählte mir zunächst niemand von der Anwesenheit des Asiaten. Ich bekam ihn auch erst einmal nicht zu Gesicht. Was mir jedoch sofort auffiel, war die Tatsache, dass ziemlich viele Frauen anwesend waren, mehr als sonst, und dass sie alle großen Durst zu haben schienen. Nur so konnte ich es mir erklären, dass sie alle Unmengen an Flüssigkeiten konsumierten und wenig sprachen: Die eine setzte die 1,5-Liter-Wasserflasche kaum ab, während die andere zwei Becher mit Kaffee vor sich auf dem Tisch stehen hatte und eine dritte sich in der angrenzenden Küche eine riesige Apfelsaftschorle mixte.

»Na, gab's heute Mittag extrascharfe Pizza, oder was ist hier los?«, fragte ich grinsend.

»Nein«, antwortete eine der passiven Frauen lapidar. »Der Asiate ist da.«

Das sagte mir nichts. Ich war ja erst seit vier Monaten dabei und musste den Mann bisher wohl jedes Mal verpasst haben, also fragte ich neugierig nach.

»Warum gehst du nicht in die Klinik und schaust ihn dir an?«, bekam ich zur Antwort, während weiterhin fleißig getrunken wurde. Sie waren doch sonst nicht so einsilbig …

Ich wollte es aber genau wissen und ging schließlich drei Türen weiter in die Klinik. Mein Blick wanderte durch den Raum – einen Asiaten konnte ich nirgends entdecken. Ich drehte mich bereits wieder zur Tür um, als ich von irgendwoher eine Stimme vernahm, die mich freundlich ansprach:

»Aaah, neue Dame bringen lecker Pipi, ne?«

Ich stutzte aus zwei Gründen – wo war er und was genau meinte er? –, dann beugte ich mich über das kleine Treppengeländer am Anfang der Klinik und erspähte ihn unter dem Arzttisch. Scheinbar hatte er das Öffnen der Tür gehört. Er lag nackt auf dem Rücken, auf einem Lack-Laken, mit dem Kopf in den Raum hinein und den Beinen unter dem Tisch. Sein Penis lag schlapp in einem Nest pechschwarzer Haare, richtete sich aber zeitgleich mit seinem Besitzer auf, als ich auf der Bildfläche erschien. Ich sah, dass er weder angekettet noch gefesselt, noch sonst irgendwie erkennbar SM-mäßig versorgt war. Was also machte er da?

Mit derselben Freundlichkeit wie zuvor stellte er seine Frage noch einmal:

»Neue Dame bringen lecker Pipi für chinesische Mann?«

Wohl kaum, dachte ich und verließ wortlos wieder den Raum. Das mussten mir meine Mitstreiterinnen jetzt aber erklären! Die kamen mir bereits in dem kleinen Flur entgegen. Eine grinste mich fröhlich an, ihre Sprache schien sie auch wiedergefunden zu haben, denn sie sagte:

»Das musst du dir angucken, sonst glaubst du es nicht! Am besten machst du auch gleich mit. Ist leicht verdientes Geld.«

Also wieder zurück in die Klinik. Selbstverständlich wollte ich mir anschauen, was da so getrieben wurde, aber ob ich teilnehmen würde, ließ ich noch offen. Urin oder Natursekt (kurz NS), wie es in unserem Fachjargon heißt, war für mich natürlich längst zum Begriff, wenn auch noch nicht zur Routine geworden. Viele devote Gäste stehen darauf, ihn auf ihrem Körper zu spüren, und einige trinken ihn auch gerne. Wahlweise »ab Quelle« oder stilecht aus einem Sektglas verabreicht. Was »ab Quelle« bedeutete, kann sich bestimmt jeder vorstellen. Nein? Okay. Es bedeutet, dass die Domina ihrem Sklaven die heiß begehrte Flüssigkeit direkt aus ihrem Körper heraus in den Mund spendet. Das läuft meist so ab, dass sie auf einem speziellen Toilettenstuhl sitzt und der zu Tränkende darunterliegt. So kann er der Domina zwar nicht ins Allerheiligste schauen, bekommt das Gewünschte jedoch trotzdem live und ohne Verzögerungen. Und muss es selbstverständlich auch aufnehmen, sprich: schlucken. Die Domina entscheidet selbst, ob sie den Gast direkt an dem sehr intimen Vorgang teilhaben lässt – natürlich ohne, dass er wirklich etwas sieht, weil sie dazu den Rock einfach nicht hoch genug hebt. Er hört dann aber trotzdem das anregende Geräusch, und alles andere bleibt seiner Phantasie überlassen. Oder sie entscheidet, dass sie lieber den »Umweg« über ein Gefäß wählt, den NS also vorher auf dem stillen Örtchen für sich allein abfüllt. Zumindest sollte sie das immer frei entscheiden und nicht vom Honorar und damit auch vom Wunsch des Sklaven abhängig machen.

Ich empfinde es immer noch als erheiternd, wenn ich daran denke, dass ich früher noch nicht einmal pinkeln konnte, wenn in einer öffentlichen Toilette die Kabine neben mir besetzt war!

Zurück zum Tag im Studio. In der Klinik befanden sich mittlerweile, außer mir, der Zuschauerin, fünf illustre Damen – zwei Dominas, zwei Aktiv-Passive und eine komplett nackte Sklavin. Zwei der Frauen hielten diskret Pappbecher in Händen. Zwei andere griffen beherzt nach dem Lack-Laken, auf dem der Asiate lag, und zogen es unter dem Schreibtisch hervor, sodass der Mann nun mitten im Raum lag. Die Sklavin schob auf Geheiß einer Domina, nennen wir sie Lady Esmeralda, den weißen Toilettenstuhl über seinen Kopf. Esmeralda setzte sich unter Gekicher und Gejohle der anderen darauf. Sie hatte einen kurzen Leder-Mini an, und ich war mir ganz sicher, dass sie keinen Slip darunter trug. Treffer! Denn sie ließ es laufen, und ich konnte das muntere Geplätscher bis zu meinem Aussichtspunkt auf der kleinen Treppe hören. Ich beugte mich etwas vor und sah den Asiaten mit seinem pechschwarzen Zopf aus schütterem Haar eifrig schlucken. Alles. Er bemühte sich nach Kräften, keinen kostbaren Tropfen zu vergeuden. Das war der *Sekt* der Frau mit dem halben Liter Apfelsaft, erinnerte ich mich. Während der gesamten Prozedur konzentrierte er sich nur auf die Aufnahme der Flüssigkeit. Sein

Penis war zwar erigiert, aber er berührte sich nicht. Nachdem das Geplätscher versiegt war, stand die Domina auf und der Stuhl wurde an seinen Platz an der Wand zurückgeschoben. Der Asiate bedankte sich liegend – und rülpste einmal kräftig. Die Ästhetin in mir verzog unwillkürlich den Mund. Unten ging es weiter mit der Sklavin, die offenbar nicht mehr lange mit der Vergabe warten konnte. Sie war zuvor die eifrige Kaffeetrinkerin gewesen und machte kraft ihrer Eigenschaft als Sklavin nicht viel Aufhebens, sondern nahm sich einen großen Plexiglas-Trichter von der Wand und hockte sich damit breitbeinig über den Gast. So bekam er richtig was zu sehen, aber auch ein weiteres Mal eine Menge zu trinken. Das gleiche Prozedere wie zuvor: Die eine ließ laufen, der andere schlürfte begierig. Als sie fertig war, hatte er bestimmt einen Liter NS intus, mutmaßte ich. Wo er das wohl alles ließ? Ich würde es nur zu bald erfahren, aber als Nächste befahl die zweite Domina dem Asiaten aufzustehen. Er gehorchte leicht schwankend, so als wäre er regelrecht trunken. Sie drückte ihm ihren drei Viertel gefüllten Pappbecher in die Hand und sagte nur:

»Ex!«

Der Asiate warf den Kopf in den Nacken und leistete dem Befehl Folge. Drei Sekunden später war der Becher geleert. Diese Mal rülpste er nicht nur vernehmlich, sondern hielt sich auch eine Hand vor den Mund. Hier war wohl dringend eine Pause angeraten. Dieser Meinung war allerdings wohl nur ich, denn der Zopfmann legte sich bereits wieder rücklings auf das Laken und lächelte beseelt, während die Sklavin ihm mit einem Tuch die Augen verband und eine der beiden Aktiv-Passiven ihre High Heels rechts und links neben die Ohren des Mannes platzierte und ihre Blase entleerte. Das Augentuch war danach unbedingt reif für die Wäsche, die Matte ebenfalls, aber auch der Asiate schien nun angeschlagen, denn er richtete sich plötzlich auf und gurgelte. Die Sklavin reagierte sofort, schließlich erlebte sie ihn nicht zum ersten Mal, und schnappte sich eine Nierenschale von der Kommode. Sie konnte sie ihm gerade noch vor das Gesicht halten, als der NS auch schon den Rückweg aus dem Magen antrat. Das war einerseits eklig, beantwortete aber auch meine Frage von vorhin sehr plastisch. Jetzt würde es aber wohl eine Pause geben, oder? Weit gefehlt! Da war ja noch der Plastikbecher der anderen Aktiv-Passiven, und den hatte sie schließlich nicht zum Spaß gefüllt. Dem Gast schien es nach seiner spontanen Erleichterung schon wieder blendend zu gehen, denn er führte sich einen weiteren NS-Drink zu Gemüte. Die anderen Frauen hatten die »Klinik« bereits wieder verlassen, und ich glaubte zu wissen, was sie gerade taten: Trinken! Und wie das oft so ist, wenn man eine Weile neben laufendem Wasser gestanden hat: Man musste selbst. Zumindest erging es mir so. Da es sich aber nur um eine reine Verköstigung und keine kreative Session handelte, wählte auch ich die schlichte Variante, füllte unter Ausschluss der Öffentlichkeit ein Glas ab und freute mich über mein leicht verdientes Taschengeld.

Ein Stammgast war pünktlich um achtzehn Uhr erschienen und hatte sich von mir kunstvoll bondagen lassen, um sich dabei im gegenüber angebrachten Spiegel ausgiebig zu betrachten. Er liebte es, die straffen Seile auf seinem Körper zu spüren, besonders, wenn sie delikate Stellen berührten und sich an ihnen rieben. Spontan rief ich Kolleginnen hinzu, die ihn und das Bondage begutachteten und ihn dabei nach Lust und Laune berührten. Eine Aktiv-Passive mit gutem Gespür für den Augenblick schenkte ihm eine

Handentspannung und brachte ihn mit versiertem Auf und Ab dazu, seinen Höhepunkt im Spiegel mitzuerleben. In einer Mischung aus Euphorie und Entspannung verabschiedete der Gast sich mit dem Versprechen, bald wiederzukommen. Auch ich war rundum zufrieden und ließ, wie immer, den Studiotag auf der Heimfahrt Revue passieren. Ich dachte an den Asiaten, der noch zwei weitere NS-Runden mit mehreren Damen hinter sich gebracht und erst bei der letzten die zusätzliche sexuelle Komponente integriert hatte. Die Nierenschale musste noch ein weiteres Mal herhalten, dann begab er sich in die Dusche und optionierte bereits den nächsten Termin vier Wochen später. Die für die Reinigung zuständigen Haussklaven brachten die »Klinik« wieder in Ordnung, während wir im Aufenthaltsraum spaßeshalber die Menge NS zu errechnen versuchten, die der Asiate insgesamt geschluckt hatte. Wir kamen dabei auf über vier Liter, mochten das aber selbst kaum glauben und legten das Thema ad acta. Während der Autofahrt merkte ich jedoch, dass mir die Sache keine Ruhe ließ und sein Ventil im privaten Bereich suchte: Ich wollte auch etwas in der Art veranstalten. NS ohne Ende! Ein Szenario in meinem Kopf nahm Gestalt an. So ähnlich, wie ich das ein paar Stunden zuvor erlebt hatte – und doch ganz anders. Beschwingt fuhr ich meinem Zuhause entgegen und war gespannt, was Alexander zu meiner Idee sagen würde. Damit meinte ich, was er *hinterher* dazu sagen würde. Vorher würde er keine Gelegenheit dazu bekommen, schließlich war ich Domina und kein Diskussionsforum.

Ich plante meine Aktion für den übernächsten Tag, einen Sonntag, an dem ich nicht arbeiten musste. In der Wohnung angekommen, überließ ich mich genüsslich weiteren Phantasien, sagte aber nichts. Auch den Asiaten verschwieg ich. Alexanders feines Gespür war mir nur zu gut bekannt. Es wurde ein ganz besonders harmonischer Abend, an dem wir uns über alles Mögliche unterhielten, Spaghetti kochten und zum Ausklang gemütlich vor dem Fernseher abhingen. SM fand dabei höchstens in unseren Köpfen statt.

Am Sonntagmorgen holte Alex Brötchen für unser Frühstück, während ich Kaffee kochte und den Tisch deckte. Ich liebte dieses Kontrastprogramm unendlich: Während meine Hände mechanisch alltägliche Arbeiten verrichteten, war mein Kopf mit wilden SM-Szenarien beschäftigt. Auch für mich war die Vorfreude oft die schönste Freude.

Nach dem Frühstück lasen wir Zeitung und unterhielten uns über den einen oder anderen Artikel. Ich sagte:

»Koch noch eine Kanne Kaffee.«

»Nö, ich habe genug. Lieber später noch einen Saft.«

»Alex, geh in die Küche und koch Kaffee!«

Er hob den Kopf wie der Pawlow'sche Hund und marschierte nach nebenan. Ich hörte Wasser laufen, Besteckgeklapper und einen Dosendeckel, der geschlossen wurde. Ich sah auf die Uhr, es war Punkt zwölf am Sonntagmittag. High Noon. Einen Raum weiter blubberte die Kaffeemaschine fröhlich vor sich hin und verströmte den gewohnt köstlichen Duft.

»Räum den Tisch ab, ich brauche Platz, um mir die Nägel zu lackieren.«

Alexander erschien mit enttäuschtem Gesicht am Esstisch: Nägel lackieren bedeutete, dass ich meine Finger in absehbarer Zeit nicht für ihn würde gebrauchen können. Genau diesen Gedankengang hatte ich beabsichtigt. Alex brachte mir Nagellackentferner, Wattepads und den dunkelroten Lack, den ich zu dieser Zeit am liebsten benutzte. Ich konzentrierte mich auf meine Nägel, und Alex holte den frischen Kaffee, eine komplette Kanne voll, aus der Küche, um mir nachzuschenken.

»Nein, ich will keinen Kaffee. Er ist für dich.«

Er schenkte sich ein und wollte die Kanne zurück in die Küche tragen. Ich stoppte ihn.

»Nein. Lass die Kanne hier auf dem Tisch stehen.«

»Aber dann wird er doch kalt ...«

Widerworte. Immer diese Widerworte. Häwelmann, die Nervensäge ... Ich sah ihn nur einmal kurz an, blieb aber ruhig, und so stellte er die Kanne auf eine Keramikfliese. Ich widmete mich wieder meinen Nägeln. Alex wurde ein wenig unruhig.

»Möchtest du mit mir über irgendetwas reden, Schatz?«

Ich ließ den Schatz so stehen, noch, vielleicht auch, weil die spießige kleine Gefährtin sich immer besonders über diesen Kosenamen freute.

»Trink aus!«, antwortete ich.

Alexander mochte es, Heißes zu trinken, und das machte ich mir nun zu eigen. Ich hatte den alten Nagellack entfernt und sah Alex dabei zu, wie er brav seinen Becher leer trank. Er stellte ihn geräuschvoll auf den Tisch zurück und sah mich an.

»Nachgießen. Austrinken«, sagte ich und war gespannt, ob Alexanders Sinne genug geschärft waren, um gleichzeitig die benutzten Wattepads wegzuräumen. Lächelnd nahm er sie auf und warf sie nebenan in den Mülleimer. Dann setzte er sich wieder zu mir und machte sich über den Kaffee her. Ich trug roten Nagellack auf, Alex griff zum Sportteil der Zeitung. Ich sah auf.

»Ich möchte nicht, dass du jetzt liest. Ich will, dass du den gesamten Kaffee austrinkst.«

Ungefähr zu dem Zeitpunkt, als ich mit dem Lackieren

fertig war, hatte Alex die Kanne leer getrunken und sah mich erwartungsvoll an. Ich ignorierte ihn, und er blieb untätig sitzen.

»Hol dir ein Glas und eine Flasche Apfelsaftschorle aus dem Kühlschrank. Dann lackier mir meine Fußnägel.«

Mein Freund gehorchte wortlos und zog mir die Socken von den Füßen. Meine Zehennägel waren bereits ohne Lack, und Alex griff nach dem roten Fläschchen.

»Erst ein Glas Schorle trinken«, befahl ich.

Er stellte das Fläschchen wieder ab und schenkte sich ein halbes Glas Schorle ein.

»Voll, bis obenhin!«

Er zog eine Augenbraue hoch, füllte jedoch das Glas auf, trank es zügig aus und widmete sich meinen Zehennägeln. Nach zwei weiteren Gläsern sahen meine Füße perfekt aus. Ich wackelte entspannt mit den Zehen, um dem Lack beim Trocknen zu helfen. Alexander stand auf und war im Begriff, das Wohnzimmer zu verlassen.

»Wohin?«, fragte ich.

»Zur Toilette«, antwortete er lächelnd.

»Nein, nicht zur Toilette. Du wirst erst dann wieder pinkeln, wenn ich es dir erlaube.«

»Maus, was soll das? Willst du, dass ich platze?«

»Soll ich dir die Wahrheit sagen, Alex? Ja, es kann sein, dass *deine Herrin* möchte, dass du platzt. Zumindest wird sie das ernsthaft in Erwägung ziehen, wenn du weiterhin blöde Fragen stellst oder Widerworte gibst.«

»Ja, Herrin.«

Alexander war im Spiel angekommen. Geht doch, dachte ich.

Als Nächstes ging ich ins Bad und ließ ihn bei geöffneter Tür zuhören, wie ich mich genüsslich erleichterte. Dann drehte ich den Wasserhahn auf, um mir die Zähne zu putzen. Plätscher, plätscher, plätscher. Was für eine Marter musste das für jemanden sein, der bereits seit einiger Zeit sehr gerne zur Toilette gegangen wäre? Ich schlenderte zurück ins Wohnzimmer und warf einen Blick auf sein Gesicht, als ich meine Schminkutensilien aus der Handtasche holte. Er beobachtete mich aufmerksam und sah nicht gerade entspannt aus. Ich ging zum Tisch, goss Apfelsaftschorle in sein leeres Glas und reichte es ihm.

»Trink. Die Flasche ist noch nicht leer. Erst wenn sie leer ist, werde ich mich damit beschäftigen, wie du zu deiner Erleichterung kommst. Vorher nicht.«

Ich ging mich schminken. Sehr sorgfältig, wie immer. Als ich bei meinen Wimpern angekommen war, hörte ich Schlüssel klappern. Damit hatte ich gerechnet und stellte mich in unseren Flur.

»Wohin?«

»Nur zum Auto. Zigaretten holen, Herrin.«

»Natürlich. Und dann pinkelst du an den nächsten Baum, wie ein Hund.«

Netter Versuch. Alexander sah schräg an mir vorbei, und ich sagte:

»In meiner Handtasche ist eine neue Schachtel Zigaretten. Du darfst dir eine nehmen. Und gib mir auch eine.«

»Ja, Herrin.«

Würde man ihn zeichnen, hätte er jetzt auf jeden Fall Blitze und Totenköpfe in seiner Denkblase. Blase, haha! Aber dafür konnte ich ihn nicht belangen, solange er nicht meckerte. Alex brachte mir eine angezündete Zigarette ins Bad und ließ mich ziehen.

»Hast du alles ausgetrunken?«

»Fast. Vielleicht ein Glas noch.«

Er schielte sehnsüchtig auf die Kloschüssel hinter mir, aber ich schob ihn aus dem Bad. Die Gefährtin hätte ihm am liebsten den Klodeckel hochgeklappt und fragte mich, was ich denn noch mit ihm vorhatte – er würde ja schließlich bereits seit einer Weile unter seiner vollen Blase leiden … Ja, was genau wollte ich eigentlich? Ich hatte mehrere Möglichkeiten in Betracht gezogen, und eine davon schien mir nun so verlockend, dass ich sie gleich realisieren wollte. Dabei wollte ich gerne auf den vorausgegangenen Sessions aufbauen, damit Alexander eine Steigerung erfuhr. Eine Steigerung des Gehorsams und der Demütigung. Bei der ersten Session dieser Art war er zwar nackt, konnte sich aber frei bewegen und notfalls verstecken. Bei der zweiten Session war er auch wieder nackt, aber schutzlos angekettet. Und nun wollte ich noch einen entscheidenden Schritt weitergehen …

Die Flasche im Wohnzimmer war mittlerweile leer. Ich schickte Alex in den Flur, Schuhe anziehen, und packte währenddessen mal wieder ein kleines Täschchen mit diesem und jenem zusammen. Ich selbst wollte heute normale Freizeitkleidung tragen. Das Gelände würde für hochhackiges Schuhwerk zu uneben und das Wetter für ein SM-Outfit zu kalt sein.

»So. Wir gehen mal wieder an die frische Luft, mein Sklave. Möchtest du direkt nackt ins Auto steigen oder willst du dich wie sonst im Auto ausziehen?«

»Ich will eigentlich nur pinkeln, um ehrlich zu sein.«

Das sollte witzig sein, aber ich konnte nicht lachen. Stattdessen ging ich in die Küche, nahm einen Kaffeepott, füllte ihn mit Leitungswasser und drückte ihn Alexander in die Hand. Er war ehrlich entsetzt.

»Ich kann keinen Tropfen mehr trinken, Herrin. Mir platzt gleich die Blase.«

»Entweder du trinkst das jetzt oder du bekommst noch einmal hundert Schläge auf den Schwanz, fünfzig davon nur auf die Eichel. Du hast die Wahl.«

Das Spiel mit der Wahl war besonders im privaten SM sehr beliebt: Der Sub, also der Unterlegene, sollte immer eine Wahl haben, um frei entscheiden zu können. Das Sadistische daran war natürlich, dass die sogenannte Wahl immer noch ungleich schlimmer war als die Strafe, die der Dom, also der dominante Part, sich für sein Lieblingsopfer ausgedacht hatte. Die Erinnerung an seinen geschundenen Penis schien noch zu lebendig zu sein, als dass Alex die gleiche Strafe noch einmal riskieren wollte – also trank er, langsam und bedächtig, als wolle er seiner Blase Zeit für die erforderliche Ausdehnung geben. Die Gefährtin machte die Sadistin allmählich nervös mit ihrem Gejammer, dass der Geliebte nun bestimmt schon fast drei Liter getrunken und seit einer Ewigkeit nicht mehr gepinkelt habe. Die Sadistin blieb hart, sie wollte ihr Experiment durchziehen. Basta.

Als wir das Haus verließen, ging Alex bereits völlig eingeklemmt. Er schien ganz offensichtlich dringend zu müssen. Das war ein Grund, warum ich nicht vorhatte, mein Auto zu benutzen. Ein weiterer Grund war, dass ich in den Wald wollte, und zwar in einen Teil des Waldes, durch den Alex letztens nachts nach Hause »spaziert« war. Dorthin konnten wir gut zu Fuß gehen, und ich lief nicht Gefahr, dass er in meinem Auto die Kontrolle über seine Blase verlor. Wir sprachen nicht auf dem Weg, und unser Schweigen wurde nur von gelegentlichen Seufzern meines menschlichen Eigentums unterbrochen. Das steigerte meine Nervosität noch ein wenig, aber es stachelte auch meine Freude an. Ein Ehepaar mit zwei Rauhaardackeln kam uns entgegen. Ja, es handelte sich hier nicht um ein völlig einsames Waldstück, und Sonntag war Spaziergehtag! Ein kurzer Blick in Alexanders Gesicht, es sprach Bände: Ihm war es völlig egal, ob ihm zwei oder elf Spaziergänger dabei zuguckten, er wollte nur eines – pinkeln! Das sollte er gleich auch dürfen, wenn auch auf eine ganz spezielle und wenig charmante Art und Weise. Ich hatte mich in der letzten Zeit im Internet und in Gesprächen mit Gleichgesinnten verstärkt mit dem Thema Natursekt beschäftigt, mit dem, was dahintersteckte. Oder dahinterstecken konnte. So hatte ich erfahren, dass es für einige Subs eine besonders große Form der Erniedrigung darstellte, wenn auf sie uriniert wurde. Andere empfanden es als große Ehre, wenn die Herrin ihnen ihren kostbaren *Sekt* spendete. Anders verhielt es sich jedoch meist bei Spielen, die sich dem Eigenurin des Sklaven widmeten: Hier galt es sehr oft, Scham und Ekel zu überwinden, falls das überhaupt möglich war. Wenn die Herrin es allerdings unbedingt wünschte, war es natürlich schwierig, sich dem zu widersetzen …

Nachdem uns noch eine weitere Spaziergängerin mit ihrem Hund begegnet war, verließ ich den Weg und kletterte einen Trampelpfad an einem Abhang hinauf. Alexander folgte mir ächzend. Wir kamen auf eine kleine Lichtung. Dieser Ort erschien mir ideal, außerdem drängte ja die Zeit, also, Alex drängte sie, und ich wollte nun auf dieser Lichtung meinen experimentellen Höhepunkt genießen. Dafür musste mein unglücklicher Freund sich wieder einmal komplett entkleiden und sich anschließend auf den Waldboden legen. Trotz der facettenreichen Bedrängnis, in der er sich befand – er litt unter enormem Harndrang und Spaziergänger liebten diesen Wald, vor allem am Wochenende –, stand sein Penis keck in die Höhe. Das waren ideale Voraussetzungen für mich, wie er da so in seiner gesamten

Verletzbarkeit lag. Ich überlegte, ihm die Hände auf dem Rücken zu fesseln, aber stattdessen knebelte ich gedanklich die Gefährtin, damit sie mir nicht weiter auf den Wecker ging, und zog eine Ledermaske aus meiner Plastiktüte, die ich Alex über den Kopf zog. Nun war seine Orientierung noch weiter eingeschränkt und seine Wahrnehmung proportional dazu geschärft. Einen Moment lang beobachtete ich ihn nur. Unsicher bewegte er seinen Kopf hin und her.

»Herrin, sind Sie noch da?«, fragte er unsicher.

Ich ließ ihn zappeln und kramte leise meine Kamera aus der Tüte, um unserem ganz privaten SM-Archiv einen weiteren filmischen Leckerbissen hinzuzufügen. Ich begann zu filmen, wie Alex sich auf dem mit Blättern übersäten Waldboden wand. Dabei versuchte er auch immer wieder vergeblich, sein Geschlecht nach unten zu biegen, aber die Erregung war stärker. Dann rief er kläglich:

»Herrin, bitte!«

»Warte noch einen kleinen Moment, Alex. Tu es für mich!«

Ich sah mich aufmerksam um, keiner zu sehen, zum Glück. Ich wollte ja niemanden erschrecken. Außer Alex, natürlich. Ich beschloss, grünes Licht zu geben.

»Okay, Alex. Halt den Schwanz senkrecht. Jetzt darfst du pinkeln, und wehe dir, du weichst dem Strahl aus!«

Gespannt verfolgte ich das bizarre Bild durch den Sucher meiner Kamera. Plötzlich kam Leben in die Szene. Alexander entwickelte sich zu einem Springbrunnen mit unberechenbarer Fontäne, wie ein wild gewordener Gartenschlauch: Er spritzte und sprühte in alle Richtungen. Dabei »leider« am meisten auch auf seinen Kopf, der nur teilweise durch die Maske geschützt war. Trotzdem traf er seine Augen und den Mund. Und es schien überhaupt nicht mehr aufzuhören. Ich musste laut lachen, so absurd sah das aus. Alex, der mich hörte, lachte mit, hauptsächlich aus Erleichterung. Dann versiegte der Strahl, allerdings nur, um eine Sekunde später wieder in die Höhe zu schießen. Meine Güte, was musste er gelitten haben! Als mein devoter Hydrant endlich versiegte, war die Gefährtin nicht mehr zu halten: Sie riss sich den Knebel aus dem Mund, schleuderte ihn beiseite und rannte zu ihrem Geliebten. In der Tüte fand sie ein Handtuch, mit dem sie ihn notdürftig sauber tupfte, sodass er wieder in seine Kleidung schlüpfen konnte. Die Sadistin wollte so schnell wie möglich nach Hause, um sich den Film anzuschauen und festzustellen, wie lange genau die Pinkelaktion gedauert hatte. Eine Minute? Weniger? Oder sogar mehr?

Später, als Alex geduscht auf der Couch lag, wollte ich ihn unbedingt etwas fragen.

»Wie war das für dich, als du da so auf dem Waldboden gelegen hast, nackt und über und über mit deinem eigenen Urin besudelt? War das sehr erniedrigend für dich?«

»Überhaupt nicht!«, lachte er. »Das war mir so egal! Wenn du willst, kann ich das ganze Zeug das nächste Mal auch trinken. Ich war nur froh, dass ich endlich pinkeln durfte.«

Die Sadistin war enttäuscht und hatte fast die Lust daran verloren, herauszufinden, wie lange »es« denn nun gedauert hatte, da fügte er noch hinzu:

»Aber was wirklich richtig schlimm war, das waren die anderthalb Stunden davor, in denen ich so viel trinken musste, nicht aufs Klo durfte und vor allem nicht wusste, was du vorhattest. Ich hätte nie damit gerechnet, dass du mich nackt da draußen hinlegen würdest, um mich dann auch noch zu filmen!«

Nun lächelte die Sadistin geschmeichelt und sah sich den nagelneuen Film an. Endlich konnte ich die Zeit messen: Eine Minute und dreizehn Sekunden. So lange hatte Alexander gepinkelt, bis seine Blase leer war. Wow! Das hatte Spaß gemacht. Dann fiel mir etwas ein. Was hatte Alex eben gesagt?

»Wenn du willst, kann ich das ganze Zeug das nächste Mal auch trinken.«

Mist. Genau das hatte ich vorgehabt. Und es war jetzt schon klar, dass ihm das überhaupt nichts ausmachen würde. Ich hatte es befürchtet, also konnte ich mir eine solche Aktion auch gleich sparen. Dabei hatte ich so eine nette Idee ... »Hütchenspiel« hatte ich sie für mich getauft. Aufgeben wollte ich sie aber auf keinen Fall, dazu interessierte mich ihr Verlauf zu sehr. Ich überlegte intensiv, während ich mich an Alexander kuschelte und durch den Fernseher hindurchschaute. Und plötzlich wusste ich, wen ich damit beglücken würde ...

DAS HÜTCHENSPIEL

»Wie heißt du?«, hatte ich ihn bei unserer ersten Begegnung gefragt.

»Sie können mich Mike nennen, Herrin«, hatte er geantwortet.

»Warum?«

»Ich soll einem gewissen Musiker ähnlich sehen ...«

Stimmt. Als er es sagte, sah ich es auch. Er dürfte sogar das gleiche Alter gehabt haben.

Mike ist der vermeintlich klassische Gast eines kommerziellen SM-Studios: selbstbewusst, erfolgreich und in einflussreicher Position. Besser: in einer typischen Machtposition. Kurz: Er ist Richter an einem deutschen Landgericht. Ich weiß das, weil ich Mike seit dem Beginn meiner Tätigkeit als Domina kenne. Meine Kolleginnen haben mir damals brühwarm erzählt, was er tut, wenn er nicht nackt auf dem Boden kniet und seiner Herrin hingebungsvoll die Stiefel leckt. Später hat er sich mir selber anvertraut, weil er über eine hervorragende Menschenkenntnis verfügt und genau weiß, dass er mir vertrauen kann. Warum bezeichne ich ihn als *vermeintlich klassisch?* Weil bestimmte Berufsgruppen prädestiniert dafür zu sein scheinen, auf SM zu stehen. Richter, Anwälte, Mediziner, Politiker, Polizisten und mittelständische Unternehmer gehören auf jeden Fall zur bevorzugten Zielgruppe. Bitte jetzt keinen Entrüstungssturm: Viele Studiobesucher rekrutieren sich aus einer dieser Gruppen – aber nicht alle! Es gibt durchaus auch Arbeiter, Rentner, Arbeitslose, Studenten und Lehrer. Um nur einige zu nennen. Auch bestimmte Handelsmessen ziehen ihre Kreise bis in die Studios. Ich kann mich dabei nur auf meine Erfahrung in Düsseldorfer und Wuppertaler Studios beziehen. Man mag kaum glauben, was sich dort zu Zeiten der »Medica«, der großen medizinischen Fachmesse, so alles an Ärzten und Pharmazeuten tummelt. Oder wenn Schuhmesse ist: Dann sind unter den Gästen plötzlich besonders viele Schuh- und Fußliebhaber, die ihrem Fetisch frönen wollen. Es gibt noch ein weiteres Klischee, das zu gleichen Teilen berechtigt wie unberechtigt ist: Je größer die Verantwortung ist, die jemand trägt, umso stärker ausgeprägt kann das Bedürfnis sein, all diese gebündelte Verantwortung hin und wieder mal an der Eingangstür eines bizarren Studios abzugeben und erst beim Verlassen wieder auf die Schultern zu laden. Das leuchtet doch ein, oder? Es ist genauso ein Ausgleich wie der Ausdauersport zur sitzenden Tätigkeit. Oder der Karibikurlaub nach einem Jahr Dauerstress. Ich glaube, der Letztere ist der beste Vergleich, denn er deckt sich mit den Aussagen zahlreicher Gäste, die ich in meiner Obhut hatte: Eine SM-Session ist wie Urlaub vom täglichen Ich. Und das wiederum gilt auch für Menschen, die nicht dieselbe Last der Verantwortung tragen wie oben genannte Berufsgruppen, aber trotzdem das tiefe Bedürfnis haben, hin und wieder einfach mal abzutauchen.

Zurück zu Mike, der sich mindestens einmal monatlich im Studio »ausgleichen« ließ. Er war von kräftiger und trainierter Statur und konnte rein optisch gut als echtes Mannsbild durchgehen. Wenn er überhaupt devot war, dann nur ein bisschen. Dafür liebte er Qualen, physische und psychische – weshalb er immer gern zu mir kam. Wir ließen uns dabei auch nicht davon abhalten, dass er keine sichtbaren Spuren davontragen durfte. Im Gegenteil: Das spornte uns höchstens an. Außerdem liebte auch er es, für eine Weile die Kontrolle abzugeben. Wer konnte es ihm verdenken, bei einer gefühlten Million Verurteilten unter seinem Vorsitz? Im Studio kam ihm anfangs immer mal wieder der Richter in die Quere, dessen Autorität mit den Befehlen einer Domina kollidieren konnte. Dieses Problem hatten wir jedoch schnell gelöst: Ich machte ihm unmissverständlich klar, dass, wenn er einmal das Haus betreten und sich für mich entschieden hatte, es keinen Ungehorsam und keine Widerworte mehr gab. Selbstverständlich vereinbarten wir ein Stopp-Wort, das ihn sofort erlösen würde, aber er war gehalten, es möglichst nicht zu gebrauchen, um unser respektvolles Miteinander nicht zu gefährden. Er ließ sich darauf ein, und so erweiterten wir seine Grenzen kontinuierlich. Ich brachte ihn dazu, mit Urin zu experimentieren. Sehr bald liebte er es, wenn der Natursekt seiner Domina über seinen Körper floss und er sich in seinem Strahl selbst befriedigen konnte. Was er jedoch gar nicht mochte, war, den besonderen Saft auch zu konsumieren. NS zu schlucken war gar nicht sein Ding. Da kam ihm zunächst die Ratio in die Quere. Urin sei etwas, das der Körper ausscheide, weil es ein Abfallprodukt sei. Und dieses Abfallprodukt wolle er nicht trinken, das sei nicht gut für ihn. Ich hatte so meine Pläne und erklärte ihm, dass es eine Ehre für jeden Sklaven sei, wenn die Herrin ihm ihren Sekt zu kosten gibt, und forderte ihn auf, darüber nachzudenken. Er hörte mir aufmerksam zu und versprach, sich bis zu unserem nächsten Treffen Gedanken darüber zu machen. Wir setzten diese Unterhaltung also fort, und zwar *vor* der darauffolgenden Session, als er bereits entkleidet vor mir kniete.

Das ist eine völlig andere Gesprächsbasis, als wenn er mir *hinterher* entspannt und in Straßenkleidung gegenübersteht. Ich hatte die Situation bewusst so gewählt, um meine Wünsche durchzusetzen.

»Hast du neue Erkenntnisse zum Thema Natursekt gewonnen, Mike?«

»Ja, Lady Ariana. Es ist bestimmt eine große Ehre …«

»Du willst ihn aber trotzdem nicht trinken, verstehe ich das richtig?«

»Die Vorstellung, Urin zu trinken, ist für mich erniedrigend …«

Ich dankte ihm innerlich für diese wundervolle Vorlage und schaute ihn streng an.

»Du willst mir sagen, dass es für dich erniedrigend ist, meinen NS zu trinken? Ich bin sehr enttäuscht von dir.«

Machen wir es kurz: Aus dieser Nummer kam er natürlich nicht mehr raus und willigte ein, es zumindest einmal zu probieren. Mir, seiner Herrin, zuliebe. Das mag dem Leser jetzt komisch oder gar unglaubwürdig vorkommen – ein Richter, intelligent und die Überlegenheit von Berufs wegen geradezu gewohnt –, aber genau so funktioniert SM: Du hast eine Neigung, der du gelegentlich oder regelmäßig nachgibst, und du bekommst deinen Kick aus dem »Verbotenen« oder den wechselnden Genüssen. Oft weißt du erst hinterher, ob es ein echter Genuss ist oder ob es der pure Horror deiner ursprünglichen Vorstellung bleibt – nur, wer es nie ausprobiert, der wird es auch nie herausfinden. Und genauso tickte auch mein Richter, also hing er willig, wenn auch skeptisch, an meiner Angel. Um ihm die vermeintliche Tortur zu versüßen, erlaubte ich ihm, bei der Abfüllung zuzusehen. Natürlich sah auch er nicht das Geheimnis selbst, weil es von einem Rock bedeckt wurde. Aber er sah, wie ihm eingeschenkt wurde. Das mochte er sehr. Dann schüttete ich lediglich einen kleinen Schluck meines Destillats in sein halb volles Sektglas, das er immer zum Auftakt jeder Session serviert bekam. Auf meinen Befehl hin kippte er den gesamten Inhalt in seine Kehle. Mit meinen Händen verschloss ich seinen Mund und erlebte den kurzen Kampf der Flüssigkeit in seiner Speiseröhre, dann entschied sie sich für den Weg nach unten in Mikes Magen. Ich lobte ihn und sagte ihm, wie stolz ich auf ihn sei, dass er das für mich getan habe. Nach und nach veränderte ich das Mischungsverhältnis, bis Mike ein Pinnchen meines NS pur aufnahm, ohne mit der Wimper zu zucken. So weit waren wir also schon gediehen, aber nach den Erlebnissen mit dem Asiaten und Alexander wollte ich mehr, und er war der perfekte Kandidat dafür. Das sagte ich ihm auch, und ich sah die Bedenken in seinen Augen. Auch wenn er nicht ahnte, was genau ich mit ihm vorhatte, so wusste er doch, dass es Neuland für ihn bedeuten würde.

An einem ruhigen Nachmittag im Winter trafen wir ein weiteres Mal aufeinander und eröffneten die Session damit, dass er »seine« Herrin wie gewohnt begrüßte. Zu diesem Zweck kniete der Richter nackt auf dem Boden und beugte sich nach vorne, bis seine Nase meine Stiefel berührte, die er dann sorgfältig sauber zu lecken begann. Meist waren sie dank Alexanders Pflege blitzblank, dann schmeckte er höchstens ein wenig Schuhcreme. Manchmal, vor allem, wenn es heftig geregnet hatte, drehte ich aber vorher extra eine Runde durch den patschnassen Garten, der zum Studio gehörte. Dabei achtete ich darauf, nicht auf dem Weg, sondern durch die nasse Erde zu laufen. Das war eine ganz schöne Schweinerei, die Mike im Anschluss wegputzen musste. Wenn ich ihn dabei beobachtete, wie der Dreck unter seiner Zunge verschwand, stellte ich mir den kräftigen Mann gerne mit schwarzer Robe im Gerichtssaal vor. Streng, gefürchtet und unerbittlich. Vor mir jedoch lag er auf dem Boden und verrichtete niedere Arbeiten. Das machte mich an. Auf meine Art. Als meine Stiefel wieder glänzten, gab ich ihm Wasser zu trinken, damit er seinen Mund ausspülen konnte. Mike hatte an diesem Tag eine zweistündige Session gebucht. Das gab uns Raum für ausgiebige Spiele und mir die Gelegenheit zur Umsetzung meines Plans.

Wir befanden uns im Hauptraum des Studios.

»Weißt du, was ›Bastonade‹ bedeutet, Mike?«

»Nein, nie gehört, Herrin.«

»Hast du dich schon einmal mit Fußreflexzonen-Massage beschäftigt?«, fragte ich weiter.

»Nein, nicht wirklich. Ich weiß nur, dass es am Fuß gewisse Punkte gibt, die Verbindungen zu Organen und anderen Körperteilen haben sollen.«

Mike war gebildet. Das mochte ich. Mike war aber auch verwirrt. Er war durch das abschließende Gespräch unserer letzten Session auf NS gebürstet. Das war ich auch. Aber ich wäre keine gute Sadistin, wäre ich für meine Sklaven und Gäste transparent wie ein Glas Wasser. Also ließ ich ihn zappeln, verwirrte ihn. Und Bastonade war obendrein ein feines Spiel, das ich mit Begeisterung inszenierte. Bastonade kommt aus dem Französischen und bedeutet »schlagen« oder auch »prügeln«. Beliebte Instrumente sind Ruten, Stöcke und schmale Gerten. Aber das war Mike offensichtlich kein Begriff.

»Ja, da ist schon viel Wahres dran. Ich werde dir einige dieser Punkte zeigen, und dann schauen wir mal, womit du sie verbindest. Leg dich auf die Streckbank!«

Mike setzte sich gehorsam auf die Bank und legte sich auf den Rücken.

»Andersherum, Mike!«

Er dreht sich um und legte den Kopf zur Seite, um mich beobachten zu können. Ich verschwand – natürlich – aus seinem Blickfeld und ging ans Fußende der Streckbank.

»Spreize die Beine.«

Seine Beine bildeten ein erfreulich weit geöffnetes »V«, das mir bequem die Möglichkeit bot, seine Fußgelenke in den dafür vorgesehenen Ledermanschetten zu fixieren. Seine Fußsohlen hingen nun knapp über das Ende der Streckbank hinaus und boten sich mir ungeschützt dar. Ich strich einmal mit meinen Fingerspitzen über eine der Sohlen, und der kräftige Richter zuckte energisch mit dem Fuß, konnte aber nichts gegen die Fesselung ausrichten.

»Du bist doch nicht etwa kitzelig, Mike?«

»Natürlich nicht«, log er besorgt.

Ich ging langsamen Schrittes hinüber zu den Schlaginstrumenten, die zum Teil aufgereiht an der Wand hingen oder in einem Behälter standen. Ich entschied mich spontan für eine Gerte, die normalerweise im Reitsport eingesetzt wird und an deren oberem Ende sich eine kleine lederne Hand befindet. Sie sieht niedlich aus – ist es aber nicht unbedingt immer. Ich setze sie gerne für Bastonaden ein, weil sie sich hervorragend zur dramatischen Steigerung eignet. Ich wollte traditionell mit den Fersen beginnen, in denen nicht so viele neuralgische Punkte und Nerven beheimatet sind wie in der restlichen Fußsohle. Auf dem Rückweg zur Bank schlug ich die kleine lederne Hand spielerisch gegen meine Handfläche. Ja, das würde Spaß machen. Mike versuchte weiterhin, einen Blick auf mich und mein Tun zu erhaschen, aber sein Bewegungsradius war durch die Fixierung seiner Fußgelenke und sein Körpergewicht stark eingeschränkt. Außerdem war er immer bemüht, *cool* zu wirken. Ich strich ein weiteres Mal mit meinen Fingerkuppen über seine Fußsohlen und registrierte mit Freude sein erneutes Sträuben. Dann schlug ich mehrmals fest auf seine Fersen. Er zog heftig an den Manschetten, und ich wanderte hinauf zu seinem Kopf. Die Gerte verbarg ich hinter meinem Rücken.

»Mike, wegen deiner Zappelei. Ich habe zahlreiche Möglichkeiten, deine Füße und den Rest deines Körpers derart an der Bank zu fixieren, dass du keinen Millimeter Spielraum mehr hast«, dozierte ich und ging dabei vor seiner Nase ein paar Schritte auf und ab. »Ich kann auch noch deine Handgelenke festtackern und deine Fußgelenke mit einer Spreizstange verbinden und dadurch ruhigstellen. Außerdem könnte ich zusätzlich deine Zehen miteinander verbinden und am kurzen unteren Ende der Streckbank festbinden.«

Mike folgte mir aufmerksam mit den Augen, so gut es ging.

»Ich kann es aber auch so lassen, wie es jetzt ist, und wir machen Folgendes: Ich sage dir jetzt, dass du dich auf zwanzig Schläge auf deine Fußsohlen einstellen kannst – und jedes Mal, wenn ich auch nur den Hauch eines Zappelns bemerke, fange ich wieder von vorne an zu zählen. Du hast die Wahl.«

Da war sie wieder, die liebe Möglichkeit der Wahl im Spiel von Herrin und Sklaven.

»Ich werde nicht mehr zucken, Herrin.«

»Okay. Dann beginne ich jetzt mit den zwanzig Schlägen. Bist du bereit?«

»Ja, Herrin.«

Mike spannte seinen muskulösen Körper an und wartete. Ich tat ... nichts. Ich wanderte einmal zu seinen Füßen – und dann wieder hinauf zu seinem Kopf, wo ich sah, dass er die Augen fest geschlossen hatte. Ein Meter neunzig geballte Konzentration. Ich lächelte.

»Gut. Ich sehe, du bist wirklich bereit.«

Mike öffnete blitzschnell die Augen und warf mir einen Blick zu, der jeden anderen Menschen in einen Eisblock verwandelt hätte. Ich hatte Spaß. Als ich erneut bei seinen Fußsohlen angekommen war, stellte ich fest, dass er richtig schöne Füße hatte. Ich schlug einmal mit dem »Händchen« auf jede Ferse und zählte mit. Mike rührte sich nicht. Ich schlug zwei weitere Male auf dieselben Stellen, aber mein Gast blieb standhaft. Dann peilte ich die Sohlenmitte an und schlug fester. Und öfter hintereinander. Mike zuckte so sehr, dass ich befürchtete, die Ledermanschetten könnten aus ihren Verankerungen reißen.

»Oje, da war ich schon bei zehn angekommen, und jetzt muss ich wieder von vorne beginnen. Ich wünsche dir, dass du es dieses Mal schaffst.«

Mike grummelte irgendetwas in den ledernen Bezug der Bank, und ich begann von vorne, natürlich wieder mit den beiden Fersen. Dieses Mal arbeitete ich mich rascher hinauf, wo sich die Empfindlichkeit verstärkte. Da ich mich mit den Nervenpunkten sehr gut auskenne, kann ich dafür sorgen, dass der Fuß richtig Kirmes bekommt, ohne durch unsachgemäßes Schlagen Schaden anzurichten. Als ich laut »achtzehn« zählte, zuckte der Richter ein wenig mit dem rechten Fuß, und ich hielt inne. Ich konnte hören, wie auch er den Atem anhielt, aber ich fand, ich hatte ihn genug gequält – zumindest, was seine unteren Extremitäten anbelangte –, und zählte zügig durch bis zwanzig. Dann machte ich ihn los, und er setzte sich erleichtert auf.

»Das war nett von mir, nicht, Mike?«

»Ja, das kann man so sagen, Herrin.«

Dabei lächelte er ein wenig schief. Auch das mochte ich an ihm. Nicht nur das Lächeln, sondern seine Gradlinigkeit. Natürlich wusste er, dass auch ich seinen kleinen Ungehorsam bemerkt hatte. Ich wollte es aber erst mit meinem nächsten Spiel auf die Spitze treiben und nicht schon zu Beginn unserer Zusammenkunft. Ich ließ ihn einen Schluck aus seinem Sektglas nehmen, dann sagte ich:

»Komm, wir gehen nach unten.«

Er sah erst an sich herunter und dann fragend in mein Gesicht.

»Du bist nicht der erste nackte Mann, der hier durchs Haus läuft. Hast du ein Problem damit? Ich weiß, dass derzeit kein anderer Gast außer dir im Studio ist.«

»Nein, Herrin, kein Problem.«

Ich ließ ihn vor mir die Treppe hinuntergehen und sah zu, wie er unten im Foyer unsicher stehen blieb.

»Wir gehen rechts rum. In die Klinik.«

Er runzelte irritiert die Stirn. Um bei meinem Lieblingsbild zu bleiben: Der Richter im Sklaven hob unwillig den Kopf. Die Klinik war überhaupt nicht seins, und das hatte er auch so zur Sprache gebracht: Sie und alles, was dort so praktiziert wurde, fiel unter »no go«. Mir ging es ja genauso. Ich hatte auch nicht vor, *unser* Tabu zu brechen und dadurch einen wundervollen Gast zu verlieren – ich wollte nur Grenzen erweitern, winzig kleine und etwas größere. Und dazu mussten wir wenigstens mal kurz die Klinik betreten, und zwar gemeinsam. Dieser kleinen »Peitsche« folgte ein größeres Stück »Zuckerbrot«, das Mike wieder mit seinem Schicksal versöhnen würde.

»Wir holen hier etwas, und ich will dir was zeigen«, sagte ich.

Er beobachtete mich aufmerksam, wie ich einen der weißen Medizinschränke öffnete und zwei Laborgläser, Fassungsvermögen 400 ml, und drei kleine Urinbecher mit Schraubdeckel herausnahm und vor ihm auf den »Arzt«-Schreibtisch stellte.

»Weißt du, was ich mit diesen Bechern machen werde?«

»Nein, Herrin.«

»Woher solltest du auch. Nimm eines der beiden Laborgläser und komm rüber zu mir ins Licht.«

Mike tat, was ich ihm sagte, und reichte mir das Glas. Ich schüttelte den Kopf und befahl ihm, sich vor mich hinzuknien.

»Strecke die Hände mit dem Glas in meine Richtung und schließe deine Augen. Öffnest du sie ohne meine Erlaubnis, bleiben wir hier in der Klinik, und ich schnalle dich auf den Gyn-Stuhl.«

Mike schüttelte unmerklich den Kopf, hielt seine Augen fest geschlossen und streckte mir den Becher mit waagerechten Armen entgegen. Ich drückte sie etwas nach unten, schob mich breitbeinig über das Glas und kontrollierte Mikes Augen. Sie blieben geschlossen. Ohne Blinzelversuch. Hätte er sich mir jetzt widersetzt, hätte ich ebenfalls Gebote verletzt, und wir wären wie angedroht für den Rest der Session in der Klinik geblieben. Mir wären die Ideen nicht ausgegangen. So war ich sehr zufrieden mit meinem Gast. Ich trug einen Rock, aber keinen Slip und überließ es Mike, den warmen, weil frischen Natursekt zu tragen, ohne etwas davon zu verschütten. Aufgrund der Menge an Apfelschorle, die ich im Laufe des Tages konsumiert hatte, hätte ich das Glas und die Hände überschwemmen können, aber auch das Dosieren und »Hahnabdrehen« lernt man in meinem Job. Was viel wichtiger war: Mein Gast war wieder gefangen in unserem Spiel. Der Hauch Unmut war schwüler Erregung gewichen, der Richter wieder abgemeldet. Der Sklave ging hinter mir die Treppe hinauf, das Glas achtsam in beiden Händen haltend. Ich trug die anderen Gefäße und stellte sie im Hauptraum auf die Streckbank. Ich sortierte sie, indem ich die drei Urinbecher in eine Reihe stellte, die Deckel abschraubte und direkt neben jeden Becher legte. Aus dem Augenwinkel bemerkte ich Mikes wachsende Erregung. Er war ja nackt. Das zweite Laborglas deponierte ich etwas abseits und holte einen Rohrstock vom Sideboard, dann sah ich Mike an, der immer noch das Glas mit der goldgelben Flüssigkeit trug.

»Komm her und gieße etwas davon in zwei der kleinen Becherchen. Verschüttest du auch nur einen Tropfen auf die Streckbank, gibt es zehn Schläge mit dem Rohrstock – Spuren hin oder her.«

Wie ich bereits mehrfach sagte: Der Sub erhält vom dominanten Partner sehr oft die Möglichkeit der Wahl – kommerziell genauso wie privat –, und so lag es nun auch ausschließlich an Mike, ob er sich für das Verschütten oder keine sichtbaren Spuren entschied. Innerlich war ich äußerst amüsiert: Man stelle sich vor, was passieren würde, schlüge ich einen Richter des Landgerichts gegen seinen Willen! Nicht auszudenken! Äußerlich war es offensichtlich, dass ihm der Stock in meiner Hand, mit dem ich ein wenig wedelte, so gar nicht behagte. Die Erektion schwoll merklich ab. Und wieder legte sich ein anderer Zug über seine Mimik. Ich will nicht sagen, dass er hochmütig war, aber es ging ein wenig in diese Richtung. Ich wedelte etwas stärker und warf außerdem einen Blick auf meine Armbanduhr. Ich wusste, wenn es eines gab, das Mike hasste, dann war es kostbare Zeit zu verplempern. An diesem Punkt setzte ich auf:

»Genauso sorgfältig, wie du mit deiner Lebenszeit umgehst, wirst du jetzt mit diesem NS umgehen. Du schaffst das, ich weiß es.«

Mike trat gehorsam näher an die Streckbank heran und klemmte konzentriert die Zunge zwischen die Lippen. Das Laborglas, das ich fast bis zur Hälfte gefüllt hatte, verfügte über einen kleinen Ausgießer. Ich bin ja kein Unmensch. Außerdem legte ich ein Papiertuch in Reichweite. Mike entspannte sich ein wenig und begann, den ersten kleinen Becher zu füllen.

»Mach ihn fast voll, Mike. Und den anderen auch.«

»Ja, Herrin.«

Bald waren beide gefüllt und das Papiertuch überflüssig.

»Zuschrauben.«

Er tat auch das.

»Sehr gut, Mike. Stell das große Glas mit meinem NS auf das Sideboard, wir brauchen es nicht mehr.«

Erwartungsvoll schaute Mike auf das Szenario vor uns auf der Bank, die ich zum Tisch gemacht hatte. Mit einer langsamen Bewegung reichte ich ihm das leere Laborglas in der gleichen Größe wie das, das ich benutzt hatte. Er nahm es und starrte mich ungläubig an.

»Vollmachen!«

Ungläubigkeit wandelte sich in Entsetzen. Mike war ein sehr intelligenter Mann mit einer schnellen Auffassungsgabe. Ich bin mir heute noch sicher, dass er in einem Sekundenbruchteil das gesamte Ausmaß des Bevorstehenden ermessen hatte. Oder zumindest nahezu.

»Vollmachen!«, wiederholte ich unerbittlich.

Mike sah vom Glas zu seinem wieder völlig erschlafften Geschlechtsteil und wieder zurück, dann schaute er mich an. Er litt, aber ich wusste, es würde gehen. Mehr Bedenken hatte ich vor dem Schritt, der danach folgen sollte. Mike hatte eine Entscheidung gefällt und hielt seinen Penis in das Glas. Nichts tat sich. Das würde auch so bleiben, setzte ich ihn jetzt noch weiter unter Druck, also räumte ich erst einmal den Rohrstock wieder zu den anderen in den Behälter und machte mich ein wenig an anderen Utensilien zu schaffen. Das half, es plätscherte vor der Streckbank in das Glas hinein. Der Geruch von frischem NS breitete sich aus, wie zuvor unten in der Klinik.

»Stopp, das genügt.«

Auch Mike schaffte es, einzuhalten, und stellte das Glas eilig auf der Bank ab. Weg damit. Ich hatte jedoch nicht vor, ihn bereits jetzt schon zu erlösen, und fragte auffordernd:

»Worauf wartest du?«

Mike schaute auf den letzten leeren Minibecher, der rechts neben den gefüllten stand, und versuchte dann, in meinen Augen zu lesen. Ich nickte, und er schüttete seinen Urin in das kleine Gefäß. Seine Hand war etwas unruhiger als eben noch, weshalb ein kleiner Tropfen außen am Rand entlanglief und eine kleine Spur auf dem Bezug der Streckbank hinterließ. Für mich hätte es gar nicht besser laufen können, aber Mike sah schockiert auf.

»Keine Sorge, ich habe den Rohrstock bereits weggelegt. Du bekommst keine Schläge.«

Mike atmete auf. Vom Richter keine Spur.

»Ich will, dass du es aufleckst«, sagte ich freundlich und lächelte aufmunternd.

Mike verzog angeekelt das Gesicht und legte schützend eine Hand vor den Mund. Um ihn zu motivieren, holte ich den Rohrstock wieder aus dem Behälter und legte ihn ans Ende der Streckbank. Dann hob ich den kleinen Becher mit seinem Urin auf und zeigte auf den feuchten Rand, der auf der Streckbank zurückblieb. Mike seufzte, beugte den Oberkörper nach vorne und reinigte die Streckbank mit seiner Zunge. Sein Gesicht war noch verzogen, als er sich wieder aufrichtete, und ich beeilte mich, ihm sein Glas mit echtem, handelsüblichem Schaumwein zu reichen. Er trank einen großen Schluck.

»Nicht so hastig. Vielleicht brauchst du den Rest gleich ja noch viel dringender als jetzt.«

Mike schluckte und schauderte.

»Sagt dir der Name *Hütchenspiel* etwas?«

Mike nickte verhalten. Bestimmt hatte er im Lauf seiner Karriere schon ein paar Hütchenspieler verknackt. Nun stand er kurz davor, selbst zum Glücksspieler zu werden. Ich schraubte auch den letzten Becher wieder zu und sagte:

»Noch mal zur Erinnerung, Mike: Linkes Becherchen, mein NS. Mittleres Becherchen, mein NS. Rechtes Becherchen, deiner! Alles klar?«

Mike nickte wieder und starrte auf die Becherformation, obwohl ich sie noch gar nicht bewegte.

»Unser alternatives Hütchenspiel funktioniert folgendermaßen: Ich werde gleich damit beginnen, die Becher untereinander zu verschieben, und du versuchst dabei, deine NS-Probe im Auge zu behalten. Wenn ich aufhöre zu schieben, darfst du einen Becher eliminieren, in der Hoffnung, dass es deiner ist. Und dann darfst du noch ein zweites Mal einen Becher ausschließen, sodass am Ende nur noch einer übrig bleibt. Und wenn du Glück hast, ist das mein NS. Wenn du aber Pech und nicht richtig aufgepasst hast, ist deiner im letzten Becher – und was du damit zu tun hast, ist klar, oder?«

Mike rieb sein Gesicht mit beiden Händen, Anspannung und Ekel waren ihm deutlich anzusehen, aber er nickte.

»Und noch eins, Mike: *Ich* werde immer wissen, in welchem Becher dein Saft ist.«

Diese Lüge diente der Sache und war somit unbedingt erlaubt. Außerdem kann ich mir Dinge sehr gut merken und traute mir ein erfolgreiches Hütchenspiel ohne Weiteres zu.

»Können wir anfangen?«

»Ja, Herrin.«

Als ich begann, die Becher vorsichtig zu bewegen, um ein Gefühl dafür zu bekommen, riss Mike seine Augen weit auf und heftete sie auf das Geschehen. Sein Becher wanderte von rechts in die Mitte, dann nach links und zurück an seinen Ausgangspunkt. Ich sah ihn an und wusste, er hatte den Schierlingsbecher fest im Visier. Ich machte weiter, schneller, verwirrender. Ich redete währenddessen und zwang ihn, mir zu antworten. Ich benutzte kleine Gemeinheiten wie diese:

»Schau mich an, wenn du mit mir sprichst!«

Das war doppelt fies, denn den Subs ist es normalerweise nicht gestattet, der Herrin in die Augen zu schauen. Ich jedoch nutzte Mikes Gehorsam, um – zupp! – den Becher noch ein weiteres Mal zu verschieben, damit er noch ein wenig im Rennen blieb. Dann hielt ich inne.

»Was sagst du, Mike? Welcher Becher soll raus aus dem Spiel?«

Er zögerte. Dann streckte er seinen Zeigefinger vor und

tippte zaghaft auf den mittleren der umgestülpten Plastik-becher.

»Der?!«, fragte ich betont dramatisch, um ihn noch un-sicherer zu machen, und es gelang mir wundervollerweise!

Mike zog den Finger wieder zurück und tippte auf den rechten, so, als hoffe er, sein Urin wäre zu seinem Ausgangs-punkt zurückgekehrt. Natürlich nur, was die Position der Becher anbelangte.

»Bist du ganz sicher?«

»Nein, wie könnte ich?!«, antwortete Mike gereizt, und für eine Sekunde schob sich das Gesicht des Richters vor das des Sklaven. »Aber ich entscheide mich trotzdem für diesen hier rechts.«

Ich war entzückt: Mit seiner ersten Wahl hätte er absolut richtiggelegen und seinen eigenen NS aus dem Rennen genommen. Nun traf es einen meiner Ergüsse. Ich nahm den Schraubdeckel ab und reichte Mike feierlich das kleine Pinnchen:

»Du darfst den Inhalt dort drüben in den Sektkübel gie-ßen.«

Mike wanderte zu einem kleinen Tisch, auf dem bewuss-ter Kübel stand, schüttete das Becherchen aus und kam zurück zur Bank. Er sah mich erwartungsvoll an. Ich schüt-telte bedauernd den Kopf.

»Leider falsch, Mike. Das war meiner, den du da gerade weggeschüttet hast. Deiner ist dieser hier.«

Ich zeigte auf einen der beiden verbliebenen Becher.

»Also, weiter geht's. Gleich triffst du die entscheidende Wahl. Es liegt an dir.«

Ich begann eine wilde Verschieberei, hin und her, vor und zurück, und bekam dabei unerwartete Unterstützung, als plötzlich an die Tür geklopft wurde. Eva, die Sklavin, schob ihren Körper ein Stück weit in den Raum und fragte, ob wir irgendwelche Wünsche hätten. Ich antwortete:

»Gute Idee. Bitte bring mir einen heißen Kaffee und für meinen Gast hier noch ein Glas Sekt. Er wird es gleich brauchen.«

Während ich mit Eva sprach, hatte ich mechanisch weiter mit den Bechern gespielt. Mike war natürlich von Evas Erscheinen und ihrer Nacktheit abgelenkt worden und schaute nun nervös bis kopflos wieder auf die Streckbank.

»Und? Welcher Becher soll dieses Mal weg?«

Wieder zögerte Mike und sah mich an.

»Habe ich dir erlaubt, mich anzusehen?«

Das war fies.

»Nein, Herrin«, murmelte Mike und schaute wieder hinunter. Dann:

»Ich glaube, dieser hier soll weg ...«

Er tippte auf den rechten Becher von sich aus gesehen.

»So, so. Der soll weg ... Ich gebe dir noch Zeit zu überlegen, bis Eva unsere Getränke gebracht hat. Nutze sie!«

Da es im Studio zu jeder Tages- und Nachtzeit frischen Kaffee gab, dauerte es nicht lange, und Eva klopfte erneut. Ich forderte sie auf, unsere Getränke neben Mikes bereits benutztem Sektglas abzustellen, und als sie den Raum verlassen hatte, wandte ich mich wieder meinem beunruhigten Gast zu.

»Du musst dich jetzt entscheiden, Mike. Bleibt es bei diesem Becher hier? Soll er weg oder möchtest du ihn doch lieber behalten?«

»Nein, er soll weg, Herrin.«

Mike straffte entschlossen seine Schultern, und ein Hauch von Robe schwebte über ihm.

»Na, dann – weg damit!«

Mike trabte wieder zum Sektkübel hinüber und leerte den Becher seiner Wahl. Als er zurückkam, nahm ich sein Kinn in meine Hand und brachte meinen Kopf dicht vor seinen.

»Ich hätte es dir gerne erspart, aber du hast dich anders entschieden. Es tut mir leid, Mike, aber du hast auch meinen zweiten NS weggeschüttet.«

Er schluckte, aber der Speichel wollte einfach nicht hinunter, und so war ein leichtes Würgen zu hören. Nicht, dass wir den Sektkübel gleich noch für etwas anderes brauchen würden …

Ich entfernte den Deckel des letzten Bechers, legte ihn beiseite und schob Mike das Getränk seiner zweifelhaften Wahl hinüber. Er atmete tief ein und nahm das Becherchen zwischen Daumen und Zeigefinger.

»Sieh mich an, Mike. Ich habe dir die Wahl gelassen, richtig?«

Mike nickte unglücklich. Wo ich recht hatte, hatte ich recht.

»Du hast dich entschieden, wie du das auch in deinem täglichen Leben immer tust, nicht wahr?«

»Ja, Herrin.«

»Dann wirst du auch dieses Mal die Konsequenzen dafür tragen und den ausgewählten Becher leer trinken. Auf geht's.«

Mike hob den Becher in Zeitlupe an seine Lippen – und setzte ihn wieder ab, auf die Streckbank. Dann verschränkte er die Arme wie ein trotziges Kind. Urkomisch. Aber auch keinesfalls zu dulden. Da war doch noch irgendwo der Rohrstock? Ah, ja, er lag nach wie vor am Ende der Streckbank. Ich nahm ihn mir und stellte den Mann ein weiteres Mal vor die Wahl.

»Mike. Du hast dich auf das Spiel eingelassen, weil du dachtest, es würde dir mühelos gelingen, zwischen meinem und deinem Getränk zu unterscheiden. Nun hast du leider versagt und warst nicht schlauer als deine Herrin. Wenn du dich nun ernsthaft weigerst, deine Suppe auch auszulöffeln, beleidigst du mich in großem Ausmaß, und ich werde mich über alle Absprachen hinwegsetzen und dir zehnmal mit dem Rohrstock auf deinen Schwanz schlagen. Also? Wie entscheidest du dich?«

Natürlich hätte ich mich niemals über seine Tabus hinweggesetzt. Bei ihm nicht und bei anderen Subs, privaten wie kommerziellen, auch nicht. Andererseits ist ein SM-Studio kein Ponyhof, trotz temporärer entsprechender Verkleidung mancher Besucher, und soll ja auch schließlich jedes Mal einen geilen Kick bringen. Und für den bin nun mal ich zuständig.

Mike seufzte leise und hob den Becher erneut auf. Er hielt ihn in einer Art hoch, als wolle er einen Trinkspruch ausbringen. Ich nahm sein frisches Sektglas zur Hand und tat es ihm nach. Er schloss die Augen, und ich sah seinen Adamsapfel zucken. Dann setzte er zum Trinken an und kippte und schluckte fast gleichzeitig. Sofort danach presste er eine Hand fest auf seinen Mund und er schüttelte sich unwillkürlich.

»Brauchen wir den Sektkübel?«

Mike schüttelte den Kopf, die Hand immer noch vorm Mund.

Ich reichte ihm sein Glas mit echtem Sekt und sah, wie die Assoziationen in seinem Kopf sich überschlugen. Ganz gegen seine sonstige Art riss er mir das Glas förmlich aus der Hand und stürzte den Inhalt ebenfalls in einem Zug hinunter. Ich ließ ihn gewähren und nippte an meinem Kaffee.

Als ich mich ihm wieder widmete, sah ich den triumphierenden Stolz in seinen Augen und eine beachtliche Erektion ein paar Etagen tiefer. Genau so hatte ich es mir erhofft, und meine Intuition hatte ein weiteres Mal Früchte getragen. Ich ließ den Richter knien und half ihm dabei, seinen Triumph lustvoll auszukosten.

Später, als er geduscht hatte und sich bekleidet von mir verabschiedete, fragte er mich verschmitzt, ob er denn wirklich seinen eigenen Urin getrunken habe? Ich lächelte nur.

Woher sollte ich das wissen?

SM AUF GESCHÄFTSREISEN

Ich entließ Alexander selbst dann nicht aus seiner akzeptierten Pflicht des Sklavenvertrags, wenn er auf Geschäftsreise war, was am Anfang unserer Beziehung ein paarmal vorkam. Zum einen musste er auch dann akribisch sein Tagebuch führen, von denen ich noch heute eine stattliche Sammlung besitze, und zum anderen gab ich ihm immer etwas mit auf seine Reisen, das ihn rund um die Uhr an unser Femdom-Leben erinnerte – wenn auch meist nur für ihn sicht- und spürbar. Wie zum Beispiel einen *cock ring,* den er über seiner Peniswurzel trug. Außerdem rief ich ihn zwischendurch an, stellte ihm weitere Aufgaben und ließ ihn schwören, dass er sie alle gewissenhaft ausführte.

Einmal legte ich ihm ein schmales Lederhalsband um und sicherte es mit einem kleinen Schloss. Als er nach zwei Tagen von der Fortbildung zurückkam, trug er zwar noch das Halsband, aber das Schloss war verschwunden. Der Rollkragenpullover war ihm abends zu warm geworden und er wollte unbedingt vermeiden, dass seine Kollegen das Halsband entdeckten. Also hatte er so lange mit einem Werkzeug im Schloss herumgestochert, bis er es geöffnet bekam. Ich bestrafte ihn natürlich für sein eigenmächtiges Handeln und kaufte ein stabileres kleines Schloss, das er nicht mehr manipulieren konnte.

Eines Tages berichtete mir Alexander freudig, dass einer seiner Kunden ihn gebeten hatte, ihn für vier Tage auf eine

Messe in Belgien zu begleiten und dafür zu sorgen, dass die IT auf dem Stand reibungslos funktionierte. Ich freute mich für meinen Geliebten über diesen Auftrag, der hoffentlich weitere nach sich ziehen würde, und sagte lächelnd:

»Ich habe ein neues Schloss für dein Halsband gekauft.«

Dann fragte ich ihn, ob sein Tagebuch noch ausreichend Platz für seinen Trip böte. Er bejahte, und wir gingen zufrieden zu Bett.

Am nächsten Vormittag stand Alex in einem Sweatshirt vor mir, um sich zu verabschieden. Ich lege ihm das Halsband mit dem stabilen Schloss an und drücke ihm einen kuscheligen schwarzen Rollkragenpullover, Marke Skiurlaub, in die Hand. Schließlich – und zum Glück für Alex – hatten wir ja Winter.

»Maus, der Auftrag ist wirklich wichtig für mich.«

»Ich weiß, Schatz. Deshalb darfst du ja auch den Rolli drüberziehen.«

Auch dafür mochte ich meinen Geliebten: Es war ihm schnurz, was die Leute über ihn dachten – nur im Geschäftsleben musste leider auch er Rücksicht auf andere nehmen. Und genau diese kleine Schwäche machte ich mir wahnsinnig gern zunutze. Ich war gespannt, wie er diese wirklich fiese Situation meistern würde. Und dabei wollte ich mich dieses Mal nicht allein auf seine Erzählungen verlassen, sondern wollte es selbst sehen.

Also ließ ich ihn zwei Tage lang mit seinem Dilemma komplett alleine, nutzte dann mein freies Wochenende und fuhr ihm hinterher nach Belgien. Zu meinem Glück war die Messe nicht ausschließlich Fachbesuchern vorbehalten. Ich kaufte mir ein Ticket und schlenderte durch die Gänge, bis ich den Stand von Alexanders Kunden schon von Weitem beobachten konnte. Und da war er, mein Freund, und bewegte sich gewandt zwischen den anderen Standbesuchern. Im Rollkragen. Ich sah vergnügt, wie er sich manchmal mit dem Finger am Kragenrand entlangfuhr, und beschloss, ihn abends im Hotel von seinem Leiden zu erlösen. Die Gefährtin hätte am liebsten sofort den Schlüssel aus dem Portemonnaie gefingert, aber die Sadistin drehte sich um und wanderte ungesehen aus der Messehalle.

Abends setzte ich mich dafür umso auffälliger in die Lobby von Alexanders Hotel und wartete darauf, dass er vor dem Essen sein Zimmer aufsuchte – auch wenn er sich nicht wirklich umziehen konnte. Zumindest musste er davon immer noch ausgehen. Als er mich mit meinem Rotwein in der Halle sitzen sah, strahlte er übers ganze Gesicht und kam auf mich zugeeilt. Es war der Stolz des Gehorsams, der da aus ihm herausstrahlte. Neben der Freude über mein überraschendes Erscheinen, natürlich. Oben im Zimmer nahm ich ihm das widerspenstige Halsband ab. Dann musste er los zum Essen. Die Gefährtin schloss ihn schnell fest in ihre Arme und versprach ihm eine rauschende Liebesnacht, während die Sadistin bereits an neuen Schmerzkonzepten bastelte.

» BIST DU EINE DOMIAN? «

Ich arbeitete nun schon ein paar Monate als professionelle Domina, und mein neues Leben mit Alexander und dem Sadomasochismus füllte mich wunderbar aus. Mein Verdienst hätte vielleicht besser sein können, aber ich stand ja noch relativ am Anfang und spürte die Ausbaufähigkeit. Alles wäre großartig gewesen – hätte mein Gewissen nicht ständig an mir genagt ...

Mein Vater hatte nach wie vor mit dem Tod seiner Frau und dem Scheitern meiner Ehe zu kämpfen. Ihm wollte ich in nächster Zeit keinen weiteren Schock zufügen, aber die Lügen meiner Mutter gegenüber lasteten mir schwer auf der Seele. Sie war und ist für mich der Inbegriff einer Mutter: selbstlos, warmherzig, verständnisvoll und immer da, wenn sie gebraucht wird. Aber sie verfügt auch über die feinen Antennen einer klassischen Mutter: Es war ihr schon seit Wochen anzumerken, dass sie irgendetwas an der Notlüge Sonnenstudio störte. Es begann damit, dass sie mich plötzlich intensiver betrachtete.

»Was ist? Was schaust du mich so an? Stimmt irgendetwas nicht?«, wollte ich wissen.

»Nein, wieso?«, fragte sie zurück.

»Na, habe ich vielleicht etwas an der Nase oder ein Loch im Strumpf?«

»Nein, nein. Du siehst bloß so verändert aus ...«

Um eins klarzustellen: Als sie das sagte, war ich nicht mit

Leder-Corsage und Overknees bekleidet! Ich trug vielleicht einen Rock und einen Pullover, beides eng, und dazu Pumps. Natürlich wusste ich dennoch, was sie meinte, und wie bereits einige Male zuvor spielte ich auch da wieder mit dem Gedanken, ihr sofort reinen Wein einzuschenken. Aber der Zeitpunkt war denkbar ungünstig: Ich musste gleich ins Studio nach Düsseldorf fahren und könnte nicht bei ihr bleiben, um nach meinem Outing Nachsorge zu betreiben. Also sagte ich nur:

»Mama, das hatten wir doch schon. Ich bin eben nicht mehr die kleine graue Maus, die mit Daniel verheiratet ist.«

»Und stärker geschminkt bist du auch«, ignorierte sie meinen schwachen Einwand.

»Selbes Thema.«

»Und die Haare ...«

»Gut, dass du das ansprichst. Kannst du sie mir bitte bald wieder färben?«, lenkte ich ab. Das tat sie nämlich fast immer.

Sie ahnte etwas, keine Frage.

Ein anderes Mal fragte sie mich unvermittelt:

»Kind, brauchst du Geld?«

Ich war überrascht.

»Nein, Mama, ich brauche kein Geld. Ich arbeite doch.«

»Aber wenn du welches brauchen würdest ...?«

Ich schaute ihr in die Augen und sah die Sorge.

»Dann würde ich mit dir reden, was ich tun kann.«

Sie nickte, schien aber nicht wirklich erleichtert zu sein.

Ganz sicher war ich mir, als sie mich eines Nachmittags kurz besuchte, um mir eine umgenähte Hose zurückzubringen. Sie stand im Flur und schaute nachdenklich auf meine große Tasche, die ich dort bereits fürs Studio hingestellt hatte. Ich hatte mir von Anfang an angewöhnt, nur wenige persönliche Dinge und Outfits in meinem Spind zu lassen, und packte mir lieber jedes Mal eine Tasche nach Tagesbedarf und Stimmung.

»Was schleppst du alles mit dir rum, Kind?«, fragte sie mich.

Ich beschäftigte mich intensiv damit, die mitgebrachte Hose zu betrachten, und antwortete nur knapp:

»Handtücher.«

Ihre Entgegnung war noch knapper:

»Hm.«

Hm bedeutete, ja, im Sonnenstudio werden Handtücher gebraucht, und die müssen gewaschen werden. *Hm* bedeutete aber auch, dass so eine Waschmaschine in den meisten Sonnenstudios stand und die Angestellten wohl kaum Tonnen von Handtüchern mit nach Hause schleppten. Wir beließen es an diesem Nachmittag beide dabei, aber ich wusste, dass ich bald würde handeln müssen.

Natürlich fragte ich auch so nach und nach die Frauen im Studio, wie sie mit ihrem Doppelleben, denn das war es für die meisten, umgingen. Die meisten behalfen sich ebenfalls mit einer Notlüge und hofften, die Wahrheit würde nie ans Licht kommen. Meist ging es wie bei mir darum, die Eltern zu schützen, aber der Mann wusste Bescheid und konnte mehr oder weniger gut damit leben. In wenigen Fällen wusste auch der Freund oder Mann nicht wirklich, womit die Freundin oder Frau ihren Lebensunterhalt verdiente. Ganz wenige lebten allein und völlig offensiv mit ihrer Neigung, die sie auch zum Geldverdienen nutzten. Es gab nur eine Frau, Ricarda, die auch nicht damit umgehen konnte, ihre Mutter ständig zu belügen – weshalb sie sich ihr schließlich offen anvertraut hatte.

»Wie genau hast du es ihr gesagt?«, wollte ich von Ricarda wissen.

»Ich habe sie gefragt, ob sie sich noch daran erinnern kann, wie es mir ging, als ich meinen Mann verlassen hatte. Natürlich konnte sie das. Ich war damals zu stolz, um auch nur einen Pfennig von diesem Idioten anzunehmen, wollte meinen Kindern aber trotzdem die beste Ausbildung der Welt ermöglichen.«

»Und da bist du von heute auf morgen Domina geworden?«, fragte ich neugierig.

»Quatsch. Du weißt selbst, was für ein langwieriger Prozess das ist. Vor allem, wenn man, wie ich, nicht dominant veranlagt ist«, gestand sie mir freimütig.

Ich war platt. Für mich war sie eine der Besten, und das sagte ich ihr auch. Ricarda lachte herzhaft.

»Ich bin eine gute Schauspielerin, eine leidenschaftliche Spielernatur, wenn du so willst. Das darfst du nicht verwechseln. Aber zurück zu meinen Anfängen. Ich habe tagsüber einen guten Job, den ich auch nach wie vor ausübe. Er reichte nur nicht, um den Kindern das zu ermöglichen, was ich mir vorstellte. Also brauchte ich einen Nebenjob. Und lukrativ sollte er sein. Ich war damals fast vierzig, und die einzigen Jobs, die mir angeboten wurden und die zeitlich infrage kamen, waren Putzjobs. Lukrativ? Fehlanzeige! Dann las ich eine Anzeige der Herrin des Hauses, und den Rest kennst du.«

Nicht wirklich, aber ich wollte gerne zunächst noch mal auf unser ursprüngliches Thema zurückkommen.

»Und deine Mutter? ...«

»Ich habe meinem Vater und ihr anfangs erzählt, ich hätte mich bei einer Personalberatung beworben, und die würden mich als Kellnerin vermitteln. Mal hier, mal da.

Immer im Stress und telefonisch höchstens im Notfall zu erreichen, du verstehst?«

Das tat ich. Auch ich hatte meinen Eltern mitgeteilt, dass private Telefonate im Sonnenstudio nicht gern gesehen wurden und ich nur in dringenden Fällen via Handy zu erreichen war. Sie hatten mich allerdings auch in meinem früheren Bürojob kaum tagsüber angerufen, deshalb stellte das kein echtes Problem dar.

»Meine Eltern konnten mich also weiterhin über Tag in meinem Büro erreichen, und an den Wochenenden sahen wir uns sowieso meistens«, fuhr Ricarda fort. »Aber die Tätigkeit als Domina bleibt einem nicht in den Klamotten hängen, und das merkt eine Mutter natürlich, auch wenn sie es nicht in Worte kleiden kann. Sie spürt es.«

»Genauso ist es bei meiner Mutter auch …«, gestand ich.

»Sie weiß noch nichts?«

Ich schüttelte den Kopf.

»Es ist halb so schlimm, glaub mir. Zumindest, wenn sie grundsätzlich ein aufgeschlossener Typ ist.«

Das konnte ich bejahen. Meine Mutter war tolerant und neugierig gleichermaßen.

»Na ja, ich habe es meiner Mutter jedenfalls so erzählt, wie es war: Zu wenig Geld nach der Trennung, wenig gute Jobs im Angebot und dass ich so durch Zufall in ein Studio geraten bin, in dem Frauen Männer zum Gehorsam erziehen. Da hat sie gelacht. So ist meine Mutter eben. Natürlich war sie überaus erleichtert, dass ich nicht als Zugabe die Beine breit mache und auch sonst kaum berührbar bin. Meine Mutter sagte, dass sie mir unbedingt vertrauen würde und alles andere für sie kein Thema sei. Damit war das ein für alle Mal erledigt.«

Ich war so erleichtert, als hätte ich es meiner Mutter

bereits gesagt und von ihr die Absolution bekommen. Aber Ricarda war noch nicht fertig:

»Genau so, wie wir einstimmig beschlossen haben, es meinem Vater nie zu erzählen, weil es ihn einfach zu sehr belasten würde. Er tickt anders.«

»Und damit hast du kein Problem?«, fragte ich zweifelnd.

»Nein. Du musst einfach abwägen, inwiefern es dir darum geht, mit offenen Karten zu spielen oder dein Gewissen zu erleichtern. Wenn es für den anderen besser ist, es nicht zu wissen, musst du mit deinem Gewissen alleine klarkommen.«

Autsch, das saß!

Ich wog ihre Worte sorgfältig ab. Sicherlich hatte sie recht. Ich wollte aber trotzdem gern so bald wie möglich reinen Tisch machen. Um nicht länger zu lügen und um nicht angreifbar oder gar erpressbar zu sein. So weit war ich schon mal. Nur über den geeigneten Zeitpunkt war ich mir leider noch nicht im Klaren. So bald wie möglich sollte es sein, aber passen musste es auch. Meine Güte, in was für einer Zwickmühle ich mich damals befand!

Das darauffolgende Treffen mit meiner Mutter stand unter einem rein praktischen Stern: Meine Haare mussten mal wieder frisch getönt werden, und das erledigte meine Mutter geschickt und kostengünstig. *Das* war nun wirklich alles andere als ein geeigneter Zeitpunkt – schließlich wollte ich die Farbe ja nicht versehentlich über den gesamten Körper geschüttet bekommen! Aber danach ... bei dem Treffen danach würde es kein Halten mehr geben, das nahm ich mir fest vor.

Es muss Sommer gewesen sein, denn ich kann mich daran erinnern, dass es draußen sehr warm war. Ich hatte bereits mittags die erforderliche Tönung im Drogeriemarkt besorgt und freute mich auf das Eintreffen meiner Mutter. Sie klingelte wie immer pünktlich, und wir gingen sofort in mein Badezimmer. Ich setzte mich mit dem Rücken zu meiner Mutter auf den Toilettendeckel und sah aus dem Fenster, während sie die Tönung vorbereitete. Wir unterhielten uns über dieses und jenes, während sie gewissenhaft die Farbe auf mein Haar auftrug – als sie mich völlig unvermittelt fragte:

»Sag mal, Kind … bist du eine Domian?«

Ich wäre vor Schreck fast von der Toilette gefallen!

Trotz des Versprechers mit dem Namen des prominenten Ratgeberjournalisten hatte meine Mutter den Nagel auf den Kopf getroffen, und es musste sie große Überwindung gekostet haben. Was sollte ich jetzt antworten? Gleichzeitig musste ich lachen, eben weil der Versprecher so urkomisch war. Das alles schoss mir in Sekundenschnelle durch den Kopf, als ich auch schon nickte und sagte:

»Ja, Mama, du hast recht: Ich bin eine Domina.«

Die Erleichterung, die mich danach durchströmte, war unglaublich und bestärkte mich darin, das Richtige getan zu haben. Aber was war mit meiner Mutter? War sie auch erleichtert oder hatte sie meine Bestätigung zutiefst schockiert? Meine Mutter gab mir die Antwort ungefragt:

»Und, Kind? Was machst du da so? Erzähl!«

Nun lachte ich wirklich laut. So war und ist meine Mama: tolerant und interessiert. Damit will ich jetzt nicht so tun, als wäre es immer schon der Wunschtraum meiner Mutter gewesen, dass ihre einzige Tochter Domina wird und willige Männer züchtigt. Nein, das war es ganz bestimmt nicht. Meine Mutter beichtete mir zunächst, dass es ihre größte Angst war, ich würde aufgrund finanzieller Sorgen als herkömmliche Prostituierte arbeiten.

»Deshalb auch vor ein paar Wochen die Frage, ob ich Geld brauchte«, dachte ich.

Dann gab ich einen kurzen Abriss über die Tätigkeit einer Domina. Ich beschönigte ein paar Dinge und ließ andere ganz weg. Bei aller Offenheit musste sie nicht gleich zu Anfang mit Details überschüttet werden. Wir sprachen und sprechen immer mal wieder über meine Arbeit, und mittlerweile dürfte sie ein recht rundes Bild davon haben. Sie weiß auch, dass ich bekennende Sadistin bin. An diesem Punkt hat sie sich, typisch Mutter, gefragt, was sie falsch gemacht haben könnte, aber es ist mir hoffentlich gelungen, sie davon zu überzeugen, dass es sich dabei um eine individuelle Veranlagung und nicht um einen Erziehungsfehler handelt. Meine Mutter selbst besitzt weder dominante noch sadistische Züge.

An jenem Sommernachmittag mit meiner Mutter, der für mich zum Glück nicht mit einem Haarfarbe-Eklat endete, hatte ich jedoch das tiefe Bedürfnis, meinerseits Fragen zu stellen.

»Wäre es dir lieber, du wüsstest es nicht?«, war eine davon.

»Auf keinen Fall!«, war ihre überzeugte Antwort. »Jetzt weiß ich doch wenigstens, dass du nichts Schlimmes tust, um dein Geld zu verdienen.«

Das tat gut. Aber ich musste noch etwas wissen:

»Schämst du dich für mich, Mama?«

»Spinnst du, Kind?! Du wirst immer meine Tochter sein, egal, was du tust, und ich werde immer stolz darauf sein, dass du es bist.«

Danke, Mama.

Damals ging es mir zu fünfzig Prozent hervorragend.

Fehlte *nur noch* das Gespräch mit meinem Vater.

DER KEUSCHHEITSGÜRTEL (1)

Es würde wehtun. *Sehr* wehtun.

Die private Beziehung von mir und Alexander dauerte nun schon fast anderthalb Jahre an, als ich beschloss, ihr eine neue Dimension zu verleihen. Zwar lebten wir schon eine sogenannte 24/7-SM-Beziehung, also rund um die Uhr, aber das genügte mir nicht. Ich wollte die totale Kontrolle über Alex, und er hatte mir signalisiert, dass er das akzeptieren würde. Er war genauso in unserem Spiel gefangen wie ich. Es war wie eine Sucht, von der wir beide nicht mehr lassen konnten. Außerdem musste ich immer erbitterter um die Autorität, die Macht kämpfen. Es waren richtige Grabenkämpfe, die mich zu immer härteren Gegenmaßnahmen herausforderten. Zumindest empfand ich es so.

An diesem Abend standen wir wie ein stinknormales Paar in der Küche und bereiteten unser Abendessen zu. Ich wusch Salat, während Alex rohes Rinderfilet in Stücke schnitt. Der einzige Unterschied zu anderen Paaren war – vielleicht – die Tatsache, dass die Stimmung bei uns von einer Sekunde zur anderen kippen konnte und Alex augenblicklich seinen Platz als Sklave einnahm. Es war immer klar, dass ich das Sagen hatte, aber es gab eben auch Augenblicke, in denen wir völlig entspannt miteinander umgingen. Während ich noch über uns sinnierte, rutschte Alex ein Stück Fleisch vom Schneidebrett und fiel auf den Boden.

Er erstarrte in seiner Bewegung, sah zu mir herüber und realisierte, dass mir das natürlich nicht entgangen war. Ich sagte:

»Du hast ein Stück Fleisch auf den Boden geworfen.«

Er antwortete:

»Maus, es ist mir runtergefallen, entschuldige.«

»Maus?!«

Alexander begriff. Das war jetzt nicht der Zeitpunkt, mich bei meinem Kosenamen zu nennen, was ihm bei anderen Gelegenheiten durchaus gestattet war. Manchmal fand ich es einfach schön, wenn er mir solche Namen gab. Nicht jetzt. Jetzt war ich seine Herrin und nichts anderes. Alex kniete sich auf die Steinfliesen, unmittelbar neben dem fleischigen Auslöser meines Unmuts, und senkte seinen Kopf. Dann flüsterte er kaum hörbar:

»Es tut mir leid, Herrin.«

Ich stand immer noch an der Spüle und beobachtete ihn regungslos. Ich wusste natürlich, dass er neben seiner Angst vor dem, was ich mir heute wohl zu seiner Bestrafung ausdenken würde, auch Erregung empfand. Körperliche Erregung. Ich war mir sicher, dass sein erigierter Penis bereits erwartungsvoll in seiner Jeans pochte. Unterwäsche trug er nie. Es war ihm, wie fast jedem Sklaven, verboten. Ab und zu trug er mal eine klassische schwarze Sklavenhose, aber das befahl ich ihm nur dann, wenn ich seine Nacktheit aus irgendeinem Grund nicht ständig sehen wollte. Wenn sie mich ablenkte oder störte. Meine Gedanken kehrten zurück zu seiner Erektion, und plötzlich wusste ich, was ich tun wollte. Was ich *auf jeden Fall* tun wollte. Aber erst musste die Sache mit dem Rind zu Ende gebracht werden.

»Runter auf den Boden. Hände auf den Rücken!«

Alex gehorchte sofort.

»Beuge dich vor, bis deine Nase das Fleisch berührt.«

Er tat auch das. Ich sah, wie seine Nasenspitze das Fleischstück leicht eindrückte. In mir kribbelte es, und ich befahl:

»Iss das Fleisch!«

Ich kannte seinen Ekel vor rohem Fleisch. Selbst der Verzehr eines Mettbrötchens war für ihn unter normalen Umständen undenkbar. Aber hier gab es nun mal keine normalen Umstände. Ich hörte Alex tief atmen und sah, wie er seine Lippen leicht öffnete. Ich wartete. Sein Mund öffnete sich und nahm das Fleisch auf, dann begann er langsam zu kauen. Dabei waren seine Augen geschlossen. Aufreizend langsam bewegte ich mich zur Arbeitsplatte hin und schob mit dem Messer einen weiteren Fleischwürfel über den Rand. Er berührte kurz Alexanders Stirn, bevor er direkt vor ihm zu Boden fiel.

»Iss!«

Wieder atmete mein Freund ein, bevor er langsam anfing zu kauen. Plötzlich begann er zu würgen, und ich sagte leise:

»Untersteh dich!«

Alex verstummte, aber die Sadistin in mir war nicht mehr zu stoppen und warf ein Stück Rind nach dem anderen zu Boden und ließ es ihn wie einen Hund auf allen vieren verzehren. Als ich spürte, dass er sich allmählich an die rohe Kost gewöhnte, verlor ich die Lust und hieß ihn aufstehen.

»Du darfst dir den Mund ausspülen.«

Gehorsam ging er zur Spüle und gurgelte ein paarmal mit Wasser, dann drehte er sich wieder zu mir um. Ich senkte meinen Blick, und da konnte ich sie deutlich sehen, die Erektion, wie sie den Stoff seiner Hose ausbeulte.

»Du würdest jetzt gerne masturbieren, richtig?«, fragte ich neugierig.

Alex reagierte gewohnt vorsichtig, aber natürlich belog er mich nicht.

»Ja, das würde ich gern.«

»Und wenn ich es dir verbiete?«

Er überlegte einen Moment, dann sagte er:

»Dann würde ich es nicht tun, Herrin.«

»Jetzt nicht, aber vielleicht später irgendwann?«

»Ja, später sicher«, antwortete er ehrlich.

»Das gefällt mir nicht, Alexander. Ich will mir *sicher* sein, dass du nur dann onanierst, wenn ich es dir erlaube.«

Mein Freund sah mich an. Ohne jegliche Provokation sprachen seine Augen zu mir: »Was willst du dagegen tun, wenn mich irgendwann in deiner Abwesenheit die Lust überkommt und ich mich berühren möchte?«

Ich aber kannte die Lösung bereits und teilte ihm mit:

»Jetzt kümmern wir uns erst einmal um unser Essen. Ich habe Hunger. Sei morgen pünktlich um achtzehn Uhr an der alten Uhr auf der Bahnhofstraße, dann erfährst du, wie ich das künftig verhindern werde.«

Als ich am nächsten Tag bei unserem Treffpunkt ankam, stand Alexander bereits neben der Uhr und lächelte mich offen, aber auch neugierig an. Auch ich war gespannt, was meine Idee uns bringen würde. Also hakte ich mich bei ihm ein und führte ihn zwei Straßen weiter zu einem kleinen Ladenlokal, mit folgendem Text im Schaufenster:

»Schmücke deinen Körper – Isa's Piercing- & Tattoo-Studio.«

Alex, bis dato ein Mann sowohl ohne Tattoos als auch ohne Piercings, sah mich entgeistert an, aber mein Blick ließ ihn vorangehen und mir die Tür öffnen. Sekunden später stand ich vor einer Frau, die sich als Isa entpuppte, und fragte ohne Umschweife:

»Kennen Sie den ›Römischen Keuschheitsverschluss‹?«

Die Frau lächelte maliziös in Alexanders Richtung und nickte.

»Ja, ist mir bekannt. Er wird hier zwar nicht oft verlangt, aber ich habe eine Zeit lang in San Francisco gelebt, und daher kenne ich ihn gut.«

Ich ignorierte Alex' fragende Blicke und teilte Isa mit, dass ich beim Setzen der Piercings selbstverständlich dabei bleiben würde. Isa nickte wieder, zeigte auf die rechte ihrer beiden Kabinen und sagte betont munter zu Alex:

»Na, dann mal raus mit dem guten Stück!«

Er warf mir einen flehenden Blick zu und brachte damit meine Haut zum Prickeln. Genau *so* wollte ich ihn sehen – flehend. Und das Ignorieren seines Flehens ist meine Lust. Eine Lust, die nichts mit Sexualität, wohl aber mit Macht zu tun hat. Ich schaute also unverwandt zurück, und mein Blick sagte: »Du hast versprochen, mir zu gehorchen. Verweigerst du dich jetzt, so wird das für dich Konsequenzen haben. *Gewaltige* Konsequenzen, also überlege es dir gut.«

Als Antwort schlug Alexander die Augen nieder und starrte in seinen noch unversehrten Schoß.

Wenig später hatte Isa seinen Penis fest im Griff, und ich sah fasziniert zu, wie die Piercerin nach einer Braunüle griff und die Vorhaut kurz unterhalb der Eichel durchstach. Alex stöhnte mit zusammengebissenen Zähnen und drehte seinen Kopf ruckartig zur Seite. Trotz der Geschwindigkeit seiner Bewegung konnte ich Tränen in seinen Augen glitzern sehen. Tränen des Schmerzes. Das Prickeln in mir steigerte sich, als Isa die Braunüle als Nächstes direkt gegenüber dem ersten Loch ansetzte und durch die Haut stieß. Alex hielt den Kopf abgewandt und die Augen geschlossen. Ich bedauerte das, weil ich gern den Schmerz in seinen Augen gesehen hätte.

»Ich will, dass er Piercing-Ringe bekommt, damit ich ein Schloss durchziehen kann.«

Isa sah von ihrer Arbeit auf und meinte lächelnd:

»Da haben Sie sich aber etwas ganz Besonderes ausgedacht.«

Ich schwieg. Sie verließ den Raum und ging zu einer Vitrine. Als sie mit dem gewünschten Schmuck zurückkehrte und ihn einsetzte, sackte Alexander noch ein wenig mehr in sich zusammen, blieb aber stumm und sah auch nicht auf. Ich war unglaublich stolz auf ihn! Er tat das alles nicht nur, weil er masochistisch und devot war. Nein, er ließ es hauptsächlich deshalb geschehen, weil seine Liebe zu mir unendlich tief war. Einen solchen Partner hatte ich mir gewünscht, und ich schien fündig geworden zu sein. Zumindest hoffte ich das.

Zurück zu Hause hieß ich Alex, sich völlig zu entkleiden und mir seinen »Römischen Keuschheitsverschluss« zu präsentieren. Es würde ein paar Wochen dauern, bis die Wunden heilten, aber ich wollte keine Sekunde länger warten und meine Idee vollendet sehen. Ich nahm den malträtierten Penis in die Hand und schob die Vorhaut ein wenig nach oben. Dann griff ich in meine Hosentasche und zog ein kleines Vorhängeschloss heraus, mit dem ich die beiden Ringe verband und fixierte, sodass Alex zwar gerade noch urinieren konnte, aber keinesfalls mehr. Es sei denn, er wollte sich sehr wehtun – aber dafür war ja ich zuständig.

WEIHNACHTSBEICHTE

Dezember. Weihnachten. Das Fest der Liebe. Ein Familienfest.

Auch wir würden wieder alle in meiner Wohnung zusammenkommen und Weihnachten feiern. Unserer Wohnung, besser gesagt, denn ich lebte ja bereits seit zweieinhalb Jahren mit Alexander zusammen. Mein Vater hatte meine Trennung von Daniel schließlich ganz gut verkraftet und mochte Alexander, auch wenn die beiden Männer anfangs nicht sonderlich viel miteinander zu tun hatten. Alles hätte wundervoll sein können – wenn mir nicht eine Lüge unentwegt auf der Seele gebrannt hätte. Ich hatte meinem Vater immer noch nicht gebeichtet, dass ich nicht in einem Sonnen-, sondern in einem SM-Studio arbeitete. Diese Notlüge belastete mich schwer, denn sie widersprach mir zutiefst, aber ich wollte meinen Vater einfach nicht überlasten. Schließlich hatte er den Tod seiner Frau immer noch nicht verkraftet und litt gerade an solchen Tagen sehr. Ich hatte solche Angst, dass ihn meine nächste Offenbarung zerbrechen könnte. Immer wieder beruhigte ich mich damit, dass es besser sei, er wisse es nicht, weil er mit der Tatsache einfach nicht würde umgehen können. Aber immer wieder überfiel mich auch die Angst, jemand könnte mein Geheimnis entdecken und es ihm sagen. Und das wäre auf jeden Fall viel schlimmer, als wenn er es von mir selbst erführe. Was, wenn jemand aus dem Umfeld meines Vaters plötzlich im Studio vor mir stand? Gut, Alexander beruhigte mich damit, dass wir dann beide Stillschweigen wahren würden, aber besser wurde mein Seelenzustand dadurch nicht.

Helen, meine Stiefschwester, unterstützte mich in meinem Wunsch, endlich reinen Tisch zu machen. Auch sie war der Meinung, es wäre höchste Zeit und ich dürfte meinen Vater nicht unterschätzen, er wäre stark genug für diese Art von Neuigkeit. Ich jedoch war mir dessen nicht so sicher und schob den Tag X weiter vor mir her. Ein weiterer Satz Helens blieb mir dabei immer im Gedächtnis:

»Anna, nur wenn du es ihm endlich sagst, kann er damit beginnen, es zu verarbeiten. Du kennst den Satz ›Die Zeit heilt alle Wunden‹, und du weißt, dass er ebenso abgedroschen wie wahr ist.«

Helen hatte recht. Aber ich hatte Angst. Ich hatte in den vergangenen Monaten eine enge Beziehung zu meinem Vater aufgebaut – viel enger als jemals zuvor –, und die wollte ich einfach nicht wieder verlieren. Ich kannte den Glauben und die Einstellung meines Vaters gut genug, um zu wissen, dass meine Angst alles andere als unbegründet war.

Natürlich fragte ich auch hin und wieder Alex, was er mir empfehlen würde, aber er sagte immer nur:

»Du wirst spüren, wenn der richtige Moment gekommen ist.«

Leider spürte ich nichts.

Und dann kam Weihnachten. Ich hatte es wie zuvor nicht auf die Reihe bekommen, meinem Vater die Wahrheit zu sagen, und nun würde ich es erst nächstes Jahr tun können. Wann war da endlich der richtige Zeitpunkt, fragte ich mich bang. Nicht direkt im Januar, dann wäre bereits das gesamte Jahr für ihn gelaufen. Aber dann, nahm ich mir vage vor, dann würde ich es ihm sagen. Auf jeden Fall. Natürlich kam es ganz anders.

Heiligabend gegen achtzehn Uhr saßen wir bei uns zu Hause um den festlich gedeckten Esstisch herum: mein Vater, Helen mit ihrem Freund sowie Alexander und ich. Meine Mutter war nicht dabei. Sie feierte mit der Familie ihres Freundes. Die Stimmung unserer kleinen Truppe war gut, und wir genossen unsere Gesellschaft. Ich hatte stundenlang in der Küche gestanden und freute mich, dass es allen schmeckte. Nach dem Essen sollte die Bescherung stattfinden, und Alexander, der Neuzugang in der Familie, hatte eine tolle Idee, dem Ganzen einen besonderen Kick zu geben.

»Was haltet ihr davon, wenn wir alle unsere Geschenke raten müssen?«

Wir sahen uns ein wenig verständnislos an. Was meinte Alex?

»Also. Nacheinander bekommt jeder eines seiner Geschenke in die Hand gedrückt und muss raten, was drin ist. Und weil die Geschenke logischerweise eingepackt sind, kann man es nur ein bisschen befühlen und betasten, um herauszufinden, was drin sein könnte.«

»Und dann? Was passiert, wenn ich es errate? Was, wenn nicht?«, fragte ich gespannt. Schließlich ging es hier um ein Spiel – und Spiele sind ja bekanntlich mein Ding.

»Wenn das Geschenk nicht erraten wird«, grinste Alex, »muss derjenige einen Schnaps trinken.«

Das würde in ein wahres Besäufnis ausarten, sonnenklar. Wer würde so etwas schon erraten können, wenn es sich nicht gerade um eine CD oder ein Buch handelte? Trotzdem mussten wir alle lachen und freuten uns auf das Spiel. Ich ging zu unserer kleinen Bar und holte eine Flasche Schnaps, die ich auf den Tisch stellte. Helen drückte meinem Vater ein undefinierbares Etwas in schillerndem Papier in die Hand und sagte:

»Rate!«

Er drückte ein bisschen an dem Päckchen herum.

»Ist das vielleicht ein Schal?«

»Falsch!«

Mein Vater bekam einen kleinen Schnaps eingeschenkt, musste ihn auf »ex« austrinken. Ab da war klar: Es handelte sich um ein Spiel mit äußerst überschaubaren Regeln, aber großer Wirkung! Nur selten errieten wir unser Geschenk sodass einige Gläser gefüllt wurden. Die Stimmung wurde immer ausgelassener, und als alle Pakete endlich ausgepackt waren, stand ich auf, um neue Getränke zu holen. Ich warf einen Blick auf meinen glücklichen Vater und es gab mir wie so oft einen Stich, dass ich ihn belog. Als ich die Küche betrat, merkte ich, dass Helen mir gefolgt war und mich aufmerksam ansah. Trotz der Schnäpse, die auch sie hatte trinken »müssen«.

»Sag es ihm jetzt, Anna.«

Mir wäre fast der Wein aus der Hand gefallen!

»Wie bitte?! Wir haben Heiligabend!«

»Ja. Und wir sind alle hier, um dich zu unterstützen. So eine gute Gelegenheit kommt so schnell nicht wieder.«

Puh! Ich musste erst einmal tief durchatmen.

»Hör auf zu grübeln. Das tust du schon viel zu lange. Geh rein und sag es ihm einfach.«

Ich kann auch heute noch nicht erklären, was mich bewegte, aber ich drehte mich tatsächlich sofort um und verließ die Küche. Die drei Männer im Wohnzimmer redeten munter durcheinander, als ich an den Tisch trat und mich räusperte. Ich spürte Helen dicht neben mir. Auch sie blieb stehen.

»Papa …«

In diesem Moment geriet eine Lawine in meinem Innern ins Rutschen und floss in Form von Worten aus meinem Mund.

»Papa … ich habe dir doch erzählt, dass ich in einem Sonnenstudio arbeite, aber das stimmt nicht. Ich … arbeite als Domina.«

Ich wollte ihm erklären, was das bedeutete, und vor allem wollte ich ihm erklären, was es *nicht* bedeutete – da sah ich sein Gesicht und die Veränderung, die mit ihm vor sich ging. Das traf mich wie ein Keulenschlag, und ich musste mich setzen. Plötzlich wieder wortlos.

Es verursachte mir Schmerz, meinen Vater so zu sehen. Und das Schlimmste daran war, dass ich an seinem Kummer die alleinige Schuld trug.

Offenbar hatte Helen die Situation sofort erfasst und übernahm das Ruder, um ihm das zu erklären, wozu ich nicht in der Lage war. Wortfetzen wie »erzieht Männer zum Gehorsam« und »darf aber niemals selbst angefasst werden« rauschten an mir vorbei, während mein Blick auf meinen Vater geheftet blieb, der nicht einen einzigen Ton sagte. Ich hatte viel mehr getan, als ein Weihnachtsfest zu verderben, aber ich war trotzdem froh, dass es heraus war. Helen hatte wieder recht gehabt: Ab jetzt konnte, *musste,* die Verarbeitung beginnen.

Es war nicht so, dass mein Vater nach meiner Eröffnung aufgestanden und gegangen war. Nein, er war einfach so sitzen geblieben, und alle redeten erklärend auf ihn ein. Ob es ihm half, dass die anderen es bereits seit Längerem wussten und es ihnen nichts ausmachte, konnte ich nicht sagen. Nur hoffen. Auch ich fand irgendwann meine Stimme wieder und versuchte, zu ihm durchzudringen. Er sah mich nur an.

Ich weiß auch nicht mehr, wie lange wir noch zusammensaßen – die Stimmung war natürlich dahin –, aber irgendwann gingen mein Vater, Helen und ihr Freund. Alex und ich blieben ziemlich ratlos zurück.

Was für ein Weihnachtsfest ...

SM IN DÄNEMARK

Am nächsten Morgen, also am Tag danach, dem ersten Weihnachtstag, fuhren Alexander und ich in Urlaub nach Dänemark. Plötzlich konnte ich mir diesen Urlaub gar nicht mehr vorstellen, so sehr drückte mir die Beichte bei meinem Vater aufs Gemüt. Wie sollte ich jetzt umschalten können auf Spaß und Entspannung? Denn dafür stand dieser Urlaub, den wir zusammen mit zwei anderen SM-Pärchen geplant und gebucht hatten. Doch noch in der Nacht, die so gut wie schlaflos war, sah ich mit Alexanders Unterstützung ein, dass es für alle Beteiligten das Beste war, sich eine Zeit lang aus dem Weg zu gehen, bis sich die Wogen wieder geglättet hatten. Also machten wir uns zeitig am nächsten Morgen mit verquollenen Augen planmäßig auf den Weg gen Norden. Wir fuhren mit dem Auto, und Alex schlug einen Zwischenstopp in Hamburg vor, um mich ein bisschen aufzumuntern. Er kannte eine Boutique auf der Reeperbahn, die tolle Sachen zum Spielen führte. Spätestens mit Betreten dieser bizarren Oase kam auch wieder ein bisschen Fröhlichkeit in mir auf, und ich wanderte neugierig durch die Reihen. Wir kauften einen Penis-Spikegürtel, einen Penisstrecker, einen Hodenfallschirm mit Spikes und ein knackiges Lederoberteil für mich. Hodenfallschirm? Das ist eine Art Manschette. Sie besitzt die Form eines Kegels, dessen Spitze abgeschnitten ist. Und dieses Gebilde hat Ähnlichkeit mit einem Fallschirm. Er besteht meist aus

Leder, wird aber auch aus Lack und Latex hergestellt. Oft hängt ein Ring am unteren Ende, an dem man Gewichte für den zusätzlichen Kick anhängen kann. Jedenfalls kauften wir so ein Ding für Alex, um damit in Dänemark unseren Spaß zu haben.

Als wir an unserem Urlaubsort eintrafen, waren unsere Stammtischfreunde Christina und Sam schon da und hatten unseren gemeinsamen Bungalow in Beschlag genommen. Mit von der Partie waren wiederum ihre Freunde Nora und Rudi, beide Switcher, während Christina und Sam in einem ähnlichen Verhältnis lebten wie wir. Die gut gelaunten Gleichgesinnten und die räumliche Entfernung sorgten dafür, dass auch Alex und ich uns zunehmend entspannten und den Urlaub schon bald in vollen Zügen genossen. Neben ganz normalen Unternehmungen wie Strandspaziergängen im eiskalten Wind und gemeinsamem Kochen mit mehreren Gängen stand natürlich unser aller Hobby im Vordergrund. Wir tauschten uns genüsslich aus, zeigten uns gegenseitig unsere neuesten Errungenschaften und spielten nach Herzenslust. Silvester feierten wir besonders ausgelassen. Als es dunkel war, ließen wir Rudi in der eisigen Kälte fünf Mal ums Haus herumlaufen. Natürlich nackt. Dann haben wir Sams Finger- und Fußnägel mit dunkelrotem Lack bemalt und ihn wie eine Dirne geschminkt. Er sah richtig süß aus. Auf Rudis Rücken sind wir Frauen ein paar Runden um den Tisch herumgeritten, bis wir vor Lachen ganz außer Atem waren. Alex bekam Haue, weil er mitgelacht hatte, obwohl er still sein sollte, und um Punkt zwölf sind wir alle zusammen auf die nächste Düne gelaufen – die Frauen im Outfit, die Männer nackt – und haben ganz laut im Chor »Wir sind pervers!« gerufen und uns kaputtgelacht. Im Verlauf der restlichen langen

Silvesternacht haben wir sogar untereinander die Partner getauscht und uns hemmungslos nach SM-Art vergnügt. Da die Gefährtin einen leichten Schwips hatte, war auch sie fröhlich mit von der Partie.

Das war ein toller, unbeschwerter Urlaub!

Wir waren frei und verrückt und lebten uns aus.

Als wir zurückkamen, hatten mein Vater und ich ein klärendes Gespräch, das uns beiden sehr guttat. Er konnte meine Neigung zwar nicht nachvollziehen, aber er respektierte und akzeptierte sie. Und: Er hat nie versucht, sie mir auszureden.

HÖLLISCHE SCHMERZEN
DURCH NATUR PUR

Durch meinen Dänemark-Urlaub hatte sich das ohnehin bereits gespannte Verhältnis zur Düsseldorfer Studio-Chefin noch weiter verschlechtert, und ich beschloss – auch aus anderen Gründen – einen Wechsel nach Wuppertal. Das Haus war von einer ehemaligen Kollegin eröffnet worden, und so hoffte ich auf eine angenehmere Arbeitsatmosphäre.

Ich war nun bestens vertraut mit den sadistischen Praktiken des Schlagens, Nadelns und Nähens und war begierig auf neue Alternativen, um mich darin auszuprobieren. Ein Gast, dem ich hier den Namen Dirk geben werde, brachte mich auf die wundervolle Idee, mit Hilfsmitteln aus der Natur Schmerzen zu schenken. Und das kam so:

Dirk hatte mich über meine Homepage angeschrieben. Er wollte unbedingt zu einer sadistisch veranlagten Domina und teilte mir mit, dass Spuren ausdrücklich erwünscht und nicht nur auf den Allerwertesten beschränkt wären. Was für eine Freude! Er fragte mich auch, ob es in Ordnung wäre, wenn er die passenden Schlaginstrumente selber mitbringen würde. Ich fragte mich, was das sein könnte, da wir es nicht im Studio hätten, ließ ihn jedoch gewähren. Als er pünktlich zum vereinbarten Termin erschien, hatte er zu meinem Entzücken frisch geschnittene Weidenruten dabei, und ich musste zugeben, dass wir die wirklich nicht vorrätig hatten!

Nach einem kurzen Gespräch führte ich ihn ins überwiegend rot eingerichtete Zofenstudio mit seinen weißen Flokatis auf dem Fußboden. Das war jedoch nicht der Grund, warum ich mich für diesen Raum entschieden hatte. In der Mitte des Mottozimmers stand ein Bock, der für unsere Zwecke absolut ideal war: Er sah aus wie ein hoher, schmaler Tisch, der oben komplett abgerundet war, damit sich der Gast bequem darüberlegen konnte. Es sollte ja schließlich nicht alles ungemütlich oder unangenehm sein. Ich machte den nackten Dirk breitbeinig am Bock fest, indem ich die Hände an den beiden Vorderbeinen und die Fußgelenke an den beiden Hinterbeinen fixierte. Das muss man sich wie ein umgekehrtes Klappmesser vorstellen. Es sah sehr verlockend für mich aus. Ich positionierte mich so, dass er mich nicht sehen konnte, und tat als Erstes – nichts. Ich stand einfach nur hinter ihm und schaute zu, wie er sich verrenkte, um einen Blick auf mich zu erhaschen. Keine Chance. Dann strich ich einmal mit meinen Nägeln über seinen Rücken, streichelte seine festen Pobacken und wanderte an der Innenseite seiner Schenkel entlang. Das brachte ihn förmlich zum Schnurren. Ich griff zur ersten Weidenrute, die geschmeidig in meiner Hand ruhte. Ich genoss das Gefühl der frischen, biegsamen Zweige und nahm mit meinen Augen Maß. Dann begann ich mit seinen Oberschenkeln, die ich anfangs sanft, dann immer kräftiger von außen nach innen peitschte, während er sich stöhnend auf dem Bock wand. Als die erste Rute begann, mitgenommen auszusehen, griff ich zur nächsten und bearbeitete seinen Hintern, bis die Spuren deutlich zu erkennen waren. Ich legte auch dieses natürliche Schlaginstrument beiseite und nahm mir ein frisches, mit dem ich zu Dirks Kopf wanderte. Ich genoss den Ausdruck köstlichen Schmerzes in seinen Augen, trat ganz nahe an seinen Oberkörper heran und nahm seinen herabbaumelnden Kopf fest zwischen meine Knie. Dann knöpfte ich mir wieder seine Kehrseite vor. Als wir unsere genussvolle Session beendeten, hatten sich viele schöne, kurze und lange, hell- und dunkelrote Striemen auf seinem Körper gebildet.

Wieder einmal nutzte ich an diesem Tag die Heimfahrt, um zu überlegen, wie ich das Erlebte sinnvoll zu Hause anwenden ließ. Sicher, ich konnte auch Weidenruten in unserem Ort schneiden und Alexander auf die gleiche Art beglücken wie zuvor Dirk – aber das erschien mir zu simpel, zu langweilig. Ich überlegte vielmehr, was die Natur sonst noch so an natürlicher Folter zu bieten hatte. Und da fiel es mir ein … Es war im Grunde so einfach, Spaß zu haben und gleichzeitig Wirkung zu erzielen. Ich freute mich wie ein Kind auf die Session mit Alex. Auch deshalb, weil es immer mehr Gründe gab, ihn zu bestrafen. Unsere Beziehung war an einem heiklen Punkt angelangt, an dem der Kampf um Überlegenheit immer stärker wurde. Gepaart mit zunehmenden finanziellen Sorgen, die sich aus Alexanders unzureichender Auftragslage – oder seinem mangelnden Engagement? – ergaben. Das frustrierte uns beide, und so kam oft eins zum anderen. Ich würde jedenfalls meine Idee zum Anlass nehmen, um Alex mal wieder deutlich zu zeigen, wer die Herrin im Haus war. Auf einen Grund würde ich nicht lange warten müssen, das wusste ich.

Und so war es noch am selben Abend. Alex hatte von mir die Aufgabe bekommen, unsere Vorräte im Billig-Supermarkt zu ergänzen, war aber stattdessen wieder einmal am Computer hängen geblieben. Und statt sich wenigstens zu entschuldigen, maulte er noch herum, dass er endlich mal einen neuen Rechner brauche, weil sein alter viel zu langsam sei. Ich erinnerte ihn daran, dass unsere Heizung repariert werden musste.

»Hast du dir mal Gedanken darüber gemacht, woher wir das Geld dafür nehmen sollen?«

»Och, da wird sich schon was finden, Maus. War doch bisher immer so.«

Ich fasste es nicht! Hatte er denn gar nichts begriffen? Für diesen Tag war es zu spät für meine geplante Aktion, draußen war es bereits stockdunkel und ich würde das Gewünschte nicht finden, ohne zu stürzen – und das fehlte mir in meiner Wut gerade noch. Also verabreichte ich Alexander dreißig wirklich unspaßige Hiebe mit unserer Lieblingspeitsche, und zwar zehnmal auf den nackten Hintern und zwanzigmal auf die entblößte Eichel. Zu mehr fehlte mir einfach die Energie. Dann ging ich ins Bett und sprach kein Wort mehr.

Als ich am nächsten Morgen wach wurde, lag Alex nicht mehr neben mir im Bett. Er war überhaupt nirgendwo in der Wohnung. »Aha, der Supermarkt«, dachte ich. Trotzdem war ich immer noch sauer. Seine Sorglosigkeit ging mir zunehmend auf die Nerven. Oder war es Ignoranz? Ich konnte es auch nicht mehr wirklich unterscheiden, also schnappte ich mir ein Paar Arbeitshandschuhe, ging in den Garten und bereitete Alexanders nächste Strafaktion vor. Und weil auch ich Weiden in der Nachbarschaft hatte, schnitt ich ein paar Ruten davon ab. Mit ihnen würde ich mich herrlich austoben können, während der zweite Teil der Bestrafung eher einen Genuss für mein sadistisches Auge darstellen würde.

Als Alex zurückkam, mit Tüten und Taschen bepackt, deren Inhalt er womit auch immer bezahlt hatte, ließ ich ihn zunächst alles wegräumen und sich dann ausziehen. Er wirkte überrascht und hielt sein Vergehen des gestrigen Tages offensichtlich für bereits abgegolten. Ich nicht. Meine Gartenschätze hatte ich mit einem Tuch abgedeckt und in Reichweite im Wohnzimmer platziert. Ich fixierte meinen ungehorsamen Sklaven wie gehabt an meiner Eigenkonstruktion am Treppenaufgang zum Schlafzimmer und betrachtete seine noch unversehrte Nacktheit.

»Es gibt Schläge, Alex.«

Er murmelte irgendetwas. Schläge waren für ihn ja nichts Neues – nur bis dato waren sie entweder durch meine flache Hand oder mittels einer Peitsche ausgeteilt worden. Die Weidenruten sprachen da so ihre ganz eigene energische Sprache, das durfte ich am Tag zuvor bei Dirk feststellen. Bei Alex wählte ich die gleichen Partien: Po und Oberschenkel. Ich gab richtig Gas und konnte mich schon bald an Striemen unterschiedlichster Couleur erfreuen. Eine einseitige Freude, denn Alexander beschwerte sich ein ums andere Mal über die Schmerzen, die ich ihm bescherte. Als ich ihn nach zehn Minuten losband, stand er mühsam auf und befühlte die Spuren vorsichtig mit den Fingern.

»Aua, Herrin!«

»Das sollte auch wehtun. Wenn ich mich nicht von alleine auf dich verlassen kann, muss ich dich eben immer härter bestrafen, Alexander.«

»Aber ich war doch jetzt einkaufen. Und sogar von meinem Geld.«

»Ja, das solltest du aber gestern machen, nicht heute. Außerdem bin ich noch nicht fertig mit dir.«

Er sah mich ungläubig an. Bestimmt konnte er auch noch seine Eichel vom Vorabend spüren. Und genau da wollte ich mit meiner nächsten Aktion ansetzen.

»Geh nach oben und hole Kondome aus dem Schlafzimmer.«

Wieder begegnete er mir mit Unverständnis. Die Zeit der Kondome hatten wir längst hinter uns gelassen. Andererseits, so interpretierte ich das plötzliche Aufleuchten in seinen Augen, bedeuteten Kondome Sex. Wie man's nimmt …

Alex kam mit einem Kondom zurück.

»Kondome, hatte ich gesagt. Plural. Ab nach oben!«

Alex verschwand wieder. Ich glaubte zwar nicht, dass wir mehr als eines benötigen würden, aber hier ging es ums Prinzip, und gesagt war gesagt. Die Gefährtin rollte mit den Augen; sie hasste die Erbsenzählerin in der Sadistin.

Kurz darauf lag eine Handvoll Kondome auf dem Esstisch.

»Geh rüber zur Kommode und nimm das Tuch weg.«

Alex marschierte brav dorthin, zog das Tuch beiseite und starrte auf ein Tablett – mit frisch abgeschnittenen Brennnesseln. Von da sah er auf die Kondome und dann zu mir.

»Fragezeichen?«, versuchte er zu scherzen.

»Du bist jetzt mal ganz still und tust ausschließlich, was ich dir sage.«

Schluss mit lustig. Augen rollende Gefährtin hin oder her. Alex schwieg. Die Ratlosigkeit war ihm anzusehen. Freundlich, wie ich sein konnte, hatte ich die Brennnessel-stängel mit meinen behandschuhten Fingern bereits in kleinere Stücke zerteilt. Trotzdem würde Alex diese Stücke gleich mit bloßen Händen anfassen müssen und dabei zwangsläufig mit den gemeinen Brennhaaren in Berührung kommen. Und nicht nur das.

»Öffne ein Kondom und fülle es mit Brennnesseln, bis ich *stopp* sage. Wehe, das Kondom geht dabei kaputt.«

Alex, ein Kondom in der linken Hand, näherte sich mit

spitzen Fingern den Brennnesseln und blieb eine Weile unschlüssig davor stehen, weil er nicht wusste, wie er es am besten anpacken sollte.

»Ich zähle bis drei. Wenn du bis dahin nicht endlich anfängst, bekommt die Eichel wieder Kirmes. Und zwar richtig. Ich sage nur: hundert Schläge Minimum. Eins …!«

Mein Freund angelte sich einen Stängel vom Tablett, sagte sofort »autsch!« und begann ihn in das Kondom zu fummeln. Als er es geschafft hatte, sah er mich fragend an.

»Na weiter, weiter! Bis ich *stopp* sage!«

Zur Aufmunterung griff ich noch mal eben zwischendurch nach einer Rute und zwiebelte sie ihm herzhaft auf den Hintern. Alex gab weitere kleine Schmerzlaute von sich, schob aber tapfer Stängel für Stängel ins Kondom.

»Stopp! Das genügt.«

Alex wedelte heftig mit der rechten Hand, als könne ihm das Linderung verschaffen. Wieder schaute er mich an. Ich ließ es auch dieses Mal durchgehen und befahl:

»Und nun rein mit dem Schwanz!«

Alexander hatte sich das mittlerweile schon selbst denken können und schaute auf sein erschlafftes Geschlechtsteil herab. Ich ging zu ihm, stellte mich dicht vor ihn und umfasste seine Hoden.

»Naaa, das wirst du doch hinkriegen. Wichs ihn schön steif, deinen Schwanz.«

Ich wusste, er konnte nicht anders, als es zu tun, und es gelang ihm auch innerhalb kürzester Zeit.

»Gut gemacht. Und nun rein mit dem Teil!«

Er zog seine Vorhaut zurück, weil er anders nicht in das Kondom hineingekommen wäre, sog einmal heftig die Luft ein und schob sich langsam voran – verbunden mit vielen lang gezogenen »Aaaaahs« und »Ooooohs«.

»Mann, das zwiebelt aber!«, rief er einmal. Und: »Aber – wenn man sich drauf einlässt, ist es richtig geil!«

Ich ging näher ran, um die Umsetzung meiner Idee besser betrachten zu können. Es sah richtig kunstvoll aus: das frische Grün der Nesseln, der sich immer stärker rötende Penis und alles umhüllt von einer zarten Gummihaut. Ich umschloss das pulsierende Gebilde – Alexanders Erektion blieb trotz oder gerade wegen der sicher nicht unerheblichen Schmerzen in vollem Umfang erhalten – fest mit meiner Hand, um meinen Sklaven noch mal in besonders intensiven Kontakt mit den bösen kleinen Brennhaaren zu bringen. Dann ließ ich ihn selbst noch ein bisschen herummachen, bevor ich die Erlaubnis zum Abstreifen gab.

Das hat ausgesehen darunter! Jeder weiß ja, wie die Haut an der Stelle aussieht, an der sie mit einer scharfen Brennnessel in Berührung gekommen ist. Und das ist dann das Resultat einer *kurzen* Berührung, weil der Schmerz einen jeden weiteren Kontakt vermeiden lässt. Hier hatten wir es aber mit einem höchst empfindlichen Weichteil zu tun, und von *kurzer* Zeitspanne konnte überhaupt keine Rede sein – und genau so sah Alexanders Penis auch aus. Alles voller roter Quaddeln. Ein herrlicher Anblick, wenn man Spuren so liebt wie ich.

Auch Alex war sehr beeindruckt von meinem Szenario, und ich hoffte für uns beide, dass sein Respekt anhielt.

DER ABSTURZ

Damit ist nicht meiner gemeint, sondern der eines Gastes. So etwas kommt oft vor, wenn Emotionen einfach übermächtig sind oder das vereinbarte Spiel fehlgeschlagen ist, weil der Sub sich übernommen hat, überfordert wurde oder vielleicht gerade gar keine Lust auf SM hatte. Letzteres fällt bei einem zahlenden Gast in einem professionellen Studio natürlich weg. Zumindest sollte er Lust haben, wenn er dort hingeht. Ein weiterer Grund kann ein schlechtes Gewissen bezüglich der Veranlagung, der Phantasien oder der bevorzugten Praktiken sein. In jedem Fall ist bei einem Absturz die Therapeutin in der Domina gefragt, und ist sie nicht vorhanden, kann das sehr schlecht für den Sub ausgehen. Das Gefühl, mutterseelenallein zu sein, wird sich noch verstärken, und er kann aufgrund dessen das Vertrauen in seinen Top völlig verlieren oder sogar einen ernsthaften psychischen Defekt erleiden – je nachdem, wie heftig der Absturz war.

Ich habe in meiner sadistischen Ära nur einen Absturz eines Gastes erlebt und war dank Alexanders Zusammenbruch nach den hundert Peitschenhieben und intensiver Recherche bestens darauf vorbereitet.

Ich erinnere mich, dass der Gast, ich nenne ihn mal Heiko, ohne Termin ins Studio gekommen war und dass er nicht meinetwegen gekommen war. Nach dem in solchen Fällen üblichen *Showlaufen* entschied er sich jedoch für mich, und wir führten ein Vorgespräch, das sich nicht von anderen unterschied. Alles verlief völlig normal. Er war entweder gar nicht nervös oder ließ es sich nicht anmerken. Heiko äußerte den Wunsch, gefesselt zu werden und Schmerzen zu erleiden, vorzugsweise bei einer Analbehandlung, die für ihn das erste Mal sein würde. Ich fragte noch ein bisschen nach, ob er sich sicher sei und was genau er wolle, dann beendeten wir das Gespräch.

Zum Auftakt der Session bekam er von mir ein bisschen Spanking, also Schläge mit der flachen Hand auf den Po und auch mal einen Klaps auf den Penis. Zum Warmwerden. Und damit es ihm noch wärmer wurde, arbeitete ich mit Kerzenwachs: Ich tropfte ihm ein bisschen von dem heißen Zeug hier und da auf die Haut, was er jedes Mal mit einem wohligen Stöhnen quittierte. Schmerzhafter wurde es, als ich ihm auch Wachs auf die Nippel tropfte und gleich darauf Klammern an ihnen befestigte. Er konnte sich unglaublich gut fallen lassen, und vor allem bei der abschließenden Analbehandlung ging er richtig ab. Es war eine super Session! Vielleicht war darum der Schock umso größer: Als er abgespritzt hatte, war er einen Moment lang still, dann fing er an zu weinen. Erst kullerten ihm nur ein paar Tränen aus den Augen, dann waren es plötzlich wahre Sturzbäche. Heiko drehte sich von mir weg und sackte regelrecht in sich zusammen. Die Gefährtin war sofort alarmiert und rief auch die Therapeutin auf den Plan.

Ich setzte mich dicht vor ihn und legte ihm ganz leicht meine Hand auf die Schulter. Er zitterte und schluchzte.

»Was ist los mit dir, Heiko?«, fragte ich ruhig.

»Oh Gott!«, weinte er verzweifelt. »Ich fühle mich so furchtbar. Ich sitze in einem dunklen Loch und habe das Gefühl, ich komme da nie wieder raus!«

»Hattest du so etwas schon mal?«

»Nein«, schluchzte er, »aber ich habe ja auch noch nie zuvor … anal … Was habe ich da bloß getan?! Gott wird mich dafür bestrafen, ich weiß es!«

Das waren schwere Geschütze. Da Heiko sich eine Zeit lang gar nicht wieder beruhigen konnte, nahm ich ihn fest in den Arm und streichelte seine bebenden Schultern, bis es ihm etwas besser ging. So fand uns die Hausdame vor, die nachsehen wollte, warum ich die vereinbarte Zeit erheblich überzog. Ich deutete nur kurz auf den weinenden Heiko, und sie verschwand wieder. Dann hob ich den Kopf des Mannes und sah ihm direkt in die Augen.

»Wir haben nichts Schlimmes gemacht, Heiko. Wir haben nur das getan, was dir und mir Spaß macht. Niemand ist dabei zu Schaden gekommen, und deshalb wird Gott dich auch nicht strafen.«

»Ja, schon … aber …«

»Nein, kein aber, Heiko. Es war Gott, der dich so geschaffen hat, wie du bist, und du musst dir keine Gedanken um eine Bestrafung machen, solange du keinem anderen mit deinen Gelüsten schadest.«

Ich konnte nur hoffen, dass dem so war, aber ich sah, dass Heiko sich deutlich besser fühlte. Wir redeten noch eine Viertelstunde über Veranlagungen und Praktiken, bis ich ihn guten Gewissens nach draußen entlassen konnte.

Von da an kam er regelmäßig zu mir, die Analbehandlung wurde zum Standard, eingebettet in wechselnde Szenarien, und einen weiteren Absturz hat es in meiner Gegenwart nicht wieder gegeben.

DER KEUSCHHEITSGÜRTEL (2)

Alexander und ich brauchten dringend mal wieder eine Auszeit von unserem Alltag. Da ein kostspieliger Urlaub nicht infrage kam, besuchten wir für ein paar Tage seine Eltern im Allgäu. Die beiden zauberhaften Leutchen waren streng katholisch und durften mit unserer bizarren Neigung niemals in Berührung kommen. Sie durften noch nicht einmal *ahnen,* wie wir so drauf waren, und wir taten alles, um sie davor zu bewahren.

Trotzdem wollte ich nicht, dass Alexander während unserer Stippvisite vergaß, was das Besondere an unserer Verbindung war. Also ließ ich ihn sich kurz vor der Abfahrt mit dem Auto noch einmal unten herum entblößen und legte ihm das Schloss des Keuschheitsgürtels an – damit er Femdom schön spüren konnte. Die Ringe blieben immer drin, damit die Löcher nicht zuwachsen konnten. Dann fuhren wir los. Im Auto fragte Alex mich lächelnd:

»Maus, du hast nicht vergessen, den Schlüssel einzustecken, nein?«

»Nein, natürlich nicht. Ich bin doch kein Anfänger.«

Ich hatte den Schlüssel immer in meinem Portemonnaie, und das bewahrte ich in meiner Handtasche auf, die immer mit dabei war. So auch heute.

Alexanders Eltern verwöhnten uns mit einem üppigen Abendessen, und im Anschluss daran saßen wir noch lange im Wohnzimmer zusammen, tranken Wein und plauderten. Es war bereits weit nach Mitternacht, als wir alle müde wurden und uns in die Zimmer verzogen. Die Eltern bewohnten ein kleines Haus in einer Reihenhaussiedlung, dessen Gästezimmer sich im aus- und umgebauten Kellergeschoss befand. Dort waren wir völlig ungestört, und niemand konnte uns bei was auch immer hören. In dieser Nacht waren wir aber einfach nur unendlich müde und fielen gleich in einen tiefen Schlaf. Irgendwann in der Nacht bekam ich schlaftrunken mit, dass Alex an meiner Schulter rüttelte.

»Was ist los?«, nuschelte ich.

»Maus, mein Schwanz tut weh …«

»Was spielst du auch dauernd dran rum!«

»Nee, mal ernsthaft jetzt. Es tut *wirklich* weh.«

Er hörte sich auch so an. Schlagartig war ich wach und schaute mir Alexanders Penis bei Licht an: Er sah wirklich nicht gut aus. Wund gescheuert und an zwei Stellen schon leicht blutig. Keine Frage: Der Keuschheitsverschluss musste ab. Sofort.

»Hol mal den Schlüssel aus meinem Portemonnaie, Alex. Die Handtasche steht dahinten auf dem kleinen Tisch.«

Alexander wühlte und kramte, dann sagte er:

»Hier ist der Schlüssel, Maus.«

Er drückte ihn mir in die Hand, und ich schob ihn ins Schloss – er passte nicht. Ich stocherte noch ein paarmal herum, aber das Schloss ging nicht auf …

Und da fiel es mir siedend heiß ein: Ich hatte den Schlüssel mit dem von Alexanders Lederhalsband verwechselt und somit den falschen eingesteckt. Ach, du Schreck!

Es war unmöglich, das Schloss bis zu unserer Heimfahrt in drei Tagen an Alexanders Penis zu belassen. Noch unmöglicher war es allerdings mitten in der Nacht, im tiefsten

Allgäu einen Schlosser zu finden, der Alex von dem Ding befreite. Mal ganz von der damit verbundenen Peinlichkeit abgesehen … Also was tun?

»Wir müssen nach nebenan, in den Werkzeugkeller«, wisperte Alex.

»Wieso flüsterst du? Deine Eltern schlafen zwei Stockwerke über uns.«

»Das hoffe ich. Also komm, lass uns rübergehen.«

Wir machten Licht im Werkzeugkeller und stellten wieder einmal fest, wie aufgeräumt er war. Aber würden wir auch etwas finden, mit dem wir das Schloss aufbekämen? Wir probierten nacheinander einiges aus, mit dem wir in dem Schloss herumstocherten, aber es blieb davon völlig unbeeindruckt. Kein Wunder, ich hatte ja extra ein stabiles Exemplar ausgewählt, damit sich Alex in meiner Abwesenheit nicht selbst davon befreien konnte. Das entwickelte sich nun zum Fluch. Meinem Geliebten war der zunehmende Schmerz anzumerken, denn je mehr wir an dem Schloss herumrüttelten, umso mehr beanspruchten wir auch sein edles Teil. So ging das alles nicht. Ich betrachtete aufmerksam die aufgehängten Werkzeuge – und dann sah ich sie. Riskant, aber anders würde es einfach nicht gehen.

»Komm mit dem Schwanz dicht an die Werkbank!«, befahl ich.

»Was ist los?! Willst du ihn jetzt etwa in den Amboss klemmen, oder was?!«

»Auch keine schlechte Idee. Nun komm! Zieh die Vorhaut so lang wie möglich.«

Alexander gehorchte, und ich griff beherzt an die Wand.

»Was hast du da?«, fragte mein Sklave alarmiert.

»Eine Eisensäge, was sonst?«

Der Penis verschwand beinahe in der Bauchdecke. Samt Schloss.

»Spinnst du, Anna?«

Trotz seiner Sorge zuckte ein Lachen um seine Mundwinkel. Auch ich hätte schreien können vor Lachen! Aber wir fürchteten nichts so sehr wie die Entdeckung durch seine Eltern – was bei uns wiederum für noch mehr Heiterkeit sorgte. Kleine Überreaktion …

Alex prüfte das Sägeblatt und verzog das Gesicht.

»Hast du eine bessere Idee?!«

»Lass uns noch mal nach einem anderen Werkzeug schauen.«

Aufmerksam suchten wir nach einer anderen Säge oder einem Bolzenschneider – fanden jedoch nichts, was sich auch nur annährend geeignet hätte.

»Tja, Sklave. Dann kannst du nur beten, dass ich beim Sägen des Bügels nicht abrutsche«, sagte ich mit einem süffisanten Lächeln. Lag es am Neonlicht oder wurde Alexanders Gesicht noch eine Spur bleicher als zuvor? Es blieb jedenfalls bei der nicht allzu scharfen Eisensäge.

»Nun komm! Ich werde ganz vorsichtig sein, das kannst du dir ja wohl vorstellen. Wenn du die Vorhaut ganz lang ziehst, kann ich den Bügel vom Schloss prima durchsägen. Los jetzt!«

Nur scheinbar entschlossen trat mein Sklave an die für ihn zu klein geratene Werkbank seines Vaters. Nervös legte er seinen Schwanz auf den an der Werkbank anmontierten, jedoch defekten Schraubstock – es fehlte eine Backe, sodass wir das Schloss nicht einspannen konnten. Mist! Also packte Alex mit der Kneifzange das Schloss von vorne und zog seinen Schwanz so lang, dass der Bügel auf dem verbliebenen Backen des Schraubstocks zu liegen kam. Ehrlich gesagt, habe ich Alex noch nie in einer dämlicheren Körperhaltung gesehen als in diesem Moment: Nackt, in einer Art leichtem O-Bein-Spagat und vornübergebeugt, mit eingezogenem Bauch und angespannten Arschbacken. Ich prustete laut los – das »Bild des Jahres«! Als ich mich einigermaßen wieder beruhigt hatte, konnte der ungleiche Kampf – stumpfe Modellbausäge vs. Edelstahlbügel – beginnen. Ich setzte an und legte beherzt los. Meine Anstrengungen beeindruckten den Metallbogen jedoch nicht wirklich. Na, das konnte ja heiter werden! Nach einigen Minuten ruckelnder Sägerei an Schloss und Nerven zeigten sich jedoch erste Erfolge. Aber: Je tiefer sich die wohl stumpfeste Säge des gesamten Allgäus in das Metall mühte, desto anstrengender wurde es. Als meine Arme erlahmten, sägte Alex weiter und ich hielt die Kneifzange – natürlich hatte die Sadistin in mir dabei auch gleich viel mehr Spaß. Nach einer halben Stunde war es endlich geschafft, und Alex war seine Pein los.

Wir fielen uns glücklich und kichernd in die Arme und räumten alles an seinen Platz.

Bevor wir wieder ins Bett gingen, schmierte Alex seinen Patienten noch mit Salbe ein und sah mich immer noch grinsend an.

»Den Schlüssel vertauscht ... Tz tz tz! Gut, dass du kein Anfänger bist, Maus«, witzelte Alexander.

Na ja, auch Profis konnten sich im Eifer des Gefechts mal vertun. Wieder prusteten wir beide los, und an Schlaf war noch eine Weile nicht zu denken.

KONTRASTPROGRAMM:
PRINTE UND ZERO

Noch ein weiteres Mal wechselte ich das Studio. Mein bisheriges zog um, und der Zeitpunkt der Neueröffnung stand in den Sternen. So lange wollte ich aber nicht warten.

Eine Domina, der es ausschließlich um kommerziellen Erfolg geht, schickt einen Gast ohne Geld weg. Keine Frage. Ich arbeitete auch nicht für Nüsse, noch konnte ich solche meinem Energieversorger oder der Krankenversicherung anbieten, aber für jemanden wie mich, die sich der Femdom-Philosophie mit Leib und Seele verschrieben hat, gibt es Grenzfälle bei Gästen, die den kommerziellen Aspekt vorübergehend an die zweite Stelle rücken. Doch bevor sich nun Heerscharen mittelloser Sklaven zu meinem Studio aufmachen – bitte erst weiterlesen, dann erübrigt sich die Fahrt.

Während meiner Tätigkeit im zweiten Düsseldorfer Studio lernte ich einen Gast kennen, der kunstvolles Bondage und die damit verbundene absolute Wehrlosigkeit sehr zu schätzen wusste. Er nannte sich Printe – weil eine freundliche Gespielin ihm mal gesagt hatte, sein bestes Stück sei so hart wie eine selbige. Bei mir schlug dieser Spitzname ein wie eine Bombe – »Nicht nur zu Weihnachten hart« etc. –, und ich wollte überhaupt nicht wissen, ob er mit richtigem Namen Klaus oder Willy hieß. Wobei es unter uns Kolleginnen weitverbreitet ist, den Vornamen mit einer speziellen Eigenart oder Vorliebe zu mixen: Also etwa Printenhorst oder Spermadieter oder Sektfranz. Das dient oft auch zur Unterscheidung der Gäste, da die meisten einen häufiger vorkommenden Namen angeben. In diesem Fall genügte mir das Stichwort jedenfalls voll und ganz.

Printe liebte es, sich auszuliefern, und genoss das Gefühl, dass frau in seiner Wehrlosigkeit *alles* mit ihm machen könne. Dazu gehörte auch die Phantasie, dass eine weitere Frau ihn berührte, während seine Herrin dabei zusah oder sogar die Anweisungen für die Art der Berührungen erteilte. Es machte vor allem auch deshalb so viel Spaß, mit ihm zu spielen, weil er kaum Tabus hatte und so gut wie nie das Safe-Word zu seiner Erlösung aussprach. Das kommt bei mir generell höchst selten vor, weil ich ein ausgeprägtes Gespür für Grenzen besitze. Nur Spuren durften auf seiner Haut keine zu sehen sein, und der Analbereich gehörte ausschließlich ihm, wie er betonte. Das konnte ich gut akzeptieren. Nie gab es mit ihm irgendwelche Diskussionen über den Inhalt einer Session oder die damit verbundenen Kosten – was recht häufig passiert, wenn mehrere Frauen involviert sind. Wenn unsere Zeit für den Tag vorbei war, plauderten wir oft noch ein Viertelstündchen bei einem Getränk über dieses und jenes. So erfuhr ich, dass er geschieden und kinderlos war, aber eine Freundin hatte, für die SM in seiner Gesamtheit ein rotes Tuch darstellte. Sie wusste von seinen Neigungen, tolerierte sie widerwillig, wollte jedoch nichts darüber wissen und war heilfroh über das *outsourcing*. Er liebte sie, und sie wäre für ihn die perfekte Frau gewesen, wenn sie sich auf seine Neigungen eingelassen hätte. Nun wird das Gros der Sympathien der »armen« Freundin zufliegen, aber ich möchte gerne einmal darauf hinweisen, *wie* schwierig es für – uns – neigungsbetonte Menschen ist, eine erfüllende Partnerschaft aufzubauen. Man muss erst mal in diesem riesigen Heuhaufen Beziehungssuchender die Nadel finden, die den eigenen »Knall« teilt und nicht nur akzeptiert, sondern richtig gut findet. Der Suchende will ja keinen Gleichgesinnten in *dem* Sinne, sondern hofft auf den passenden Gegenpart. Und dann muss auch noch das gesamte Drumherum übereinstimmen oder wird mithilfe von Kompromissen passend gemacht: Wie soll die frisch gebackene SM-Beziehung funktionieren? Rund um die Uhr oder nur gelegentlich, wie ein Entspannungsurlaub? Findet die Neigung nur außerhalb statt oder lässt man sie auch innerhalb der eigenen vier Wände Einkehr halten? Macht man es nur zu zweit oder geht man zu entsprechenden Events? Entscheidet man sich für Letzteres, spielt man dann dort nur unter sich oder lädt man andere dazu ein? Wie weit geht eine solche Einladung? Ist man sich dabei im Rahmen treu oder gibt es für beide keine Tabus?

Ja – und solange es diese ideale Beziehung, die auch ich angestrebt hatte, nicht gibt, besucht man(n) eben gerne ein Studio, in dem entsprechende Fachfrauen arbeiten. Das kann auch der Beginn einer wundervollen (Geschäfts-)Beziehung sein. Bei Printe und mir war es jedenfalls damals so. Er liebte und verehrte mich, allerdings nicht zu viel, sodass es unsere Verbindung gefährdet hätte. Ich hatte wie er ein Faible für Bondage, und so probierte ich die unterschiedlichsten Fesselspiele mit und an ihm aus.

Nach ein paar Monaten, in denen er zu meinen Stammgästen zählte, war ich auf einer Erotikmesse gewesen und hatte begeistert zugesehen, wie eine Domina ihren Sklaven mitten in ein gigantisches Spinnenetz knüpfte. Das Netz befand sich in einer Art hölzernem Torbogen. So etwas wollte ich auch erschaffen. Unbedingt, so schnell wie möglich – und auf jeden Fall mit Printe in der Mitte.

Wieder zurück in Düsseldorf hatte Printe bereits seinen Besuch für den nächsten Tag angekündigt. Na, das passte ja! Ich besprach mich mit einer anderen Domina, die auch ein Faible für ausgefallenes Bondage hatte. Es war Ricarda, die ich bereits aus meinem ersten kommerziellen Studio kannte. Zusammen würden wir das Netz zwar nicht schneller knüpfen können, aber sowohl Printe als auch wir hätten viel mehr Spaß. Auch mit den Spielchen drum herum.

Am nächsten Tag wurde unser Gast um siebzehn Uhr erwartet. In einem der Studioräume befand sich ein Bondage-Rahmen, der sich für unser Vorhaben perfekt eignete.

Nach Printes pünktlichem Erscheinen traf ich mich mit ihm zum obligatorischen Vorgespräch, in dem jeweils festgelegt wurde, worauf der Besucher Lust hatte, wie lange er bleiben wollte und wie viele Frauen anwesend sein sollten. Ich ergriff sofort die Initiative:

»Hallo, Printe. Ich habe eine tolle Überraschung für dich – falls du genügend Zeit mitgebracht hast.«

Printe sagte, dass anderthalb, zwei Stunden für ihn okay seien. Dann verschwand er erwartungsvoll in Richtung Dusche, und ich traf mich mit Ricarda in dem Raum mit dem Bondage-Rahmen. Bald kam auch schon unser Hauptdarsteller in Bademantel und Schlappen in den Raum.

»Na, Printe«, empfing ich ihn gut gelaunt, »wie heißt noch mal das Tier, das sein Männchen nach der Begattung verspeist?«

»Das wird wohl die Schwarze Witwe sein«, antwortete er lächelnd.

»Die Begattung kannst du allerdings vergessen«, warf Ricarda lakonisch ein.

Das war Printe auch klar – wenngleich es kaum einen Devoten gab, in dessen Gedanken nicht die Hoffnung herumgeisterte: »Heute geht vielleicht was«! Die Erfüllung dieses Wunsches wäre fatal, denn aus dem prickelnden Machtgefälle würde eine langweilige Gerade. So dachten und denken auch viele Gäste.

»Gefangen wirst du aber trotzdem, und zwar gleich von *zwei* mordsgefährlichen Spinnen«, nahm ich den Faden wieder auf.

Printe lächelte immer noch. Das ist etwas, was Dominas nur begrenzt mögen. Rein beruflich gesehen. Ricarda reichte es zuerst.

»Genug gegrinst, Printe. Und weg mit dem Bademantel und den dämlichen Schlappen – oder sind wir hier im Krankenhaus?«

Sie war mehr so der harsche Typ, allerdings keine Sadistin. Wir ergänzten uns also gut.

Als Printe nackt vor uns stand, mit den Händen auf dem Rücken und den Blick züchtig auf den Boden gesenkt, machten wir uns warm.

»Begrüße uns, wie es sich gehört, Printe!«, befahl ich.

Sofort ließ er sich auf den Boden gleiten und begann, mir meine Stiefel zu lecken. Mit Hingabe und geschlossenen Augen.

»Und was ist mit *meinen* Stiefeln? Sollen die etwa nicht geputzt werden?«, meckerte Ricarda. Sofort schwenkte Printe seinen Kopf nach rechts und leckte dort emsig weiter.

»An meinem linken Stiefel ist die Ferse noch total dreckig!«, nörgelte ich dazwischen – und unser Gast wandte sich gleich wieder meinen Füßen zu.

»Wehe, du kümmerst dich nicht auch um meine Fersen!«, drohte meine Kollegin.

Auf diese beliebte Art und Weise krempelten wir ihn noch ein wenig auf links, dann hörte ich Ricarda mit einer

Blechdose rappeln. Aha, Zeit für eine ihrer Ideen. Mir war es recht. Sie war zum Glück ebenso mit Kreativität gesegnet wie ich, deshalb konnten wir unsere gemeinsamen Sessions ohne großartige Absprachen einfach laufen lassen.

Printe kniete mitten im Raum und sah sich aufmerksam um. Da wir nicht weiter thematisierten, was wir mit ihm vorhatten, schwirrten in seinem Kopf zahlreiche Fragezeichen.

»Genug geglotzt«, unterbrach Ricarda seine Überlegungen. »Komm mal flott hier rübergekrochen.«

Printe setzte sich in Bewegung und kniete sich dicht vor Ricardas Beine.

»Wie ich Lady Ariana kenne, hat sie dir bestimmt eine Überraschung versprochen, richtig?«

Ich grinste. Wie gut sie mich kannte. Schönes Spiel!

Printe nickte neugierig und ließ die Dose nicht aus dem Auge.

»Okay. Dann schau mal hier rein.«

Sie hielt ihm die Dose dicht unter die Nase, und sein Gesichtsausdruck wechselte von erwartungsvoll zu enttäuscht.

»Und was sieht der Sklave?«

»Getrocknete … Hülsenfrüchte?«

»Getrocknete Erbsen, genau! Na, wenn das keine Überraschung ist!«, rief Ricarda und schlug sich vor Vergnügen über ihren eigenen Witz mit der freien Hand auf den Oberschenkel.

Printe konnte sich so gerade beherrschen und wahrte die Form.

»Wie bitte?!«, dachte ich. »Getrocknete Erbsen?«

Ich war gespannt. Im Gegensatz zu Printe, der einen eher gelangweilten Eindruck vermittelte. Ricarda ließ sich davon nicht beirren. Natürlich nicht.

»Was schätzt du, wie viele das sind?«, fragte sie.

Printe schaute wieder mäßig interessiert in die Dose.

»Dreißig?«

»Dreißig – wer?!«

»Dreißig, Herrin?«

»Es sind genau siebenunddreißig getrocknete Erbsen, Printe. Siebenunddreißig. Nicht mehr und nicht weniger.«

»Scheint irgendwie wichtig zu sein«, dachte ich amüsiert.

»Ja, Herrin«, antwortete Printe.

Dass er dabei nicht gähnte und mit den Augen rollte, war alles. Andererseits kannte er die Frau mit dem streng zurückgebundenen Zopf schon länger als ich und wusste, dass sie mit Vorsicht zu genießen war. Sie klapperte noch einmal mit der Dose, dann holte sie aus und verschüttete den Inhalt schwungvoll im gesamten Raum. So viele waren es ja nicht, aber für einen Moment hüpften überall getrocknete Erbsen auf den schwarzen Fliesen auf und ab, bevor sie irgendwohin verschwanden. Printe war – gelinde gesagt – verblüfft. Und ich auch. Einzig Ricarda schaute hochmütig wie Kleopatra auf den Gast hinunter.

»Worauf wartest du noch, Printe? Aufsammeln, und zwar alle!«

Printe beeilte sich aufzustehen und unweit von uns die erste Erbse vom Boden aufzuklauben.

»Was soll das denn?!«, bremste Ricarda ihn erzürnt.

»Ähm … ich sollte doch die Erbsen aufsammeln, Herrin …?«

»Ja, aber doch nicht so! Ich will, dass du dich auf allen vieren bewegst und die Erbsen mit dem Mund aufsammelst. Und wehe, es fehlen am Ende welche. Für jede fehlende Erbse gibt es einen Schlag auf den Hintern. Mit meiner Hand auf die nackte Sklavenhaut. Und nun kriech los!«

Printe sah erschrocken aus … Schläge auf die nackte Haut ließen ihn an seine Freundin denken.

»Wenn du das nicht willst, streng dich an«, ermahnte ich Printe.

»Als ob seine Freundin jeden Abend zuerst seinen Hintern kontrolliert«, höhnte Ricarda. »Da träumt der höchstens von.«

Printe kroch mit der Nase knapp über dem Boden herum wie ein hoch konzentriertes Trüffelschwein, und ich sah ihn eine Erbse mit den Lippen aufnehmen.

»Bring jede Erbse, die du findest, sofort zu mir. Und sabbere sie mir bloß nicht voll, sonst gibt es auch was hinten drauf.«

Printe brachte also die erste Erbse und ließ sie mit einem »klonk« in die Büchse fallen. Ich freute mich für ihn, dass unsere Studiobetreiberin so großen Wert auf Sauberkeit legte – auch wenn hier sonst niemand vom Boden aß. In anderen Etablissements hätte er bereits jetzt den Mund voller Wollmäuse.

Siebenunddreißig Erbsen zu finden braucht seine Zeit. Ricarda und ich vertrieben sie uns mit Small Talk. Zwischendurch fragte Printe besorgt:

»Ich glaube, hier liegen zwei unter dem Schrank. Da komme ich mit dem Mund nicht dran, Herrin …«

»Dann nimm die Finger«, erlaubte Ricarda großmütig.

Nach einer knappen Viertelstunde verkündete er, keine weiteren Erbsen mehr zu finden. Nun kam der bange Moment, der über die weitere Verfassung seines Hinterteils entscheiden würde. Ricarda hatte die Dose auf den Boden gestellt und linste hinein.

»Hol mir ein Papiertuch da drüben und schütte die Erbsen drauf.«

Ich hatte gesehen, dass Printe seine Lippen beim Erbsentransport stets fest zusammengekniffen hatte. Wie sie da nun so auf dem Papier lagen, machten sie keinen nass gelutschten Eindruck.

»Auskippen, zählen! Keine Tricks. Ich sehe alles!«

Das war auch Printe klar, als er begann, die Erbsen laut durchzuzählen. Beim ersten Durchgang kam er auf einunddreißig.

»Glaub ich nicht. Noch mal«, sagte Ricarda.

Ich rückte dichter dran und zählte leise mit.

»Neunundzwanzig«, verkündete Printe nun, leicht besorgt.

»Stimmt«, bestätigte ich. »Das sieht nicht gut aus ...«

»Ich suche lieber schnell noch mal!«, schlug unser Gast vor.

»Nein. Das kannst du vergessen. Dreh dich um und präsentiere uns deinen Hintern. Du bekommst acht Schläge, von jeder Herrin vier.«

Printe drehte sich auf Knien herum und zeigte uns sein präventiv eingezogenes Hinterteil.

»Ja, ja, genau so habe ich mir das gedacht!«, maulte Ricarda. »Du stehst jetzt mal ganz flott auf, beugst dich nach vorne und wölbst uns deinen Hintern *freudig* entgegen.«

Freudig sah sicherlich anders aus, ansonsten gehorchte Printe jedoch.

»Wie sieht's aus?«, fragte meine Kollegin mich, »jede abwechselnd vier Mal auf eine Arschbacke?«

Ich nickte begeistert. Spanking gehört zu den Spielarten, die ich sehr mag. Vor allem mit der flachen Hand, weil man da die Schläge beim Austeilen auf nackte Haut selber genüsslich auskosten kann. Und erst das Geräusch! Es hat etwas »Organischeres«, als sei ein Instrument wie eine Peitsche oder ein Rohrstock dazwischengeschaltet. Was natürlich auch schön ist … Aber beim Spanking lachte und lacht mein Sadistenherz, obwohl ich Schlaginstrumente noch mehr schätze. Bei mehr als hundert Schlägen hätte ich allerdings dankend auf das Erlebnis des Spankings verzichtet. Schließlich sollte es mir Spaß machen und mir nicht die Hände strapazieren, die zart waren, auch wenn sie oft Grausamkeiten austeilten. Das Spanking bezeichnet die eher gemäßigte Form von Schlägen auf das nackte oder bekleidete Gesäß. Vorzugsweise mit der flachen Hand. Das Wort kommt aus dem Englischen und bedeutet übersetzt Tracht Prügel, Hinternversohlen, Haue. Also außerhalb des SM etwas, was man Kindern androht, ob gerechtfertigt oder nicht, wenn sie nicht spuren. Dem Spanking des SM steht der Flagellantismus gegenüber, und man ahnt bereits bei der Übersetzung des Wortes mit lateinischem Ursprung den gravierenden Unterschied: Es heißt auf Deutsch Geißeln, Dreschflegeln, Peitschen und kennzeichnet damit eine härtere Gangart der körperlichen Züchtigung, die deutliche Spuren hinterlassen kann oder oft auch soll. Das kann durch ein sogenanntes Paddel geschehen, das kleiner und handlicher als das Zubehör zum Boot, aber ähnlich geformt ist. Oder mit einem Teppichklopfer, einer Haarbürste, einem Zweig oder Rohrstock. Was gerade da ist und passt. Viele Flagellanten bestehen geradezu auf Spuren, weil sie diese mit Stolz und zur ständigen Erinnerung an schöne Momente mit sich herumtragen. Spuren, die Printe ja keinesfalls als Trophäe mit nach Hause nehmen wollte.

Printe hielt uns mittlerweile auf mustergültige Art und Weise seinen recht knackigen Hintern hin, und ich spürte den sadistischen Motor in mir schnurrend anspringen. Mit einer Geste deutete ich Ricarda an, dass sie das Vergnügen des ersten Schlages hatte, und rieb meine Hände – in Vorfreude und um sie entsprechend anzuwärmen. Nicht, um es zu vermeiden, den Gastsklaven mit kühlen Händen zu berühren, sondern um sie aufnahmefähig und resistent gleichermaßen zu machen.

Wir stellten uns rechts und links vom Hintern auf: Ricarda war Linkshänderin und stand rechts von Printe, um sich die linke Backe vorzuknöpfen, während mir als Rechtshänderin die rechte gehörte. Wie praktisch! Ricarda strich einmal mit der flachen Hand über die Pobacke. Es hatte etwas Zärtliches, sah aber auch ein wenig nach Maßnehmen aus. Dann klatschte es herzhaft, und Printe jaulte auf wie ein junger Hund, dem man versehentlich auf die Pfote getreten hatte. Hier konnte von Versehen allerdings nicht die Rede sein, und so stellte ich mich in Positur und klatschte kräftig auf seine rechte Hinternhälfte. Ein zweites Jaulen folgte. Ricarda wurde unwirsch. »Jammerlappen! Schrei noch lauter, und du kannst der Polizei erklären, warum sie von den Nachbarn gerufen wurde.«

Das war natürlich Blödsinn. Zum einen gab es keine direkten Nachbarn des Studios, und zum anderen würde er wesentlich mehr schreien müssen, bis die Polizei erschiene – und einen solchen Grund hatten wir nicht vor, ihm zu liefern. Trotzdem verfehlte die Warnung ihre Wirkung nicht: Gäste mit Doppelleben sind nie begeistert, wenn man mit den Ordnungshütern droht. Auch Printe war kurz zusammengezuckt.

»Kleines Kanonenfeuer?«, fragte mich meine Kollegin und zwinkerte.

Ich lächelte und nickte. Kanonenfeuer hieß, dass wir die

nächsten Schläge aufeinanderprasseln lassen würden, und klein bedeutete, dass es ja leider nur noch sechs Schläge insgesamt waren, weil Printe nicht mehr Erbsen abhandengekommen waren. Ich spuckte eher symbolisch in meine Hände, sodass unser Gast es hören konnte, und eröffnete dieses Mal meinerseits den Reigen mit einem saftigen Klatschen, das gleich darauf von Ricardas abgelöst wurde und so weiter. Schinkenklopfen, sechs Mal rasch hintereinander, begleitet von leisem Gejammer des Gastes:

»Au – Vorsicht!«

Ich schaute Ricarda an und sagte zu ihr:

»Dafür, dass er uns vorschreiben will, wie wir ihn zu schlagen haben, hat er mindestens noch vier weitere Schläge verdient.«

»Mindestens!«, stimmte sie ein.

Wir betrachteten Printes Hinterteil, es war gerötet, aber nicht ernstlich in Mitleidenschaft gezogen, und ich streckte meinen Daumen in die Höhe. Grünes Licht. Meine Schlaghand durchströmte eine angenehme Wärme, und sie wollte einfach nicht aufhören. Jedenfalls nicht sofort. Außerdem machte es Spaß, diese Session gemeinsam mit einer Gleichgesinnten durchzuziehen. Normalerweise arbeitete ich am liebsten allein, bildete den absoluten Mittelpunkt für mein Opfer und besaß seine ungeteilte Aufmerksamkeit, aber es gab diese seltenen Gelegenheiten, bei denen ich die Anwesenheit einer Partnerin sehr genoss.

Ricarda gab ihm einen festen Schlag auf »ihre« Hälfte, und ich zwiebelte einen kurzen, fiesen auf »meine« Seite. Von Printe war nichts zu hören, noch nicht einmal Atemzüge. Zwei Schläge standen noch aus, und die wollte er so schnell wie möglich hinter sich bringen. Wir ließen ihn warten. Erst nach ungefähr einer Minute verpassten wir ihm die letzten beiden Klapse, da wir erst eine Weile über die Stelle philosophierten, auf die unsere Hand herabsausen sollte. Dann war Printe erlöst. Wenn auch nur von den Schlägen. Wir erlaubten ihm, sich frei zu bewegen, und er ging als Erstes zum großen Spiegel an der Kopfwand und betrachtete darin seine Kehrseite so gut es ging. Wir hörten ihn brummen.

»Na, gibt's was zu meckern, Printe?«, fragte ich nach.

»Nein, nein, Herrin!«, beeilte er sich zu sagen.

Ich schaute unauffällig auf die Uhr, suchte Ricardas Blick und nickte zum Bondagerahmen hinüber. Der Rest der Session sollte ihm gehören.

Die Seile hingen an der Wand: schwarze und rote, kurze, mittlere und lange. Ich entschied mich für zwei schwarze mit einer Länge von jeweils fünfzehn Metern und mehrere kürzere. Printe war damit beschäftigt, seinen Hintern zu massieren, in der Hoffnung auf Schadensbegrenzung.

»Das solltest du lieber lassen, sonst bleibt er tagelang so rot«, verulkte ich ihn.

Ich sah die Zweifel in seinem Gesicht, aber er hörte auf zu reiben.

»Komm wieder in die Mitte des Raumes.«

»Ja, Lady Ariana.«

Ich drehte ihn so, dass er mit dem Gesicht zu mir stand, also frontal. Ricarda war hinter ihn getreten. Ich nahm die Mitte des Seils und legte es ihm um den Nacken, glitt mit den Händen an Hals und Seil entlang und fasste es an der Kehle zusammen. Ich zog seinen Kopf langsam zu mir, so nahe, dass er mein Parfum riechen konnte, und flüsterte ihm ins Ohr:

»Gleich wirst du dich nicht mehr bewegen können – noch nicht einmal den großen Zeh!«

Dieser Satz genügte, um seinen Penis an Größe beträchtlich zunehmen zu lassen.

Dann begannen wir mit einem kunstvollen Körper-Bondage, bei dem wir peinlich genau darauf achteten, dass sich die hübschen Knoten immer auf gleicher Höhe befanden – egal, ob sie auf dem Rücken oder der Brust angebracht waren. Ich band sein Geschlecht kunstvoll in das Bondage mit ein. Immer, wenn die eine mit dem Bondage beschäftigt war, widmete sich die andere einem seiner Körperteile – ob nun in lustvoller oder schmerzhafter Art. Wir verbanden die Arme mit dem Körper-Bondage und umwickelten die Beine separat, denn schließlich wollten wir ihn in gespreizter Haltung in den Bondagerahmen knüpfen. Als wir mit der Körperfesselung fertig waren, waren alle Seile so fixiert, dass sie sich nicht von alleine lösen konnten. Dann begannen wir damit, das Netz um ihn herum herzustellen und ihn einzuweben. Es sah grandios aus! Er konnte keinen Körperteil mehr bewegen. Selbst Finger und Zehen waren fixiert. Ricarda legte ihm ein Kopfgeschirr an, sodass auch dieser Teil seines Körpers bewegungsunfähig war. Dann spielten wir unser *Gute-Herrin/Böse-Herrin-Spiel* mit ihm. Es war ein Genuss, ihn im Wechselbad seiner Gefühle zu beobachten.

Bevor er zu erschöpft wurde und wir ihn unabänderlich losmachen mussten, wollte ich jedoch gerne meine persönliche Testreihe »Wie lange dauert es, bis er bettelt?« noch ein wenig weiterverfolgen. Ich stellte mich *sehr* dicht vor Printe, sah ihm tief in die Augen und strich wie unabsichtlich mit meinen Fingernägeln an der Innenseite seines Schenkels hinauf, in Richtung Schritt. Fast augenblicklich schlug sein fleischiges Pendel aus und klopfte an mein Handgelenk. Aus den Augenwinkeln sah ich, wie Ricarda hinter das Netz trat und sich an Printes Rücken schmiegte. Sie griff um ihn herum und rieb seine Brustwarzen. Es ist das Paradies für jeden Sklaven, wenn gleich zwei Dominas ihm äußerst geile Dinge angedeihen lassen. Printe wand sich wie eine Fliege im unentrinnbaren Spinnennetz. Während sich Ricarda intensiv seiner Brustwarzen annahm, brachte ich ihn immer wieder kurz vor den Höhepunkt – und brach unvermittelt wieder ab. Ach … ich liebe dieses Spiel – *tease and denial* (engl. für erregen und verweigern). Zu beobachten, wie er dem erlösenden Moment entgegenfiebert, und die herbe Enttäuschung, wenn die Herrin entscheidet, ihm diesen zu verweigern. Ein erhebendes Machtspiel …

»Oh, bitte, Herrin, bitte …«

Da war es, das Betteln!

Ich wollte den armen Kerl nicht länger leiden lassen, und so durfte er Sekunden später einen fulminanten Orgasmus genießen. Und einen lauten dazu. Wir erfuhren später, dass man sich sogar im Aufenthaltsraum noch vielsagend angegrinst hatte.

»Waren es wirklich siebenunddreißig Erbsen?«, fragte ich Ricarda neugierig, als wir wieder bei den anderen Frauen saßen.

»Ich glaube schon«, lächelte Ricarda verhalten. »Anfangs waren es mal fünfzig, aber bei jedem Spiel bleiben ein paar auf der Strecke. Sonst macht es ja auch keinen Spaß. Ich zähle sie jedenfalls nicht durch, bevor ich sie benutze. Du weißt doch: Was die Herrin sagt, ist Gesetz – und eine Strafe gibt es doch sowieso.«

Wie recht Ricarda doch hatte!

Printe war damit endgültig zu unserem größten Fan geworden. Als er vier Wochen später das nächste Mal ins Haus kam, brachte er jeder von uns einen Blumenstrauß mit und bedankte sich noch einmal ausdrücklich für die kreative Session. Erfreulicherweise blieb er mein Gast, abgesehen von den seltenen Fällen, in denen er Ricarda oder eine Aktiv-Passive buchte, bis ich das Studio aus persönlichen Gründen verließ und eine Weile pausierte, in der ich mich neu orientierte.

So weit zur Anschauung das sadomasochistische Leben eines Gastes, der seine Phantasien aufgrund seiner finanziellen Möglichkeiten regelmäßig und zudem auch noch mit zwei Frauen realisieren konnte und der sich privat leidlich damit arrangiert hatte. Vielleicht hatte Printe es aber auch deshalb einfacher als mein Kontrastbeispiel, weil er nicht in seinem kompletten Denken von SM durchsetzt war und sich zu weniger Heimlichkeit gezwungen sah als Zero.

Zero erhielt seinen Namen von mir, und er ist ja so gut wie selbsterklärend: Er war absolut devot veranlagt, fühlte sich zum Dienen geboren und war glücklich, wenn er als Sklave seiner Herrin agieren durfte – egal, wie und mit was. Finanziell war er nicht wirklich gesegnet, weshalb er seine Anwesenheit im Studio fast immer auf eine halbe Stunde begrenzte, und auch das nur alle zwei Monate, weil mehr einfach nicht drin war. Zudem lebte er in einer Ehe, für die SM das sofortige Aus bedeutet hätte. Nachdem Zero mich im Düsseldorfer Studio für sich entdeckt hatte, ging er zu keiner anderen Domina mehr: Zero war angekommen. So bestanden unsere Sessions auch weniger aus einer Aneinanderreihung kreativer Höhepunkte als vielmehr aus dem vertrauensvollen Machtgefälle zwischen Domina und Sklaven.

Schon bald wünschte Zero sich ein optisches Zeichen, das ihn als meinen Sklaven ausweisen würde. Ich ging nicht weiter darauf ein, aber eines Tages kam er zu mir, kniete vor mir nieder und zeigte mir, dass er sich ein Ohrloch für einen Ring hatte stechen lassen. Dieser Ring, so teilte er mir mit, sei von nun an das Zeichen, dass er mir gehöre. Damit hatte er mich vor vollendete Tatsachen gestellt und mir keine eigene Auswahlmöglichkeit gelassen – aber ich reagierte nicht ärgerlich, sondern lobte ihn für sein Engagement.

»Du bist ein guter Sklave«, flüsterte ich ihm ins Ohr. »Aber ich bedaure es, dass du mich nur so selten besuchen kannst.«

Zero seufzte lustvoll. Ich befahl ihm aufzustehen und biss leicht mit meinen Zähnen an seinen Nippeln herum. Er reagierte heftig. Vielleicht auch, weil meine Hand seine Hoden fest im Griff hatte und sie spielerisch hin und her gleiten ließ.

Er stöhnte.

»Ich würde alles für Sie tun, Herrin!«

Zur Belohnung ließ ich dem guten Mann eine Handentspannung angedeihen, die sich sehen lassen konnte. Zero kam voll auf seine Kosten, und unsere gemeinsame halbe Stunde war um.

Danach tauchte Zero nicht mehr im Studio auf.

Zwei Monate später rief er mich plötzlich an. Als Stammgast genoss er das Privileg, meine Handynummer zu kennen.

»Zero – was rufst du mich an?!«, fragte ich ihn.

»Ich … ich wollte der Herrin nur etwas sagen«, stammelte er.

»Und warum kommst du dann nicht ins Studio?«

»Weil ich kein Geld mehr habe, um Sie zu besuchen.«

Zero klang traurig.

»Okay, dann erzähl. Du hast zwei Minuten«, bot ich gnädig an.

»Erst wollte ich im Studio anrufen«, sprudelte es aus ihm hervor, »aber das machte ja auch keinen Sinn, weil man mich sowieso nicht mit Ihnen verbunden hätte. Ich hätte bloß einen Termin vereinbaren können, wie früher, aber das ging ja nicht, weil ich keine Kohle habe. Ich musste Sie aber dringend sprechen ... Bitte, Herrin ... ich vermisse Sie so ...«

»Zero, ich verdiene meinen Lebensunterhalt damit, dass ich Domina bin. Ich arbeite nicht ehrenamtlich.«

»Ich weiß, Herrin«, stöhnte Zero niedergeschlagen, »aber ich hatte gedacht ... vielmehr gehofft ...«

»Du hast gehofft, ich würde Gratis-Sessions mit dir machen, weil du so ein netter Kerl bist?«, fragte ich süffisant.

»Nein!« Zero war richtig entrüstet. »Ich hatte mir gedacht, ich könnte vielleicht Besorgungen für die Herrin machen, Einkaufen und so, und dafür könnten Sie vielleicht ...?«

»Dafür könnte ich vielleicht was, Zero?«

Ich hörte ihn schlucken. Es fiel ihm sichtlich schwer, seine Idee vorzutragen. Ich war neugierig geworden und wollte es von ihm hören.

»Also, ich dachte, wenn ich Dinge für Sie erledige und ich mache das nicht richtig, dann könnten Sie mich vielleicht dafür bestrafen? Nur ein bisschen ...«

»Warum soll ich dir Aufgaben übertragen, wenn ich vorher schon weiß, dass du absichtlich Fehler machen wirst?«

»Das habe ich bereits zu Hause«, ergänzte ich im Stillen.

»Nein, Herrin, so habe ich das nicht gemeint!«, beteuerte Zero. »Ich würde mir wahnsinnig viel Mühe geben, der Herrin wie ein guter Sklave zu dienen.«

Ich hatte genug gehört für diesen Abend und wollte auflegen. Sofort.

»Zero. Ich habe keine Zeit, mich jetzt noch länger mit dir zu unterhalten. Ruf mich morgen noch einmal an und mache mir einen adäquaten Vorschlag. *Falls* er mir gefallen sollte, komme ich vielleicht darauf zurück, aber auch nur vielleicht. Ist das klar?!«

»Ja, Herrin!«

»Und jetzt – tschüss!«

Auf der Heimfahrt dachte ich über Zero und sein Angebot nach. Von vorneherein uninteressant war es nicht. Ich arbeitete viel, und wenn Alexander einen Job außer Haus hatte, konnte er seinen Sklavenpflichten nicht hundertprozentig nachkommen, selbst wenn er nicht widerspenstig war. Was allerdings immer häufiger vorkam.

Aber was sollte ich mit Zero machen und vor allem: wo? Die Studiobesitzerin hielt überhaupt nichts von Haussklaven. Für sie existierten nur zahlende Kunden. Außerdem hatte sie, wie viele, die Erfahrung gemacht, dass viele Haussklaven unfähig als solche waren und die meiste Zeit geifernd hinter den Frauen herrannten oder absichtlich Fehler machten, um eine Strafe zu erhaschen. Ich lächelte, weil ich über das »Warum?« offensichtlich schon hinaus war. Die Gefährtin wollte ihre Bedenken mit »… und man kennt den Mann ja auch gar nicht richtig …« vorbringen, aber die Domina befand sich nach wie vor höchst interessiert in der Experimentierphase und wedelte die Einwände ungnädig beiseite. Dann rief Zero an und machte mir einen interessanten Vorschlag. Ich sagte ihm zu und konnte die Freude in seiner Stimme hören.

Von da an funktionierte unsere Geschäftsbeziehung der besonderen Art wie folgt: Zero rief mich an und fragte, wann er das nächste Mal mit mir einkaufen gehen dürfe. Ich nannte ihm einen Termin. Er kam immer nachmittags – wahrscheinlich hatte er dann gerade Feierabend gemacht. Wir fuhren mit unseren beiden Autos zu einem großen Supermarkt, und während Zero mit dem Einkaufswagen hinter oder neben mir herfuhr, sagte ich ihm, was ich alles brauchte oder zeigte einfach nur auf die Produkte. Er wiederholte, wie sehr er es bedauerte, kein Geld mehr für reguläre Studiobesuche zur Verfügung zu haben, und versprach, wann immer es ihm möglich sei, meinen Einkauf zu übernehmen und mir ein kleines finanzielles Geschenk zu machen. Beides hielt er ein. Er legte die Sachen auch aufs Band, packte sie sorgsam ein und verstaute sie in meinem Auto. Dann setzten wir uns in seinen Pkw und unterhielten uns ein bisschen. Zero liebte meine langen Fingernägel, und manchmal belohnte ich ihn, indem ich ein bisschen damit an seinen Nippeln spielte, während er dabei onanieren durfte. Er »kam« in seine Hand, die er dann gewissenhaft sauber lecken musste. Ab und an ließ ich ihn allerdings auch meine Füße verwöhnen. Das tat er mit Hingabe, obwohl er kein Fußfetischist war. Wir achteten immer peinlich genau darauf, dass wir sein Auto an einer entfernten Ecke des riesigen Parkplatzes abstellten, damit niemand eine böse Überraschung zu befürchten hatte. Natürlich schaute vor allem Zero sich immer wieder hektisch um, aber es kam glücklicherweise sehr selten vor, dass sich uns ein anderes Auto oder ein Mensch näherte.

Da solche gemeinsamen Aktionen zeitlich nicht allzu oft möglich waren, fragte er manchmal, ob er für mich einkaufen und mir die Sachen dann ins Studio bringen dürfe. Er würde mich so gerne nur ganz kurz sehen und ein paar Minuten mit mir reden. Mehr nicht. Einige Male erlaubte ich es ihm, aber das war spürbar nicht gut für die Atmosphäre im Haus, weil es einfach nicht erwünscht war, dass Sklaven es ohne einen Termin betraten – und so setzte ich dem praktischen Abkommen mit Bedauern ein Ende.

SADISTISCHER
LEICHTSINN

Alexander hatte in all der Zeit immer noch keinen vollwertigen Job gefunden, und die Last, für unseren Unterhalt zu sorgen, lag fast ausschließlich auf meinen Schultern. Eine unangenehme Tatsache, die mich dazu verleitete, in zwei Fällen von den sicheren Einkünften des Studiolebens abzuweichen. Sicher nicht wegen des Verdienstes – da war nichts sicher, immerhin gab es kein Gehalt oder Fixum –, sondern wegen der beschützenden Umgebung. Finanziell ging es unter anderem um unsere defekte Heizung. Der nächste Winter stand bevor, und wir mussten unbedingt das Geld für die Reparatur aufbringen. Ich hatte nur im alleräußersten Notfall vor, meine Familie um Geld zu bitten. Es musste doch mit dem Teufel zugehen, wenn zwei intelligente und gesunde Menschen wie Alex und ich nicht selber für unser bescheidenes Auskommen sorgen konnten. So dachte ich. Und erweiterte mein Portfolio um Escort – also Besuche außer Haus und bizarre Begleitung.

Dann erreichte mich folgende Anfrage über meine Homepage:

Sehr geehrte Lady Ariana, ich habe gelesen, dass Sie auch Hausbesuche machen. Ich möchte meine Freundin gerne mit dem Besuch einer Domina in einem Friseursalon überraschen. Was würde das für circa eine Stunde kosten und wann hätten

Sie Zeit, zu uns zu kommen? Vielen Dank für Ihre Antwort,
freundliche Grüße, Günther.

Aus dieser Anfrage ging eigentlich nichts hervor ... Im Friseursalon ... Was ich da wohl sollte? Haare schneiden? Mit
dieser Vermutung lag ich verhältnismäßig richtig, aber das
konnte ich zu diesem Zeitpunkt ja nicht wissen. Ich fragte
also erst einmal schriftlich nach, was denn so gewünscht
sei – und vor allem von wem, von der Freundin oder vom
Schreiber selbst? Von beiden? Mit Paaren spielte ich eher
selten, zumindest beruflich. Die Antwort verlangte eigentlich nichts Dolles von mir: ein bisschen Fesseln, ein bisschen Haue, ein bisschen hier, ein bisschen da. Ich beschloss,
meine Zusage vom Honorar abhängig zu machen, und ging
relativ hoch ran. Die Antwort kam prompt: Das sei ein
angemessener Preis und man freue sich auf mein Erscheinen. Ein Zeichen? Der Termin war schneller vereinbart, als
die Gefährtin warnend zur Sadistin durchdringen konnte.
So stand erst nur der Jubel der Sadistin im Vordergrund, die
von dem Honorar zwar nicht die Heizung reparieren lassen, wohl aber schon mal etwas zu diesem Zweck bei-
seitelegen konnte. Erst auf meine verbindliche Zusage hin
kamen die Zweifel auch im Kopf an. Ich würde am frühen
Abend in eine nicht ganz so nahe gelegene Großstadt fahren
und dort einen Stadtteil aufsuchen, in dem ich mich gar
nicht auskannte. Und ich würde allein dorthin fahren, weil
ausgerechnet an diesem Tag niemand von den Eingeweih-
ten Zeit hatte, mich zu begleiten. Ich wollte das Geld, so
viel stand fest. Also beschloss ich, die Bedenken abzuschüt-
teln und mich zu meiner Sicherheit *covern* zu lassen. *Covern*
bedeutet, dass man eine Person seines Vertrauens in einen
möglicherweise gefährlichen Termin einweiht. Man meldet

sich bei diesem Menschen, wenn man am Treffpunkt ein-
trifft, und vereinbart einen exakten Zeitpunkt, zu dem man
sich wieder meldet, also nach der Session, um zu entwar-
nen.

Alexander wurde in meinen Augen von Tag zu Tag unzu-
verlässiger, deshalb ließ ich ihn außen vor und rief stattdessen meine Freundin Babsi an, die von Anfang an über
meine neue Leidenschaft Bescheid wusste und diese auch
tolerierte. Als ich sie jedoch über mein Vorhaben informierte, war sie alles andere als begeistert.

»Anna, du kennst die Leute doch überhaupt nicht. Und
du willst ganz alleine dahin gehen, das ist doch gefährlich!«

»Ich weiß nicht … Ich habe kein schlechtes Gefühl bei
der Sache, und außerdem ist das ein sehr willkommener
kleiner Geldsegen für mich.«

»Das geht doch auch anders. Wenn du Geld brauchst,
ich leihe dir gerne etwas. Ich weiß doch, dass ich es wieder-
bekomme, wenn es dir finanziell besser geht.«

Ich wusste nicht, wann das sein würde, und deshalb kam
es für mich auch nicht infrage. Außerdem fand ich die
Location reizvoll und wollte diese Session ganz einfach
machen. Babsis Bedenken blieben bestehen, aber schließlich erklärte sie sich bereit, mich zu *covern*. Wir vereinbarten, dass ich Babsi bei meiner Ankunft vor dem Friseurge-
schäft anrufen und dann das Handy in meine Jackentasche
stecken würde. So könnte sie mithören, was drinnen vor
sich ging. Die Flatrate machte es möglich. Für den Notfall
vereinbarten wir noch ein Codeword: Sagte ich *jetzt mal
langsam,* würde Babsi sofort die Polizei anrufen und zum
Laden schicken. Nun konnte ich nur hoffen, dass mir die
drei Worte nicht versehentlich über die Lippen kamen. Dieser Gedanke brachte mich auf dem Weg zu meinem Bestim-

mungsort zum Lachen. Ich hatte aber auch richtiggehend Angst, weil ich mich meinen Gästen in ihrem Umfeld regelrecht auslieferte. Außerdem fragte ich mich, was das wohl für ein Ladenlokal sein würde: Die Friseurgeschäfte, die ich kannte, hatten alle mehr oder weniger große Fensterfronten. Selbst wenn es draußen dunkel war – wir hatten uns natürlich für abends nach Geschäftsschluss verabredet –, würden wir drinnen wohl wenigstens ein gewisses Maß an Licht brauchen.

Nachdem ich einen Parkplatz in einer Seitenstraße gefunden hatte, rief ich Babsi an.

»So, ich bin da. Es kann losgehen. Stell dein Handy auf laut und schlaf bloß nicht ein!«

Babsi war empört, und ich konnte hören, dass auch sie Angst hatte.

Als ich ankam, sah ich, dass es sich um *ein* großes Fenster handelte und es mit Stoff verhängt war. Danke, Frage beantwortet. Als ich eintrat, roch ich zuerst typisches Friseuraroma – Shampoo, Festiger, Haarspray –, aber da war noch ein anderer intensiver Geruch. Was konnte das sein? Räucherstäbchen? Im Friseurladen? Bevor ich dem nachschnuppern konnte, stand erst einmal ein Pärchen von seinen Stühlen auf und begrüßte mich. Es stellte sich heraus, dass es sich hierbei um die beiden Inhaber des Ladenlokals handelte. Das Pärchen, das mich gebucht hatte, befand sich im angrenzenden Friseurraum, den es für diesen Abend gemietet hatte. Die beiden hatten bereits begonnen, miteinander zu spielen, und nun unterbrachen sie ihr Tun, um mich zu begrüßen.

»Hallo, ich bin Sabine«, sagte sie.

»Und ich bin Günther«, sagte er.

Während einer der Inhaber ein Wasser für mich holte,

fasste Günther noch einmal zusammen, was wir in der Session machen wollten.

»… und vielleicht ein bisschen Haare schneiden«, sagte er abschließend.

»Haare schneiden?!«, fragte ich entsetzt.

Dazu muss ich sagen, dass ich meine langen roten Haare liebe, und das nicht nur, weil sie einen Teil meines Kapitals ausmachen. Vor allem, da jeder Zentimeter echt ist und nicht aus Extensions besteht. Wenn überhaupt jemand meine Haare schnitt, dann war das die Friseurin meines Vertrauens, und dann auch nur höchstens einen Zentimeter. Also fügte ich unmissverständlich hinzu:

»Auf keinen Fall!«

»Wir meinten ja auch nicht so richtig schneiden«, beeilte Günther sich zu sagen. »Nur so tun, als ob. Als Bestandteil des Rollenspiels.«

Bei meinen Haaren wurde aber auch nicht so getan, als ob, das stand fest. Geld hin oder her. Das kannte man ja: Waren die Gemüter im Spiel erst mal erhitzt, fielen sehr schnell alle Hemmungen, und meine Haare wären ab. Nein, danke. Ich trug und trage meine Haare bei Sessions sowieso immer hochgesteckt. Wenn ich mich vorbeuge, fallen sie mir sonst wie ein Vorhang vors Gesicht, und ich möchte sie ungern mit Körperflüssigkeiten aller Art in Berührung bringen. Also bot ich Folgendes an:

»Ich sehe, dass ihr hier Perücken habt. Ihr könnt mir gerne eine davon geben, dann setze ich sie mir auf, und ihr könnt *die* Haare schneiden.«

»Nee, lass mal. Ist auch nicht so wichtig«, sagte Günther und gab mir das vereinbarte Honorar. Damit war das Vorgespräch abgeschlossen. Ich hatte mittlerweile das Gefühl, dass die Situation zwar komisch, aber nicht bedrohlich war, und ein wenig später schaltete ich unauffällig mein Handy aus. Auch das hatte ich so mit Babsi vereinbart. Unmittelbar nach der Session würde ich dann telefonisch Entwarnung geben. Kurz bevor wir begannen, sah ich in den Raum, aus dem einer der Besitzer mein Wasser geholt hatte. Ich konnte Gothic-Elemente und esoterische Artikel erkennen. Das erklärte dann auch den Duft von Räucherstäbchen. Wie Satanisten sahen sie jedenfalls alle nicht aus …

Das Rollenspiel von Günther und Sabine drehte sich fast ausschließlich um den Friseurstuhl und darum, was man dort mit jemandem veranstalten konnte. Zuerst widmeten Günther und ich uns seiner Freundin. Ich fesselte sie auf dem Stuhl vor dem Spiegel und spielte ein bisschen mit ihr. Danach war er an der Reihe, und Sabine half mir dabei, ihn zu fesseln. Wir vergnügten uns eine Zeit lang damit, seine Nippel zu bearbeiten und ihm zu erzählen, was wir nun alles mit ihm tun könnten, weil er ja wehrlos sei. Alles ganz normal – jedenfalls für mich.

Als die vereinbarte Zeit eigentlich um war, wurde es dann doch noch richtig seltsam.

»Kannst du Sabine noch die Haare schneiden, bevor du gehst?« fragte Günther.

Ich schaute zu seiner Frau hin, deren Haare bereits ziemlich kurz waren. Und hob fragend eine Augenbraue.

»Am besten hiermit.«

Günther drückte mir einen elektrischen Haarrasierer in die Hand. Seine Augen glänzten. Das schien ihn richtig anzumachen. Mich nicht.

»Sorry, Günther, aber ich kann mit so einem Ding nicht umgehen, und deshalb werde ich Sabine nicht den Kopf damit scheren.«

Günther machte es dann selbst, weil auch Sabine ganz

heiß darauf war, und so dauerte es nicht lange, bis sie mit Vollglatze und breitem Grinsen auf dem Stuhl saß. Als ich mich von den beiden verabschiedete, hatte ich ungefähr um zwanzig Minuten überzogen und beeilte mich, meine Freundin anzurufen.

»Anna, endlich rufst du an! Ich habe Blut und Wasser geschwitzt! Wieso meldest du dich jetzt erst?!«

Ich erklärte Babsi die Verlängerung und erzählte ihr auch, dass ich mich geweigert hatte, die Haare der Frau abzurasieren. Das brachte meine Freundin wenigstens zum Lachen, wenn auch nur kurz.

»Typisch Anna. Ich bin froh, dass alles gut gegangen ist, aber bitte versprich mir, dass du so etwas nie wieder tust. Es ist einfach zu gefährlich, und das ist das Geld einfach nicht wert.«

Ich murmelte irgendetwas Beruhigendes und versprach nichts.

Meine nächste riskante Aktion war von der Sache her das tägliche Brot des SM – nur das Ambiente war etwas heikel …

Wenig später meldete sich wieder jemand über meine Website, der nicht ins Studio kommen wollte. Ihm fehle das nötige Kleingeld, schrieb er, und außerdem liebe er es *outdoor* – weil ihn der Kick, dass jemand vorbeikommen konnte, geil machte. Ich schrieb zurück und fragte, was genau er mit *outdoor* meine. Seine Antwort kam prompt:

Lady Ariana, ich möchte gerne von Ihnen im Wald angepinkelt werden.
Liebe Grüße, Karl

Ja, wenn es sonst nichts sein sollte! Mittlerweile war ich so abgebrannt, dass ich kaum noch Benzin im Tank hatte. Der Treffpunkt war nicht allzu weit von unserem Zuhause entfernt, und das Geld, wenn auch nicht viel, passte zur Kürze des Anlasses. Ich nahm das als gutes Zeichen und sagte zu. Als praktisch empfand ich auch die Tatsache, dass das ausgewählte Waldstück unmittelbar an einen öffentlichen Parkplatz grenzte. Ich naives Ding!

Ich stellte mein Auto zur verabredeten Zeit auf dem Parkplatz ab und hatte davon abgesehen, mich covern zu lassen. Die Aktion würde nur ein paar Minuten in Anspruch nehmen, und dann wäre ich bereits wieder auf dem Heimweg. Beziehungsweise auf dem Weg zur nächsten Tankstelle. Trotz der Dämmerung erkannte ich noch drei weitere Autos auf dem Parkplatz. Damit hatte ich nicht gerechnet, allerdings waren die Wagen leer und auch draußen keine Menschen zu sehen. Das änderte sich erst, als ich ausstieg. Ein Mann im Parka kam auf mich zu und stellte sich zögernd als Karl vor. Sicherlich gehörte ihm eines der anderen Autos. Gut. Blieben aber immer noch zwei ... Egal. Ich begrüßte ihn, und er drückte mir gleich das ausgemachte Honorar in die Hand. Es lief also alles bestens.

»Hallo, Karl. Ich habe gehört, du bist ein böser Junge?«

Er sprang sofort darauf an, und die Erregung stand ihm bereits ins Gesicht geschrieben.

»Ja, das stimmt. Ich bin ein böser Junge.«

Seine Hand wanderte unter den Parka, und ich schob ihn in Richtung Waldrand. Das würde wirklich nicht lange dauern.

»Dann werde ich dir jetzt mal zeigen, was ich mit bösen Jungs wie dir mache.«

Ich ließ ihn vorgehen und achtete darauf, nicht zu stolpern. Als wir meines Erachtens nach weit genug vom Parkplatz entfernt waren, sagte ich Karl, er solle stehen bleiben. Dann lehnte ich ihn an einen Baumstamm und befahl ihm, seine Jeans auszuziehen. Kurz darauf hielt er schon seinen Penis in der Hand, vollführte rhythmische Bewegungen und starrte auf meine Körpermitte. Ich hob langsam meinen Rock und näherte mich ihm, als er am Stamm des Baumes nach unten rutschte. Ich hatte ihm noch nicht einmal die Hälfte dessen gespendet, was ich ihm geben wollte, immer schön in Etappen, damit er auf seine Kosten kam – da kündigte ein lautes Stöhnen auch schon seinen Orgasmus an. Ich war begeistert und meine Bedenken wie verflogen. Als Karl sich mit einem mitgebrachten Handtuch abgetrocknet und hastig seine Hose wieder angezogen hatte, war ihm die Peinlichkeit plötzlich stark anzusehen, und wir trennten uns auf dem Parkplatz ohne große Verabschiedung. Von den weiteren Autofahrern nach wie vor keine Spur. Perfekt.

Ein paar Tage später war ich bei Babsi zu Besuch und erzählte ihr arglos von meinem Pipi-Event im benachbarten Wald. Sie rastete sofort aus – in einer Art und Weise, wie ich es bei meiner ruhigen und besonnenen Freundin nie zuvor erlebt hatte!

»Du hast was gemacht?!? Und ausgerechnet auf diesem Parkplatz?!«, schrie sie mich wütend an.

Ich wusste überhaupt nicht, was ich sagen sollte. Sie wusste doch seit Langem, dass NS zu meinem Standard-Repertoire gehörte. Was sollte nun also dieser Zirkus? Ich hatte allerdings unbeabsichtigt eine wahre Schimpfkanonade ausgelöst und kam erst einmal überhaupt nicht zu Wort.

»Das weiß doch wirklich jedes Kind, was da abgeht. Das ist ein Straßenstrich!«

Was war los?! Straßenstrich? Das hatte ich überhaupt nicht gewusst. Und ich hatte auch nie Frauen da stehen sehen, die sich in irgendeiner Weise anboten. Ich saß ja sonst entweder im Studio oder zu Hause bei Alexander. Aber Babsi war noch nicht fertig.

»Da kannst du dich auch gleich in den Wohnwagenpark zu den anderen stellen! Und was da auf dem Platz schon alles passiert ist! Und selbst, wenn nicht«, ging es etwas irrational weiter, »dauernd lauert die Polizei da irgendwelchen Prostituierten auf, um sie aufs Revier zu schleppen. Und überhaupt! Was hatten wir in Sachen Sicherheit vereinbart? Wer hat dich dabei gecovert?«

Ach, du Schreck, auch das noch … Lügen kam nicht in die Tüte, also:

»Ähm … niemand. Ich dachte …«

»Von Denken merke ich nichts. Kein Stück! Meine Güte, Anna, wie kann man nur *so* leichtsinnig sein?!«

Und da sah ich die Tränen in Babsis Augen und spürte ihre Angst um mich. Mist! Ich hatte wirklich dämlich und riskant gehandelt und Glück gehabt, dass ich unbeschadet aus der Aktion hervorgegangen war. Ich spürte aber auch, dass es so – finanziell und überhaupt – nicht weitergehen konnte, und beschloss, sofort ein ernstes Wort mit Alexander zu wechseln. Es musste sich *unbedingt* und schnellstens etwas ändern.

SADISTIN BESIEGT GEFÄHRTIN –
UND VERLIERT?

Wie von mir beabsichtigt, änderte sich die Sachlage schnellstens und radikal. Allerdings leider total anders, als von mir beabsichtigt …

Nach den zuvor beschriebenen Sessions wuchs die Unzufriedenheit mit meiner Gesamtsituation. Ich war mit so viel Idealismus an die Sache herangegangen, und nun stand plötzlich so oft das Geld im Vordergrund. Und ich wollte unbedingt wieder zurück zu meiner anfänglichen idealistischen Einstellung. Allerdings war es ohne ein finanzielles Fundament kaum möglich, Gäste an andere Frauen zu verweisen, wenn ihre Vorstellungen nicht mit meinen Neigungen übereinstimmten. Auch Alexander war unglücklich, das war deutlich zu spüren. Sein Ungehorsam steigerte sich, das machte mich noch frustrierter, und so schaukelten wir uns gegenseitig der Katastrophe entgegen.

Als es kälter wurde, war die Reparatur der Heizung nicht mehr länger aufzuschieben. Ich bat Alexander, sich gemeinsam mit mir etwas zu überlegen, aber er antwortete nur genervt:

»Anna, ich kann mir das Geld nicht aus den Rippen schneiden, verstehst du das?«

Ich wusste wohl, dass er sich aus Geld noch weniger machte als ich, aber das hier waren schon ärmliche Verhältnisse, unter denen wir lebten. Außerdem wurde die Gefährtin regelrecht zusammengestaucht, wann immer sie vorsichtig auf Alexanders Naturell hinweisen wollte. Bald meldete sie sich kaum noch zu Wort und zog sich tief in ihr Schneckenhaus zurück.

Auch die Zeiten in meinem zweiten Düsseldorfer Studio waren nicht gerade rosig. Zwar war die Inhaberin mit ihrer Professionalität und ohne jegliche Allüren ein absoluter Glückstreffer, aber das half auch nicht darüber hinweg, dass der Umsatz schlicht und einfach gering war. Vor allem für klassische Dominas, die auf ihre weitgehende Unberührbarkeit großen Wert legten. Ich bezeichne mich selbst nicht als gänzlich unberührbar, dennoch ist es bekannt, dass ich keinen Intimkontakt mit meinen Gästen und Sklaven wünsche. Da hatten es die aktiv-passiven Frauen und die Bizarr-Ladys im Haus einfacher: Dem durchschnittlichen SMler traten sie leidlich streng entgegen, und er konnte auch noch seine »normale« Sexualität mit ihnen ausleben. Für überzeugte Subs und Masochisten war das natürlich keine Alternative, aber auch sie hatten offensichtlich weniger Geld zur Verfügung als in guten Zeiten. Nun muss man sich vor Augen halten, dass ein Studiobesuch mit einem gewissen finanziellen Aufwand verbunden ist, da ja nicht nur die agierende Frau zu bezahlen ist, sondern auch das Haus selbst, das schließlich die aufwändig eingerichteten Themenzimmer und das gesamte Equipment gegen Miete zur Verfügung stellt. Nicht zu vergessen die enormen Nebenkosten für Wasser und Heizung: In einem Studio sind die Menschen meist nur leicht bekleidet, wenn nicht gar nackt.

Das alles wurde mir mehr und mehr klar. Ebenso die einzige Lösung, die daraus resultierte – nämlich ein eigenes Studio nach meiner Philosophie und meinen Maßstäben. Etwas, bei dem ich *wirklich* meine eigene Herrin war und meine Freiheitsliebe und meine Neigungen nach Herzenslust auskosten konnte. Aber das glich einem Treppenwitz, da ich ja bekanntlich noch nicht einmal über Geld für Essen, Sprit und notwendige Reparaturen verfügte.

Genau. Zurück zur Heizung …

Es blieb mir nichts anderes übrig, als bei meinen Eltern vorzusprechen und bei ihnen Geld zu leihen. Natürlich gaben sie es mir. Mein Stolz dagegen blies Trübsal, und ich kam mir vor wie eine Versagerin. Das machte mich traurig und wütend zugleich. In diesem emotionalen Chaos kam ich mit dem geborgten Geld zurück nach Hause und fand Alex wie meist vor seinem Computer sitzend. Irgendetwas war allerdings anders, das spürte ich gleich. Vielleicht lag es an seinem zufriedenen Lächeln, vielleicht aber auch an meinem untrüglichen Instinkt. Sonst lächelte er nicht, wenn er vor dem Kasten saß – dazu war er ihm viel zu langsam und veraltet. Ein prüfender Blick meinerseits, der Bildschirm war derselbe. Und dann sah ich es: Unter dem Schreibtisch, so weit wie möglich nach hinten geschoben, stand ein nagelneuer Rechner! Das durfte nicht wahr sein! Rote Wellen tanzten vor meinen Augen auf und ab. Ich lieh mir Geld bei meinen Eltern, die auch nicht gerade darin schwammen, und der Herr kaufte sich einen neuen Rechner!

»Der ist neu«, würgte ich fassungslos hervor und zeigte auf das Corpus Delicti.

Alexanders Lächeln schwand, und er versuchte sich in Phrasen und Lügen.

»Ach, was. Der ist gebraucht. Einen neuen könnte ich mir gar nicht leisten.«

Parallel zu seinen Beteuerungen bauten sich Internetseiten in rasanter Geschwindigkeit auf. Meine Wut konnte mit dem Tempo hervorragend mithalten. Nun reichte es! Ich zog ihn am Hemd vom Bürostuhl herunter.

»Sofort ausziehen!«

»Aber, Anna, lass mich doch wenigstens erklären …«

»Ausziehen!!!«

Natürlich wollte ich eine Erklärung, aber ich bestimmte die Reihenfolge, niemand sonst. Als er nackt vor mir – und neben dem Rechner – kniete, fragte ich mit ganz leiser Stimme:

»Wo – kommt – der – Computer – her?!«

»Anna, bitte, das war so …«

»Alexander. Kurz und knapp und jetzt sofort!«

Er seufzte und senkte den Kopf. Jetzt würde ich meine Antwort bekommen, das wusste ich. Die Gefährtin lauschte atemlos, mit den Händen seitlich am Kopf. Auch die Sadistin war gespannt und hielt bereits die Lieblingspeitsche in der Hand.

»Da war noch ein kleines bisschen Spiel in meinem Dispo, Herrin.«

Das bedeutete, er hätte das kleine bisschen Spiel auch in Bargeld für die Heizung umwandeln können! Er hätte mir alles, wirklich alles als Erklärung erzählen können – zum Beispiel, dass ihm jemand den Rechner vorfinanziert hatte –, aber nicht das!

»Wie hast du den Rechner bezahlt?«, fragte ich noch gefährlich ruhig.

»Na, mit meiner EC-Karte. Das Teil war ein Sonderangebot im Kaufhaus, und die Karte war das einzige Zahlungsmittel, das ich dabeihatte …«

»Und das, wo du genau wusstest, dass ich mir Geld für die Heizung von meinen Eltern geliehen habe. Das geht gar nicht, und ich bin zutiefst enttäuscht von dir.«

Alex nickte nur.

Ich kann heute nicht mehr sagen, wie viele Schläge ich

austeilte, denn ich hatte zum ersten Mal keine Zahl vorgegeben. Ich wollte keine Zahl vorgeben. Ich wollte nicht, dass er wusste, wann Schluss war, und ich selbst wusste nicht, wann Schluss sein würde. Ich weiß nur noch eins: Irgendwann schleuderte Alexander mir das Safe-Word entgegen, da hörte ich sofort auf. Aber fertig war ich trotzdem noch nicht.

»Hol deine EC-Karte!«

Alex schlich sich nach nebenan und kam mit der Karte zurück. Ich ließ ihn wieder knien. Dann griff ich nach der Schere, die neben der Tastatur auf dem Schreibtisch lag, und hielt sie an die EC-Karte. Dabei sah ich meinem Freund fest in die Augen.

»Damit gehst du zu weit. Das kannst du nicht machen«, sagte er.

»Und ob ich das machen kann!«

»Tu es nicht, Anna«, bat Alexander eindringlich.

Die Gefährtin hob die Hände, aber ich drehte mich von ihr weg. Dann zerschnitt ich genüsslich die Karte in viele kleine Schnipsel. Alex erhob sich mühsam, sein Gesicht war aschfahl. Ich hatte meine Entscheidung bereits getroffen:

»Und jetzt geh. Ich will dich nicht mehr sehen.«

»Anna, bitte … es tut mir so leid. Ich bringe den Rechner morgen früh sofort zurück. Ich werde mich bessern … ich werde folgsam sein … Bitte überleg es dir noch mal, Anna.«

Das tat ich nicht.

Die Gefährtin weinte bittere Tränen und bat inständig darum, ihn aufzuhalten, aber die Sadistin warf die Haare nach hinten und dachte: »Was zu viel ist, ist zu viel!«

Eine Stunde später war er tatsächlich weg. Für immer.

Ich schickte die Gefährtin gleich mit in die Wüste oder meinetwegen auch zum Teufel und verhärtete mich in der

Zeit danach völlig. Zumindest, was Beziehungen anbelangte.

Umso mehr schloss ich mich wieder meiner Familie an, und sie war es auch, die mir quasi nahelegte, mir mein eigenes kleines SM-Reich einzurichten, und die mir zeigte, dass man mit kollektiver Geschicklichkeit nicht horrend viel Geld dazu brauchte.

MEIN EIGENES STUDIO

Lady Ariana öffnet die Tür zu ihrem eigenen, neuen Studio. Dahinter ein heller Flur. Es fehlt der übliche Studio-Muff aus zig Jahren Zigarettenqualm, Schweiß und anderen Körperflüssigkeiten.

Dass mein erstes Studio dieses angesagte Etablissement in Düsseldorf war, weißt du, lieber Leser, ja bereits. Ich hatte mir eine ganze Welt davon erträumt: meine Obsession zur Profession zu machen, mich in Theorie und Praxis weiterzubilden und – ganz wichtig – mich in tiefen Gesprächen mit Gleichgesinnten angeregt auszutauschen. Während meine ersten beiden Wünsche durchaus erfüllt wurden, zerplatzte der dritte, damals wichtigste, wie eine Seifenblase an der frischen Luft. Außer Dunya waren dort eigentlich immer nur Frauen anwesend, die wahlweise aktiv-passiv waren oder aber pseudo-dominant und sadistisch veranlagt so gut wie gar nicht.

Das Interessanteste waren da noch die Gäste, aber der Austausch mit ihnen stand nicht oben auf meiner Liste, weil sie auf der anderen Seite standen, und diese Perspektive hatte ich ja hinlänglich und mit aller Offenheit zu Hause gehabt.

Komm mit, wir gehen mal nach nebenan. Ich möchte dir ein Nadelrädchen zeigen. Bist du interessiert? Sehe ich da Vergnügen in deinen Augen oder ist es ein Fluchtreflex? Ist ja nur Spaß ... Ich möchte dir in meinem Räumen gerne erzählen, warum ich nach drei kommerziellen Fremd-Studios keinen Bock mehr darauf habe und was jetzt die großen Unterschiede für mich sind.

Links eine weitere Tür. Sie führt in einen gelb gestrichenen Raum mit einer kleinen Rattan-Sitzgruppe, Kerzenleuchtern und einem handtuchgroßen Teppich auf dem Boden. Ein Fesselstuhl, der zum Spielen einlädt. Das Zimmer der Vor- und Nachgespräche. Fürs Rauchen und zum Warmwerden.

Du wirst dich vielleicht über die gelbe Farbe wundern. Das dachte ich mir. Erster Unterschied zu fremden Studios: Ich war es so unendlich leid, das ewige Schwarz und Rot – obwohl mein letztes »offizielles« Studio wirklich sehr gut und hochwertig ausgestattet war. Ich hatte hier übrigens die tatkräftige Hilfe meines Vaters. Alle Holzmöbel sind von ihm gebaut.

Schau mal, hier, diese Streckbank aus massivem Holz hat auch er gebaut. Er hat sich sogar mir zuliebe daraufgelegt, damit ich abmessen konnte, wo genau die Fixierungsmöglichkeiten für Hände und Füße angebracht werden müssen. Das hatte durchaus etwas Komisches. Für den Fall, dass du jetzt hellhörig wirst: Das war es auch schon. Er war heilfroh, als er endlich wieder aufstehen und mein Studio verlassen konnte.

Hier, in diesem Rattanregal hebe ich die meisten meiner Utensilien auf, und hier ist auch das Nadelrädchen. Nimm es mal in die Hand! Spürst du den Biss, den es haben kann, wenn man Druck ausübt? Und nun stell es dir an delikaten Stellen vor ... Ein nettes Spielzeug, nicht?

Und damit sind wir schon bei einem weiteren Unterschied oder treffender: einer weiteren Verbesserung. Mein Studio ist um einiges kleiner als die, in denen ich war, aber alles ist immer an seinem Platz, nichts fehlt. Alles ist immer sauber, und es sind exakt die Dinge verfügbar, die ich gerne benutze und mit denen ich mich perfekt auskenne. Es ist alles meins. Und genau diese Übersichtlichkeit ist es, die mir gefällt. Ich habe kurze Wege und alles unter Kontrolle. Habe ich mal vergessen, mir etwas zurechtzulegen, so trennen mich nur Meter davon, keine Räume oder gar Etagen. Und, dritter Unterschied: Ich kann mich frei und ungezwungen bewegen, meine Spontaneität ausleben. Ich bin meine eigene Herrin – in allem. Nachdem ich einmal begriffen hatte, dass es unter den Frauen statt Austausch eher Konkurrenz, Neid und Missgunst gab, hatte ich auch die Unschuld im Umgang mit ihnen verloren. Ich fühlte mich oft beobachtet, regelrecht gemustert, und manchmal war sogar Feindseligkeit zu spüren, wenn es bei mir mal besser lief als bei anderen. Das alles fällt hier flach.

Meine Mutter hat übrigens auch geholfen. Die Gardinen sind von ihr. Ich nähe lieber Haut an Haut als Stoff an Stoff.

Lady Ariana ist völlig entspannt, mit einem zufriedenen Lächeln auf den Lippen. Sie sitzt auf der Streckbank. Ihr rechter Fuß in Pumps mit mörderisch hohen Absätzen wippt auf und ab, allerdings weder ungeduldig noch gereizt, sondern einfach nur voller Elan – eine Stimmung, die sich jederzeit ändern kann. So wie jetzt, als das Lächeln plötzlich verblasst und sie energisch aufspringt.

So weit die schönen Seiten der Selbstständigkeit. Weniger schöne gibt es auch. Zum Beispiel, wenn man tagelang keinen Termin hat. Das war am Anfang in meinem Studio so.

Aber in den großen Studios gibt dir auch niemand die Garantie, dass der Gast für dich ist, wenn's klingelt. Du bist innerhalb deiner Schichten zur Anwesenheit gezwungen, in deinem eigenen Interesse und damit immer ein ausgewogenes Verhältnis zwischen Dominas und Aktiv-Passiven herrscht, um das Spektrum möglicher Gäste abzudecken – aber du bekommst kein Geld, wenn du keine Session hattest. Das halte ich mir immer vor Augen, wenn ich mal einen schlappen Tag habe – und dann bin ich gleich wieder zufriedener, als ich es ohnehin schon bin.

WARUM?

Wie wird man Domina?

Und eine sadistische obendrein?

Wie ist da der Werdegang?

Vielleicht so: Sie war schon als Kind ein dominanter Alb-
traum, der seinen Willen auf Biegen und Brechen durchge-
setzt hat. Sie triezte ihre Mitschüler und trennte ihren Pup-
pen die Gliedmaßen ab. Bald darauf kommandierte sie
verliebte Jungs herum und zwang sie dazu, ihr buchstäblich
zu Füßen zu liegen. Später nahm sie keinen Mann jemals
ernst und spielte stattdessen ihr grausames Spiel mit ihnen.

Nein. So war es bei mir ganz und gar nicht. Bis auf die
zwei Mitschüler, die ich verprügelt habe, trifft von diesen
Klischees keines auf mich zu.

Im Gegenteil.

Ich war ein liebes, unspektakuläres Kind, das sich unauffällig in einen ebensolchen Teenager verwandelte. Bis zu
meinem siebzehnten Lebensjahr machte ich sehr spärliche
und ziemlich unerquickliche sexuelle Erfahrungen, dann
lernte ich Daniel kennen, heiratete ihn und verbrachte die
darauffolgenden zehn Jahre als brave Ehefrau ohne Allüren
und Skandale.

Also – warum denn dann?

Diese Frage habe ich mir selbst bestimmt schon tausend
Mal gestellt. Warum bin ich Domina geworden? Woher
kommt die Sadistin in mir? War sie immer schon da und

habe ich sie erst ab einem gewissen Zeitpunkt registriert? Warum macht es mir Spaß, jemanden zu quälen und ihn in seinem Schmerz zu beobachten? Wie ein Insekt unter dem Mikroskop? Dabei meist wohlmeinend, oft auch nur rein interessiert, aber immer mit viel Vergnügen, wenn mein Opfer sich unter meinen Taten und Beobachtungen windet und krümmt.

Ich begann mit der Ursachenforschung meiner sadistischen Neigung zuerst in der Kindheit und forschte dabei auch nach »grausamen« Vorfahren. In meiner Verwandtschaft fand ich lediglich einen Mann, der aufgrund von kräftigem Alkoholgenuss schon mal handgreiflich wurde und dabei auch Frau und Kinder nicht aussparte. Echten Sadismus konnte ich anhand der Erzählungen von Zeitzeugen in ihm aber nicht erkennen. Höchstens Jähzorn. Auf jeden Fall Unbeherrschtheit. Die Vererbungslehre schien mir also nicht weiterzuhelfen – bis mir eines Tages eine entfernte Verwandte wieder in den Sinn kam. Und mit ihr tauchte plötzlich ein Vorfall vor meinem inneren Auge auf, der bestimmt fünfundzwanzig Jahre lang verschüttet gewesen war.

Meine Eltern hatten mich eine Woche oder länger bei ihr untergebracht, weil sie in der Zwischenzeit unsere Wohnung in Ruhe renovieren wollten. Ich sehe diese Frau erbost mit mir schimpfen, weil ich zu spät vom Spielplatz heimgekehrt war. Obwohl ich ein fügsames Kind war, schien ihr meine Einsicht nicht überzeugend genug gewesen zu sein, sodass sie sich zu weiterer Überzeugungsarbeit gezwungen sah:

Sie schüttete zwei Handvoll getrocknete Erbsen aus einer Papiertüte auf den Fußboden und ließ mich darauf knien. Zarte nackte Mädchenknie auf kleinen, knubbeligen und steinharten Erbsen. Ich weiß nicht, wie lange ich ausharren musste – eine halbe Stunde? –, aber in meiner wiedererwachten Erinnerung konnte ich förmlich spüren, wie sich die unerquicklichen Hülsenfrüchte in meine Kniescheiben bohrten. Es tat einfach nur weh, egal, wie sehr ich auch versuchte, mein Gewicht auf die eine oder andere Seite zu verlagern. Die Verwandte stand währenddessen unbewegt vor mir und passte auf, dass ich nicht versehentlich neben den Erbsen kniete. Als ich wieder aufstehen durfte, liefen mir Tränen des Schmerzes und der empfundenen Demütigung übers Gesicht, und ich verließ die Küche, ohne die Frau eines weiteren Blickes zu würdigen. Heute bedauere ich, nicht wenigstens einmal kurz in ihr Gesicht geschaut zu haben. Was mag darin gestanden haben: Strenge? Mitgefühl? Oder vielleicht wirklich eine gewisse Befriedigung? Ich werde es leider nicht mehr erfahren.

Was ich aber gleich wissen wollte: Was war das für eine Strafe mit den getrockneten Erbsen? Eine Eigenkreation meiner Verwandten oder Erbe längst vergangener Zeiten? Ich zog das Internet zurate und wurde auf einer Homepage mit dem Titel »Alltagsgeschichte des Mittelalters« schnell fündig:

»Der Sadismus der Lehrer – auch der Lehrer in den Klöstern – war groß. So schlugen sie die Kinder nicht nur ausgiebig mit ihren Ruten, sondern ließen betroffene Schüler oft stundenlang auf Erbsen knien, am Schulpranger stehen, schwere Latten tragen, schmutziges Spülwasser trinken oder aus dem Hundetrog essen.«

Auch wenn die bewusste Verwandte keinen Hund hatte und mich auch kein Spülwasser trinken ließ, stellte ich mir nun höchst interessiert die Frage: War sie eine Sadistin gewesen? Und: Hatte ich *es* trotz des geringen Verwandtschaftsgrades von ihr geerbt und konnte mich somit gar nicht dagegen wehren? Ich fragte mich auch schnell, ob ich im Grunde auf der Suche nach Absolution für meine Neigung war.

Während der erste Teil meiner Recherche sich ausschließlich auf mich selbst und mein familiäres Umfeld beschränkte, beschloss ich, im Rahmen meiner weiteren Ursachenforschung mehrgleisig zu fahren:

In einem religiösen Forum erfuhr ich zunächst, dass Sadismus anerzogen wird (gähn) und dass sehr oft Psychosen in der Kindheit der Auslöser sind. Ich erfuhr aber auch, dass Sadismus Bestandteil einiger Sekten ist und somit natürlich (!) nicht auf Vererbung beruhe. Eine Sekte … aaah, ja … Und wo war unser Guru? So und ähnlich ging es auf Hunderten von Internetseiten munter weiter. Wenig erbaulich, fand ich.

Ich wollte aber wenigstens noch einen Versuch in Richtung Medizin und Wissenschaft machen, bevor ich mich auf meine eigene Theorie – oder auch auf gar keine – zurückziehen würde. Immer wieder stieß ich in diesem Zusammenhang auf die Namen Krafft-Ebing und Freud (klar!) – der eine Psychiater und Rechtsmediziner, der andere Tiefenpsychologe und Religionskritiker, wie ein populäres Internetlexikon mich wissen ließ. Dort stand außerdem unter dem Stichwort »Sadomasochismus«: »Die Begriffe Sadismus und Masochismus wurden erstmals 1886 von Richard von Krafft-Ebing in einem wissenschaftlichen Zusammenhang in *Psychopathia sexualis* verwendet.« Ich klickte auf diesen Querverweis und las, dass das Buch 1886 erschienen war und Krafft-Ebing dort sexuelle Abweichungen und Perversionen anhand von Fallbeispielen beschrieb. In diesem Zusammenhang bezog er sich auch auf die

Schriftsteller de Sade und Sacher-Masoch, deren Namen er sich für die Kategorisierungen Sadismus und Masochismus entlieh und daraus die bis heute gültigen Bezeichnungen schuf. Das war mir jedoch alles viel zu theoretisch und langweilig, sodass ich mich Freud widmete. Allerdings nur kurz, denn nachdem ich gelesen hatte, dass dieser in seinen Abhandlungen Sadismus und Masochismus als »aus einer fehlerhaften Entwicklung der kindlichen Psyche entstehende Krankheiten« bezeichnet hatte, beendete ich den Versuch wissenschaftlicher Ursachenforschung und hielt mich auch nicht länger mit den genannten affinen Schriftstellern auf – der eine, de Sade, lebte das Patriarchat in Exzessen aus, und der andere, Sacher-Masoch, war von Formulierungen triebhafter Schmerz- und Unterwerfungsverlangen geradezu besessen. Ich nahm nur eine Erkenntnis mit, nämlich, dass sich die Sexualforscher der damaligen Zeit in einer Sache einig waren: Wer Sadomasochismus praktizierte, war abnorm. Pervers. Krank. Für mich aber zählte nur eines: Ich *fühlte* mich nicht krank!

Ich musste viel lernen, um meinen Sadismus effektiv, aber ohne Gefahr für mein lebendiges Spielzeug einzusetzen. Der Wegbereiter war Alexander. Er eröffnete mir die dominante Welt aus der kundigen Sicht eines Devoten. Außerdem las ich nächtelang im Internet und kaufte mir Bücher mit Titeln wie *Handbuch für Sklaven* und *Die Qual der Wahl*. Bei Stammtischen traf ich Gleichgesinnte und liebte es, mit ihnen zu fachsimpeln. Das Gelernte vertiefte und verfeinerte ich in meinem ersten SM-Studio, in dem ich als professionelle Domina arbeitete. Dort gab es auch eine Domina, die ausgebildete Krankenschwester war und mir bereitwillig das Nadeln und Unterspritzen von Haut beigebracht hat.

Jetzt fragt man sich vermutlich: »Warum musste sie das lernen? Sie hätte es ja einfach lassen können.« Man darf dabei nicht vergessen, dass es einen Bedarf für meine Arbeit gibt, einen großen Bedarf, mit einer hohen Dunkelziffer. Wenn Statistiker davon reden, dass jeder sechste Bundesbürger sich gerne mehr oder weniger stark quälen lässt, kann man getrost davon ausgehen, dass es in Wahrheit jeder dritte ist, ohne dass sein Umfeld etwas davon ahnt. Wie gesagt: Mehr oder weniger, das sind die entscheidenden Vokabeln. Da ich jedoch von Anfang an zu »mehr« tendierte, musste ich so viel wie möglich über die menschliche, was sage ich: die männliche Anatomie erfahren, um zu wissen, wohin ich schlagen darf, ohne Nieren oder andere lebenswichtige Organe zu verletzen. Wie fest und wie oft kann ich einen Männerhintern mit der bloßen Hand oder einem anderen Utensil hauen, ohne dass Spuren zurückbleiben, die der ahnungslosen Ehefrau auffallen? Und bevor man mir jetzt mit moralischen Bedenken kommt, von wegen ahnungsloser Ehefrau und so: Was ist besser? Wenn er ihr seine masochistische Veranlagung beichtet, und sie rennt schreiend mit den Kindern aus dem Haus? Menschen mit dieser Neigung brauchen »es« einfach, Männer wie Frauen, und können ihr starkes Bedürfnis oft höchstens für eine Weile unterdrücken.

Bleiben wir beim Mann, er ist ja unser Thema. Ist es da nicht vielleicht besser, wenn er seine Obsession für sich behält und sich ab und zu in professionelle Hände begibt, ohne seine Frau im herkömmlichen Sinne zu betrügen? Denn die klassische Domina vögelt nicht mit ihren Gästen. Warum auch?! Herkömmlicher Sex steht ja nicht im Vordergrund – wobei es vor Erotik natürlich nur so knistert. Auf der anderen Seite würde der *klassischen Ehefrau* ein wenig mehr Toleranz und Offenheit gut zu Gesichte stehen. Ich rede hier nicht von Härtefällen, wo er auf Nadelspiele oder blutiges Auspeitschen steht. Aber so ein bisschen Dominanz ausüben, wenn er darauf abfährt, das müsste doch möglich sein. Frauen tun im Rahmen des »normalen« Sex ja auch oft Dinge nur ihrem Partner zuliebe. Ich sage nur: blasen. Wie viele Frauen finden es großartig, den Schwanz ihres Geliebten stundenlang mit dem Mund zu bearbeiten oder gar sein Sperma zu schlucken? Deswegen lasse ich Männer gerne ihr eigenes Sperma auflecken, damit sie das Gefühl und den Geschmack kennenlernen und am eigenen Leib erfahren, wie es sich für eine Frau anfühlt. Wie gesagt: Alles hat seine Grenzen, da gehe ich absolut konform, aber manche Grenzen werden bereits vor dem ersten zarten Kompromiss zu wahren Demarkationslinien.

Im Wesentlichen geht es ja auch um die Erwartung und das Eintreffen des Schmerzes. Besonders Männer haben oft extrem große Angst vor Schmerzen. Deshalb gebären sie auch nicht. In Wahrheit ist der Mann das zarte und die Frau das starke Geschlecht. Unter anderem deshalb ist er nach den »Gesetzen« des Femdom auch der überzeugte Diener der Frau. Jeder Frau.

Unabdingbar ist das totale Einverständnis meines »Opfers«. Das gilt für die zahlenden Gäste genauso wie für meine Haussklaven. Auch wenn ich mit Letzteren einen Sklavenvertrag abgeschlossen habe, der sie aller eigenen Rechte enthebt, darf ich niemals etwas ganz gegen ihren Willen tun. Das ist eine Straftat, Körperverletzung. Tue ich es trotzdem und nutze die emotionale Abhängigkeit der Männer aus, so bin ich zwar bekennende Sadistin, aber gleichzeitig auch eine hundsmiserable Domina und obendrein eine Verbrecherin. Eine gute Domina hat Fachwissen und immer, ich betone *immer,* die Kontrolle über jede Situation. Das macht sie und ihre Qualität aus. Alles andere sind Möchtegern-Dominas, die überwiegend aus finanziellen Gründen ihr mageres Portfolio um SM-Spiele erweitern, die sie im Grunde gar nicht beherrschen.

Jeder Mensch hat Vorlieben, die man mit »gut« oder »schlecht« bewerten kann. Immer ist die Bewertung rein subjektiv. Zu den Vorlieben können Körperpartien zählen wie Beine, Po oder Busen. Oder Materialien wie Nylon, Leder, Lack und Latex. Oder Stellungen und Präferenzen des Eindringens. Der eine mag es sanft, der andere fester, der Dritte lieber ganz hart, was dann unter SM fällt. Es sind alles nur Schattierungen. Nuancen. Was in früheren Zeiten SM genannt wurde, steht heute vielfach unter »Tipps« in Frauenzeitschriften, um das Sexleben abwechslungsreicher zu gestalten. Zum Beispiel die Verwendung von Handschellen und Augenbinden. Wir, die Gesellschaft, entscheiden, was *normal* und was *unnormal* ist. Vielleicht ist SM in zwanzig Jahren ja völlig normal – und jeder, der es nicht praktiziert, unnormal und prüde? Wer weiß das schon? Für mich ist es wichtig, niemals etwas Ungesetzliches zu tun. Alles muss immer SSC sein: safe, sane and consensual = sicher, vernünftig und freiwillig.

Um das Kapitel würdig abzuschließen, gebe ich deshalb die Antwort auf die eingangs gestellte Frage: Darum!

DANK
LADY ARIANA

Mein größter Dank gilt meiner wundervollen Familie, die mich immer und in jeder Lebenslage unterstützt und gefördert hat – auch wenn es häufig nicht einfach war. Danke für eure große Offenheit, für eure Toleranz und Akzeptanz, für eure enorme Unterstützung und Hilfe. Danke, dass ihr niemals versucht habt, mich zu ändern, dass ihr nie versucht habt, mir meinen »Beruf« auszureden und dass ihr mich liebt, so wie ich bin. Ich liebe euch von ganzem Herzen!

»Alexander«, ohne dich wäre ich nicht die Frau, die ich heute bin. Ich danke dir dafür, dass du mir das größte Geschenk gemacht hast, das ein Mensch einem anderen Menschen je machen kann – dich! – und deine tiefe Liebe und Verehrung, dein großes Vertrauen und deinen unerschütterlichen Glauben an mich. Danke für deine überaus große und tatkräftige Unterstützung und dass du es mir nicht nur ermöglicht, sondern mich auch dazu ermutigt hast, verborgene Facetten meines Selbst zu ergründen.

Meine Freunde und unschätzbare beste Freundinnen. Danke, dass ihr mich auf meinem Weg begleitet – ob bei Hagel, Regen oder Sonnenschein –, ihr seid immer für mich da und steht zu mir. Danke, dass es euch gibt und dass ihr mein Leben so sehr bereichert. Die Plätze auf der Parkbank, auf der wir uns mit Spazierstock und dritten Zähnen bestückt vergangener Erlebnisse erinnern, sind bereits reserviert.

Astrid della Giustina, meiner sehr geschätzten Coautorin, danke ich vielmals dafür, dass sie mir ihr großes Talent zur Verfügung gestellt hat.

Herzlichen Dank für deine Geduld und deine Ausdauer und für die überaus angenehme Zusammenarbeit. Ich bin mir sicher, ich werde noch sehr viel von dir lesen.

Liebe P. G. Es ist eine große Bereicherung, dich, dein überaus sympathisches, herzliches und offenes Wesen, zu kennen. Du bist eine tolle Frau!

Herzlichen Dank, dass du es ermöglicht hast, dass Astrid eines schönen Tages vor meiner Tür stand. Ohne dich wäre dieses Buch nicht zustande gekommen.

Großer Dank gilt auch meiner Agentin, Ingrid Schmitz, für ihre hervorragenden Kontakte, ihr großes Engagement und ihre tolle Arbeit.

Hinsichtlich des Piper-Lektorats schließe ich mich voll und ganz dem Dank meiner Coautorin an.

Vielen Dank auch allen Studio-Betreiberinnen und ehemaligen Kolleginnen – insbesondere jedoch den Damen meines letzten Studios, für eine äußerst angenehme und konstruktive Zusammenarbeit. Es war eine schöne Zeit mit sehr vielen Erlebnissen und Sessions, an die ich mich sehr gerne zurückerinnere.

Ein großer Dank gilt auch meinen Gästen und Sklaven, für die vielen schönen und überaus genussreichen Stunden.

Danke für euer Vertrauen. Und auch für die jahrelange Treue, die mir einige entgegenbrachten und zum Teil auch weiterhin erweisen. Aber, kein Grund, übermütig zu werden – immer schön artig bleiben … sonst gibt's Haue ;)

DANK
ASTRID DELLA GIUSTINA

Ich danke »meiner« Protagonistin Lady Ariana für ihr Sie-Sein.

Sie ist die Beste.

Tausend Dank an Petra für den Kontakt. Was sie selbst anbelangt: Ich war nur anfangs überrascht, wie nah man einen wundervollen Menschen auch im zweiten Lebensdrittel noch an sich heranlassen kann und genieße seitdem unsere Verbundenheit auch dann, wenn wir uns nicht sehen.

Meine Agentin ist toll! Ihr haben wir zu verdanken, dass Lady Arianas Geschichte erzählt werden kann. Ich bewundere Ingrid Schmitz für ihr multiples Talent, ihre Warmherzigkeit, ihren Biss, ihre unendliche Ausgeglichenheit und dafür, dass sie scheinbar ohne Schlaf auskommen kann und trotzdem aussieht wie der junge Morgen. Und weil ich sie ohne ihn nie kennengelernt hätte, danke ich auch noch meinem Autoren-Kollegen Klaus!

Ganz herzlichen Dank an unsere Lektorinnen für das kompetente und unglaublich sensible Lektorat.

Ich danke meinem Co vom AV-Vertrag für die offensichtlich lebenslange Freundschaft: Ohne sie wäre ich nicht annähernd an dem Punkt, an dem ich heute bin – ohne diesen überschätzen zu wollen. Danke für deine Zugewandtheit, dein akribisches Lektorat, deine kritischen Fragen, deinen täglichen Zuspruch und für den immensen Schattensprung mir zuliebe.

Danke an Manfred für seine felsenfeste Überzeugung hinsichtlich meiner Projekte, die er ohne Schwankungen nach innen und außen trug und trägt. Schön, dass wir beide zur selben Zeit wieder ein Stück weitergekommen sind.

Maumi & Easy: Undenkbar wäre das Schreiben ohne meine beiden flauschigen Musen mit dem tiefgründigen Blick voller Witz und Wärme.

Vielen Dank an Andrea für ihre unschätzbare Inspiration und an mein gesamtes facettenreiches, wundervolles soziales Netz für permanente Motivation, beispiellose Toleranz, konstante Bodenhaftung und das Grundverständnis meiner Person gegenüber.

Lieber Werner, danke für deine aufmerksame Freundschaft und tatkräftige Unterstützung in den vergangenen Jahren. Jetzt sind wir schon so weit gekommen – da werden wir den restlichen Plan auch noch erfüllen.

Esther Perel

Wild Life

Die Rückkehr der Erotik in die Liebe. Aus dem Amerikanischen von Michael Windgassen. 320 Seiten. Piper Taschenbuch

Für viele Menschen sind Liebe und Leidenschaft auf Dauer schwer vereinbar. Während eine feste Beziehung auf Vertrautheit und Sicherheit basiert, braucht Erotik Freiraum. Und während im Alltag Partnerschaftlichkeit das oberste Gesetz ist, gelten für »guten Sex« andere Regeln. Die erfahrene Psychotherapeutin Esther Perel zeigt, wie Leidenschaft auch in langjährigen Beziehungen lebendig bleibt.

David Schnarch

Die Psychologie sexueller Leidenschaft

Aus dem Amerikanischen von Christoph Trunk und Maja Ueberle-Pfaff. Vorwort von Jurg Willi. 512 Seiten. Piper Taschenbuch

»David Schnarch zeigt, daß Liebesbeziehungen zu einer Differenzierung des Selbst herausfordern. Man muß lernen, sich dem Partner gegenüber mit echten Gefühlen zu zeigen und in der Intimität bei sich selbst zu bleiben. Das ist eine sehr hohe Anforderung, deren Erfüllung oft schwierig und schmerzlich ist. Intimität und enge Bindung sind nach David Schnarch nur möglich, wenn die Autonomie der Partner gesichert bleibt. Erst das eröffnet die Möglichkeit, die Beziehung auch sexuell spannungsgeladen und lebendig zu erhalten.«
Jürg Willi im Vorwort

»›Die Psychologie sexueller Leidenschaft‹ ist ein Klassiker.«
William H. Masters

Marion Knaths
Spiele mit der Macht
Wie Frauen sich durchsetzen.
128 Seiten. Piper Taschenbuch

»Ich habe es zwei Mal gesagt. Meinst du, einer hätte zugehört? Und zwei Minuten später sagt Kollege Schröder das Gleiche, und alle sagen: Klasse, Schröder!« – Welche Frau kennt nicht diese oder ähnliche Situationen? Marion Knaths verrät, was Sie tun müssen, damit Ihnen künftig alle zuhören, und sie zeigt, wie Sie als Frau beim Spiel mit der Macht am besten mitspielen.

»Ein Muss für alle Frauen, die ihr Gehirn einsetzen wollen, um sich durchzusetzen.«
Louann Brizendine, Bestsellerautorin
(»Das weibliche Gehirn«)

Doris Christinger und Peter A. Schröter
Vom Nehmen und Genommenwerden
Für eine neue Beziehungserotik.
288 Seiten. Piper Taschenbuch

Begehren und begehrt werden, geben und nehmen, genießen und verwöhnen – die Facetten der Lust entstehen immer durch ein Spiel von Nähe und Distanz. Die Sexual- und Paartherapeuten Doris Christinger und Peter A. Schröter sehen in der Öffnung für wahre Weiblichkeit und Männlichkeit den Schlüssel zu einer erfüllenden Sexualität.
Ein Buch, das Mut macht, sexuelle Phantasien zu leben und sich beim Sex lustvoll (ver)führen zu lassen.

PIPER

Rachel Swift

Ich komme,
wann ich will!

Wege zum weiblichen Orgasmus.
Aus dem Englischen von Eva
Malsch. 320 Seiten.
Piper Taschenbuch

Offen und ohne Tabus präsentiert Rachel Swift ihr persönlich erprobtes Programm, mit dessen Hilfe sich jede Frau ganz ohne Leistungsdruck ihren Orgasmus erobern kann. Rachel Swift hat zahlreiche einfühlsame Gespräche mit Frauen geführt und sich eingehend auch mit den medizinischen Hintergründen des Orgasmus befaßt und daraus einen Sechs-Stufen-Plan entwickelt, der es jeder Frau ermöglicht, ein erfülltes Sexleben zu haben. Der informative und humorvolle Longseller zum Thema weibliche Sexualität – aus der Feder einer bekannten britischen Wissenschaftlerin.

Katja Sundermeier

Die Simply Love®
Strategie

Ihr Weg zur großen Liebe.
208 Seiten mit 46 farbigen
Originalillustrationen von
Christiane Gerstung.
Piper Taschenbuch

Lang genug Single, Lust auf die große Liebe? Simply Love®, das für bindungswillige Männer und Frauen konzipiert wurde und sich seit Jahren in der Praxis bewährt, führt direkt zum Ziel. Die Psychotherapeutin Katja Sundermeier zeigt, wie wir unbewußte Prägungen erkennen und vorgezeichnete Rollen durchbrechen – und so den Partner, den wir verdienen, auch wirklich bekommen.

»Haben Sie genug vom Single-Dasein? In diesem Buch erhalten Sie Tips, wie Sie ein romantisches Happy-End für Ihr Beziehungsleben finden können.«
Glamour.de